DIE GROSSEN
ENTDECKER

ULLI KULKE

DIE GROSSEN ENTDECKER

ABENTEUERLICHE REISEN INS UNBEKANNTE

Für Conny, Fanny und Gina

Bibliografische Information Der Deutschen Bibliothek
Die Deutsche Bibliothek verzeichnet diese Publikation in der Deutschen Bibliografie; detaillierte bibliografische Daten sind im Internet über http://dnb.ddb.de abrufbar.

Umschlaggestaltung: Stefan Schmid Design, Anne Lyrch, Stuttgart, unter Verwendung von Ausschnitten aus der Weltkarte von Frederik de Wit, 1675 (© picture-alliance/KPA/HIP/The British Library)

Die Herausgabe des Werkes wurde durch die Vereinsmitglieder der WBG ermöglicht.
Kartografie: Peter Palm, Berlin
Lektorat: Andrea Hahn, Marbach
Satz und Gestaltung: DOPPELPUNKT Auch&Grätzbach GbR, Stuttgart
Druck und Bindung: J. P. Himmer GmbH & Co. KG, Augsburg
ISBN-10: 3-8062-1994-X
ISBN-13: 978-3-8062-1994-4

Besuchen Sie uns im Internet: www.theiss.de

Inhalt

Einleitung

Alexander von Humboldt hätte vielleicht gesagt, die Neugier ist dem Menschen in die Wiege gelegt. Heute wissen wir: Der Drang zu entdecken ist genetisch bedingt, steckt in unseren Erbanlagen, weil er für unsere Art überlebenswichtig ist. Und so ist in uns fest programmiert, dass uns der Blick hinter den Horizont antreibt, Genuss, Vergnügen bereitet. Er entspringt einer Sehnsucht, die nie gestillt sein wird. Hinterm Horizont geht's weiter, der nächste, der übernächste Gesichtskreis folgt so sicher, wie für uns jeden Tag im Osten die Sonne aufgeht.

Dies ist der Grund dafür, dass Menschen zu allen Zeiten bereit waren, Strapazen, Entbehrungen, Gefahren für Leib und Leben in Kauf zu nehmen, wenn es darum ging, in unbekannte Weltengegenden vorzustoßen. Auf hoher See, im Dschungel, in der Wüste, im ewigen Eis. Es ist aber auch der Grund, warum in uns heute noch das Zeitalter der Entdeckungen mit seinen Helden wie Kolumbus, Cook oder Humboldt ganz besondere Saiten zum Schwingen bringt. Eine gewisse Portion DNA derjenigen, die damals aufgebrochen sind, steckt nämlich auch in uns. Dabei ist diese Ära eigentlich gar nicht mal so scharf abgegrenzt von anderen, wie es sich anhört. Sie wird von anderen überlagert, und doch wissen wir ziemlich genau, was damit gemeint ist: unbekannte Gestade, neue Länder und Kontinente, neue Völker, neue Kulturen, Abenteuer – alles, was ein neugieriges Herz höher schlagen lässt. Das Zeitalter der Entdeckungen hat in unseren Köpfen beim Rückblick auf die Weltgeschichte einen positiven Klang. Es steht für den Aufbruch in die Neuzeit, für die Aufklärung, die Romantik, ja auch für die beginnende Moderne. Auch wenn kritisch zu sehende Epochen wie der Imperialismus parallel verliefen: Entdecker faszinieren uns heute noch, wann immer und wohin sie auch loszogen.

Dabei waren sie von den unterschiedlichsten Motiven getrieben. Alexander der Große wollte vor allem erobern. Die Phönizier wiederum, die im Auftrag des Pharaos schon vor 2500 Jahren um Afrika herumsegelten, waren auf der Suche nach Handelspartnern. Herodot fuhr zwar auch hinaus in die Welt, aber er war fast schon einer von uns: Er ergötzte sich vor allem daran, die Reisebeschreibungen, die Erzählungen, das Hörensagen von der großen weiten Welt, das im antiken Griechenland durchaus verbreitet war, zu lesen und anzuhören, all dies im Geiste nachzuvollziehen und niederzuschreiben, nicht zuletzt zu unserem heutigen Vergnügen. Platon, Plinius und andere Brüder im Geiste des nicht zu verachtenden Lehnstuhl-Abenteuers hatte Herodot zur Genüge. Wir können immer noch von ihnen lernen.

Die Wikinger hatten zwar auch etwas von Alexander. Erobern und Unterwerfen war ihnen beileibe nicht fremd. Und doch sehen wir auch bei ihnen einen unwiderstehlichen Drang zum Ausfahren um des Ausfahrens willen. So stach Leif Eriksson ohne größere Not in See. Er wollte nur einfach mal nachsehen, wohin es seinen Freund Bjarni Herjólfsson Monate zuvor verschlagen hatte – und entdeckte dabei einen neuen Kontinent. Hinter dem Nebel.

Der lange, einsame und entbehrungsreiche Marsch des Wilhelm von Rubruk zu Fuß zum Herrscher der Mongolen, noch zu Zeiten der Hohenstaufer durch alle asiatischen Weiten im 13. Jahrhundert, gehört zu den phantastischsten Reisen der Entdeckungsgeschichte. Sie hatte allerdings schon globalstrategische Motive. Im Gepäck des beleibten Mönches war der Auftrag versteckt, bei der Großmacht im Osten zu missionieren. Dahinter stand der Plan des Papstes und auch des französischen Königs, die Steppenvölker des Khans auf die Seite der Christen zu ziehen, um die wachsende Stärke der Mohammedaner im Morgenland von Osten und Westen gleichzeitig in die Zange zu nehmen. All die Völker, die fremden Sitten, ja auch die unerwarteten Nachrichten von versprengten Europäern, darunter Deutschen, die damals schon hinter allen Gebirgen im Osten lebten – ihre Beschreibungen durch Rubruk waren lediglich ein Nebenprodukt dieser diplomatischen Mission. Ein wunderbares, märchenhaftes dennoch.

Als wäre das Zeitalter der Entdeckungen von einem genialen Dramaturgen moderiert worden, so steuerte es wenig später, gegen Ende des 15. Jahrhunderts, auf seinen ersten Höhepunkt zu: Kolumbus bricht für die Spanier nach Westen auf, über den Atlantik; die Portugiesen segelten gleichzeitig nach Osten, um Afrika herum. Beide hatten dasselbe Ziel: Die Gewürzinseln, die unermesslichen Gewinn versprachen, von denen aber niemand im christlichen Abendland wusste, wo genau sie lagen. Das expandierende Reich der Osmanen hatte den direkten Zugang des Westens zu diesen Eilanden im Fernen Osten versperrt. Nach der Überfahrt des Kolumbus steckte Papst Alexander den Parcours ab. Er zog eine Linie von Nord nach Süd durch den Atlantik und sicherte beiden damaligen Supermächten in ihren Hemisphären im Osten und Westen Exklusivität. Mit einem kleinen Schönheitsfehler: Wo wurde auf der anderen Seite des Globus aus dem spanischen Westen wieder der portugiesische Osten, und umgekehrt? Diese Frage blieb unbeantwortet. Und weil auch zufälligerweise genau dort die Gewürzinseln lagen, kam es genau an dieser Stelle zum Zusammenprall beider Mächte.

Die Erdkugel war, rechts herum und links herum, in die Zange genommen worden. Vordergründig ging es damals noch darum, Handelsinteressen europäischer Staaten in neu entdeckten Kontinenten und Ländern zu sichern. Letztlich handelte es sich meist um militärische Eroberungszüge. Teilweise von grausamster Art, wie die der spanischen Konquistadoren, die in den lateinamerikanischen Hochkulturen wüteten. Wobei auch heute noch nicht nachvollziehbar ist, wie ein Haufen von sechzig, siebzig Desperados unter Francisco Pizarro mitten im Herzen des Inka-Reiches die Macht von 80.000 Soldaten brechen konnte. Am Ende eines Marsches durch das Hochgebirge in einen völlig unbekannten, sagenhaften, geheimnisvollen Staat mitten in den Anden. Durch eine blühende Kultur, die sich dort niemand hätte träumen lassen.

Das Erdenrund war geöffnet, spätestens seit Magellans Durchquerung des Pazifiks. Kolumbus, Amerika, die erste Weltumsegelung – es war die Zeit, die heute rückblickend als der Übergang vom Mittelalter zur Neuzeit angesehen wird. Europa hatte die Dimensionen des Globus erfasst, wenn auch nach wie vor noch beinahe ebenso viele weiße Flecken auf ihm verblieben und das Innere der Kontinente weitgehend versperrt blieb. Die weißen Flecken zu tilgen, blieb den nächsten Höhepunkten des Entdeckerzeitalters vorbehalten, den großen wissenschaftlichen Weltenfahrten.

Die Weltherrschaft der katholischen Mächte in Südwesteuropa, Spanien und Portugal, war im 17., spätestens aber im 18. Jahrhundert gebrochen. Es kam die Zeit der protestantischen Staaten, der Niederlande, der Briten. Und die Geografie, die Anthropologie, die Zoologie, auch die Kosmologie, ja die Forschung insgesamt avancierten in der Entdeckungsgeschichte zu einer eigenen Triebkraft. In der zweiten Hälfte des 17. Jahrhunderts ging der Stern von James Cook auf, der von seinen immensen wissenschaftlichen Expeditionen in die Südsee viele Erkenntnisse über die allerfernsten Länder, die pazifischen Archipele, heimbrachte. Der vor allem aber auch die Exotik, das Paradies auf Erden in die Debatten der europäischen Salons und Clubs brachte, der manches gestandene Herz zum Träumen veranlasste. Cook, aber auch Heinrich Barth, der Sahara-Wanderer und Alexander von Humboldt, der Dschungel-Fahrer, sie waren neben anderen die Protagonisten der Entdeckergeneration der Aufklärung. Unvorstellbar allerdings, was auch sie noch für Abenteuer durchzustehen hatten, um ans Ziel zu gelangen. Selbst noch Lewis und Clark, die beiden, die zum ersten Mal das Gebiet der heutigen USA von Ost nach West und zurück auf dem Landwege durchkreuzten, waren drei Jahre unterwegs.

Bis zuletzt war es ausgerechnet der Kontinent, der unserem Europa am nächsten liegt, dessen Inneres auf den Weltkarten noch die größten Rätsel bereithielt, obwohl er doch über weite Strecken so dicht besiedelt war: Afrika, Erdteil der Mythen und Mysterien. Die Quellen des Nils, des Flusses immerhin, der einer der ersten Weltkulturen das Leben schenkte – wo waren sie? David

Livingstone suchte sie. Vergeblich. Fünf Jahre lang irrte er im Dschungel umher, war vermisst, galt als tot. Der afrikanische Urwald mit all seinen Gebirgen, Sümpfen, gefährlichen Tieren, kriegerischen Stämmen verschloss das »Herz der Finsternis« auch gegen Ende des 19. Jahrhunderts noch sehr wirkungsvoll, uneinnehmbar.

Henry Morton Stanley, einem angelsächsischen Journalisten, blieb es vorbehalten, nach jahrelangem überaus strapaziösem und mörderischem Marsch erst Livingstone und dann die Quellen des Nils zu finden, schließlich den ganzen Kontinent in seinem Innern zu durchdringen. Die Art und Weise, wie er dies bewältigte, erinnert bereits frappant an unsere Zeiten. Letztlich war sein Abenteuer eine Medieninszenierung, eine Schlacht zweier Zeitungen um Auflage: des aufstrebenden *New York Herald* gegen die altehrwürdige *Londoner Times*. Und Stanley, der Reporter, war der General an der Front, mit einer Armee von 200 Trägern und Gehilfen.

Dabei verlief die Entschleierung der Welt keineswegs geradlinig, im kontinuierlichen Verkleinern der unbekannten weißen Flecken auf dem Globus. Das Interessante dabei war ja gerade das zwischenzeitliche Versinken von früherem Wissen und das gelegentliche, punktuelle Wiederauftauchen alter Erkenntnisse, was bisweilen große Rätsel aufgab. Hatten vermeintliche Entdecker von neuen Erdteilen – wie Kolumbus – bereits Karten, die ihnen den Weg wiesen? Woher kamen die Informationen, mit denen europäische Kartenzeichner den südamerikanischen Kontinent mit allen Gebirgen umrissen, lange bevor der erste Europäer dort an Land gegangen war? Woher wussten andere von den Mondbergen mit den Quellen des Nils im Herzen Afrikas, schon Jahrtausende, bevor Henry Morton Stanley ihr Geheimnis lüftete? Woher kamen die Christen, die hinter den höchsten Gebirgen Zentralasiens wohnten, als Wilhelm von Rubruk im Mittelalter ins Herz des Mongolen-Reiches marschierte?

Frappant war der Wissensschwund zwischen der Antike und dem Spätmittelalter. Ein unfassbares intellektuelles Gefälle über fünf, sechs Jahrhunderte ließ die Geowissenschaften im Spätmittelalter bis in die Neuzeit hinein nahezu bei null beginnen – fast könnte man meinen, nur um uns all die faszinierenden Entdeckungen da noch mal vorführen zu können.

Und so gehören die Lebenswege von Leif Eriksson bis hin zu den Pionieren, die in die allerletzten unbekannten Gebiete Afrikas, Asiens, Australiens und Amerikas vordrangen, zum Spannendsten, was uns die Geschichte heute bieten kann.

Leif Eriksson (um 978 – um 1020)

Als erster Europäer auf amerikanischem Boden

Zwei Tage schon war keine Sonne am Himmel, Helligkeit kam auch spät vormittags kaum mehr auf als in der Nacht. Dichter Nebel auf dem Ozean, keine Sicht, kalt, Nieselwetter. Immerhin, die See war einigermaßen ruhig, der Wind blies mäßig. Dennoch machte das bauchige Holzschiff mit dem Rahsegel zügige Fahrt. Die Männer spürten die Strömung, die sie vorantrieb, nach Südwesten, obwohl ihnen allen die Meeresgegend unbekannt war. Noch nie hatte einer aus der Mannschaft dieses Gewässer befahren.

Doch sie waren erfahrene Seeleute, mit Vollbart allesamt. Einige dösten in ihren Schlafsäcken aus Seehundfell auf dem offenen Deck, andere saßen an der Reling, hielten irgendwelche Tampen. Alles war feucht, selbst ihre Mäntel, aber es kümmerte sie nicht. Das Wasser war ihr Element. Der wenige trockene Raum unter den flachen Abdeckungen war für die Vorräte da, auch Käfige voller Hühner standen zwischen den Fässern mit Pökel- und Dörrfleisch.

Wohin mochte Ägir sie tragen, an welche Ufer spülen? Werden dort Menschen leben, wird der Boden fruchtbar sein? Ägir, der Gott des Meeres und des Sturmes. Auf ihn vertrauten die meisten Männer auf dem Schiff noch immer. Obwohl ihr Anführer, Leif, der Sohn des Roten Erik, ihm vor kurzem abgeschworen hatte. Seither betete er zu einem anderen Gott, sprach von einem Heiland, der vor tausend Jahren gelebt haben sollte. Leif nannte sich nun einen Christenmann. Er stand an der Pinne, doch der Kurs war unklar.

Ägir oder Heiland, die Männer hatten Gottvertrauen, so oder so, die Seefahrt lag ihnen im Blut. Unaufhaltsam schien der Zug ihres Volkes, der Wikinger, stets weiter nach Westen. Seit Jahrhunderten schon. Ihr Stammland war Norwegen, aber immer wieder brachen einige von ihnen auf über das Meer. Und hatten sich die Eltern oder die Großeltern auf dem nächsten Archipel, der nächsten Insel gerade erst angesiedelt, den steinigen Boden zum Acker gemacht, da stachen die Söhne oder Enkel schon wieder in See. Zu unbekannten Gefilden, viele hundert Meilen weit. Sie waren ein streitbares Volk.

NACHRICHTEN VON NEUEM LAND IM WESTEN

Nicht nur der knapper werdende Grund und Boden trieb die Familien weiter in Richtung Kälte, auch manche Fehde mit oft tödlichem Ausgang zwang diesen oder jenen von ihnen, seine Scholle aufzugeben, um mit Familie, Vieh, Sack und

Pack aufzubrechen. Das Glück, das zahlreiche Horden von ihnen viele Jahre in Überfällen bei den südlichen Völkern, bei den Friesen, den Franken, den Sachsen, den Angeln, gesucht hatten, war ihnen in den letzten Jahren nicht mehr hold. Die anderen waren wehrhafter geworden, konnten ihnen besser organisiert entgegentreten. Die Wikinger mussten sich andere Länder suchen.

Nun also trieb eine Handvoll von ihnen hier, im Nebel und Nieselregen des Nordmeeres, aber voller Neugier. Leif Eriksson und ein gutes Dutzend Männer auf einer *Knorr*, dem bewährten Frachtschiff jenes Seefahrervolkes, im Sommer des Jahres 1001. In Grönland waren sie aufgebrochen, von der Westsiedlung nahe der Südspitze der Insel. Es war bis dahin der äußerste Vorposten des Nordvolkes in dieser unwirtlichen Gegend. Und nun waren sie unterwegs von der einen in die andere Welt, zwischen zwei Kontinenten, auch wenn sie davon keine Ahnung hatten. Wer wusste schon von Erdteilen bei den Wikingern, wo es doch nur darum ging, stets die nächsten Länder zu erobern, auszubeuten, immer die Insel hinter der Insel zu suchen? Weit waren die Strecken nicht, oben im Norden. Und waren es auch mal mehr als hundert Meilen und wusste man mal gar nicht, ob überhaupt noch eine Insel kam – man fuhr trotzdem los.

Dafür mussten sie manche Unwirtlichkeit in Kauf nehmen. Wo waren sie überhaupt? Im Nebel, nur so viel war klar. Auf ihrer Knorr, unter dem leicht geblähten Segel. Hier und da flatterte es im verhaltenen Wind. Etwa 35 Seeleute waren sie auf dem Schiff. Auch ein »Südmann« war dabei, ein Germane. Er, der seine Wurzeln dort hatte, wo in Deutschland Wein angebaut wurde, war eine Art Pflegevater für Leif. Er hatte sich meist um den Sohn Eriks des Roten gekümmert, wenn der auf einer seiner vielen Ausfahrten in ferne Länder unterwegs gewesen war. Er würde in dem neuen Land, das sie entdecken sollten, eine besondere Rolle spielen, eine, die heute noch zu Diskussionen Anlass gibt.

Das Schiff, mit dem sie unterwegs waren, hatte Leif sich vor ein paar Wochen in der Westsiedlung Grönlands gekauft, von Bjarni Herjólfson. Bjarni hatte ihm bei dem Handel auch viel Interessantes zu erzählen gehabt, von seiner letzten Fahrt über das Meer draußen. Über ein Ufer weit im Westen, das er mit eigenen Augen gesehen hatte, wenn auch von ferne nur. An Land hatte er nicht gehen wollen, denn sein Ziel war ja Grönland. Bjarni war da zuvor weit vom Weg abgekommen, mit dem Ostwind in den Atlantik hinaus, kein Land in Sicht über viele Tage. Auch er hatte mit dem Nebel kämpfen müssen, so wie jetzt Leif. Doch dann, als die Sonne aufging, lag eben dieses Land vor ihm. Leif Eriksson war wie elektrisiert bei dieser Nachricht.

Orkney, Shetland, Färöer, Island, Grönland – in den Tagen Bjarnis und Leifs waren dies die bisherigen großen Etappen, die die Gruppen, Großfamilien,

Clans der Wikinger von Norwegen aus schon nach und nach in Richtung Nordwesten besiedelt hatten, gegen Ende des ersten Jahrtausends. Immer größer wurden die Inseln, aber zugleich immer fremder und unwirtlicher. Auch Leifs Vater, Erik der Rote, war gezwungen gewesen, weiterzuziehen. Der große Rat, das Thing, hatte ihn aus seiner Heimat Island verbannt, für drei Jahre, weil er im Streit einen Nachbarn erschlagen hatte. Wohl mehr aus Versehen war das passiert, aber er musste fort. Mit seiner Frau, mit Leif und drei weiteren Söhnen sowie einer Handvoll Freunden zog er nach Grönland. Sie waren die ersten Wikinger, die ganz allein die riesige Insel besiedelten, an ihrer Südseite.

Zuvor war Erik schon mal verbannt worden, aus Norwegen, damals gemeinsam mit seinem Vater, Leifs Großvater also. Deshalb hatte er überhaupt erst nach Island ziehen müssen. Der Familie waren die Regeln des inzwischen zivilisierten Königreichs Norwegen zu streng geworden. Wie vielen anderen Wikingern auch, die doch ein Leben nach eigenen Gesetzen gewohnt waren und meinten, ein Recht darauf zu haben. Entdeckerdrang aus dem Widerwillen, sich skandinavischen und britischen Königen unterzuordnen. Auch Wikingerhäuptling Nannod, der Island 860 entdeckte, war ein Verjagter, die Färöer waren seit langem ein Hort der Gesetzeslosen und der Gesetzlosigkeit. Verbannte, Rebellen, Desperados – eine bizarre Auslese von Menschen, die immer wieder den Treck nach Westen über das Meer anführten. Gewiss waren es nicht die zart besaiteten unter ihnen. Aber auch nicht die anspruchsvollsten. Die hätten keine Chance gehabt in der Trostlosigkeit, die sie immer wieder erwartete. Die Sommer waren kurz, die Zeiträume zur Meerfahrt knapp. Waren sie an einem neuen Ziel angelangt, blieb wenig Zeit, sich auf die nächste strenge Kälte vorzubereiten. Sie überwinterten in Zelten aus Leder und Gehöften aus Rasensoden. Und lebten im Übrigen fast vollständig von Robbenjagd. Sie brachte Fleisch, und der Tran lieferte Nahrung und Brennstoff zum Heizen oder für die Lampe. Dicke Luft im Winterlager, und draußen versperrte das Packeis alle Fluchtwege, erst im nächs-

Leif Eriksson

Der Wikinger Leif Eriksson wurde etwa im Jahr 978 auf Island geboren. Sein Vater, Erik der Rote, war von Norwegen dorthin gezogen, weil er wegen Konflikten mit dem Gesetz der Wikinger aus seiner Heimat verbannt worden war.
Als Leif 12 Jahre alt war, folgte er seinem Vater nach Grönland. Erik war erneut in die Verbannung geschickt worden, für drei Jahre, weil er einen Mann im Streit getötet hatte. Nach Ablauf der Frist kehrte die Familie nach Island zurück.
Leif Eriksson fuhr noch weiter nach Osten, nach Norwegen. Dort forderte ihn der König auf, den christlichen Glauben anzunehmen, und ihn auf all seinen Fahrten im nordwestlichen Meer zu verbreiten. Leif zog wieder hinaus, nach Island zunächst und anschließend nach Grönland, wo er mit etwa 250 Menschen eine größere Siedlung gründete.
Um das Jahr 1000 etwa fuhr Leif Eriksson mit einer Handvoll Männern bis nach Amerika, vermutlich Baffinland, Labrador und Neufundland, kehrte jedoch nach einem längeren Besuch wieder zurück nach Grönland. Es war die erste unumstritten überlieferte Seereise der Geschichte nach Amerika. An weiteren Fahrten dorthin, auch an später erfolgten vorübergehenden Besiedlungen in der Neuen Welt, beteiligte er sich nicht mehr. Nach dem Tod seines Vaters wurde Leif der Anführer der Wikinger.
Man nimmt an, dass er etwa um das Jahr 1020 starb.

ten Frühjahr nahmen die Gehöfte Form an. Das Paradies war nirgendwo, viele Siedlungen, ja ganze Inseln wurden bald schon wieder aufgegeben, dem Verfall überlassen.

Als die drei Jahre seiner Verbannung abgelaufen waren, kehrte Erik der Rote wieder zurück nach Island, besuchsweise. Er wollte Gleichgesinnte mobilisieren, die seine Siedlung in Grönland verstärken könnten. Und schwärmte von seinem neuen Wohnort. Der Name »Grönland« – Grünland – rührt daher, dass Erik es als besonders fruchtbar darstellen wollte. »Denn er meinte, die Menschen wären eher dazu bereit, ihm dorthin zu folgen, wenn das Land einen anziehenden Namen hätte«, heißt es in der Grönland-Saga. Leif Eriksson war zwischendurch sogar noch weiter zurückgefahren, bis nach Norwegen, zur Stammheimat. Dort war es, wo er seinem alten Glauben an Ägir abschwor und zum Christentum konvertierte. Norwegens König Olaf Tryggvasson hatte ihn dazu aufgefordert und anschließend von ihm verlangt, alle Landsleute, die nach Westen zogen, nach Kräften zum christlichen Glauben zu missionieren.

LEIF SCHLOSS DEN KREIS DER BESIEDLUNG DER ERDE

Ein Geleitzug von Siedlern folgte Erik dem Roten dieses Mal von Island aus nach Grönland, noch weiter weg vom König. Der Saga zufolge kamen von den insgesamt 25 Schiffen nur 14 auf Grönland an. »Einige wurden zurückgetrieben, und einige gingen unter.« Immerhin kann man davon ausgehen, dass es 250 Siedler waren, die in Grönland ankamen. Bald schon trieben sie regen Handelsverkehr mit der Heimat: Pelze und Stoßzähne von Walrössern gegen Eisen, Holz und Getreide. Auch Bjarnis Vater Herjulf war unter den Pionieren.

Bjarni selbst aber, der ewig Umhersegelnde, war zu der Zeit in Norwegen, wollte gerade da zu seinem Vater zurück nach Island. Als er dort ankam und von dessen Abreise hörte, wollte er ihm folgen in Richtung Grönland. Dabei kam er vom Weg ab, verdriftete mit seiner Knorr nach Südwesten, und jener so folgenreiche Irrweg nahm seinen Lauf, durch den Nebel bis zu dem fernen Land im Westen.

Flache, lang gezogene Berge sollten es gewesen sein, mit Wald bedeckt. Ein sicheres Zeichen für Bjarni, dass er nicht in Grönland gelandet war, denn dort lagen über dem Wald angeblich noch die großen Gletscher, unmittelbar hinter der Küste. Also machte er kehrt, segelte nun bei guter Sicht unter der Sonne zurück, landete an der Küste Grönlands in der Nähe der Westsiedlung – genau an seines Vaters Hof. Und blieb fortan an Ort und Stelle. Nie wieder setzte er die Segel. Im Gegenteil, er war erleichtert, als er wenig später seine Knorr an Leif Eriksson verkauft hatte, dem er von dem fernen Land erzählte. Seine Landsleute auf Grönland waren sogar etwas erzürnt. Warum hatte ihn aller Entdeckermut verlassen, alle Neugier, wo er doch gerade auf unbekannte Küsten gestoßen war. Was aber sollte das für ein Land sein? Warum führte er sie nicht dorthin?

Zwei Wikinger-Sagas erzählen uns heute diese Geschichte von Erik, Leif und seinen Brüdern, von Bjarni und seinem Vater, von all den Pionieren der Wikinger in jenen Jahren: die Grönland-Saga und die Saga über Erik den Roten. Diese Sagas sind es, in denen wir heute von der ersten dokumentierten Begegnung mit der Neuen Welt lesen können. Hoch oben im Norden rücken freilich nicht nur die Längengrade auf dem Globus enger zusammen, sondern auch die Länder östlich und westlich des Atlantiks. Deshalb könnte man heute die Bedeutung der Fahrten Eriks und Leifs auch in dem Sinnspruch von der Mondlandung einfangen: Ein kleiner Törn für einen Wikinger, aber ein großer Sprung für die Menschheit – und ihre Entdeckungsgeschichte von Europa nach Amerika. Ja, genau genommen für die Menschheit überhaupt. Sie hatte nun die Erde umrundet: Homo sapiens war bei seiner Verbreitung von Afrika aus vor vielen tausend Jahren auf dem Weg Richtung Osten nach Asien, dann bis Alaska, schließlich nach Amerika hinein gelangt. Und nun schickte sich ein Haufen Wikinger in ihrer Knorr an, ebenfalls nach Amerika vorzudringen, aber über die Westroute.

Dieser Kreis der Besiedlung des Globus schloss sich nach Bjarnis Landsicht – fast. Erst Leif Eriksson und seinen Männern, die doch noch im Nebel saßen, sollte es vorbehalten sein, das letzte Glied dieser Kette um das Erdenrund zu bilden. Doch noch waren sie nicht angekommen, in dem Land, das Bjarni weit im Westen gesichtet hatte. Und sie waren auch noch weit entfernt von ihrer ersten Begegnung mit den Bewohnern dieses Landes, deren Vorfahren vor 12.000 oder 15.000 Jahren diese Neue Welt besiedelt hatten, von der anderen Seite des Globus aus.

Solche globalen Dimensionen waren Leif Eriksson fremd. Er war schließlich nur aus Neugier zu den Hügeln, von denen Bjarni erzählt hatte, aufgebrochen. Auch Erik der Rote ahnte nichts von einer Neuen Welt. Vielleicht wäre er ja sonst doch noch mitgefahren, auf der Knorr seines Sohnes Leif. Der hatte ihn darum gebeten. Erik zauderte. Dann wollte er doch mit, setzte sich in der Westsiedlung auf das Pferd, das ihn hinunterbringen sollte, zum Fjord, wo Schiff und Besatzung auf sie beide warteten. Doch das Pferd warf ihn ab, Erik der Rote verletzte sich am Bein. So einen Vorfall am Beginn einer Reise aber sahen die Wikinger stets als böses Omen für den weiteren Weg. »Ich soll keine weiteren Länder entdecken«, sagte er zu seinem Sohn und machte kehrt.

Leif ließ sich davon nicht bremsen. Er ging einfach weiter, legte ab, zum kleinen Törn durch den Nebel, zum großen Sprung in eine neue Welt. Als sie

^
Leif Eriksson entdeckt Amerika. Gemälde von Christian Krohg aus dem Jahre 1893.

endlich, nach mehreren Tagen wieder Sicht hatten, dauerte es tatsächlich nicht mehr lange, bis sie am Horizont jene lang gezogenen Hügel sahen. »Sie segelten an dieses Land heran, warfen Anker, setzten das Beiboot aus und ruderten an Land, aber sahen dort kein Gras«, heißt es in der Grönland-Saga. Viele, große, flache Steine fanden sie, zwölf Ellen lang. Es war alles andere als wirtlich an dieser Küste. Ein paar Polarfüchse waren das einzige Zeichen von Leben. Man gab der Küste einen Namen und nannte sie »Helluland«. *Helle* bedeutete in ihrer Sprache »Steinfläche«. An längeren Aufenthalt konnte dort nicht gedacht werden. Wovon hätten die 35 Männer leben sollen? Sie segelten weiter, nach Süden diesmal, immer an der fremden Küste entlang.

Es ist nicht klar und wird wohl nie klar sein, wo Leif und seine 35 Mann das nächste Mal anlandeten. Die Experten neigen zur Annnahme, dass es am äußersten Südzipfel der Baffin-Insel war. Leif war das egal, er musste weiter, in die Breiten fruchtbarerer Landstriche vorstoßen, wenn die 35 Mann eine Chance haben wollten. Die nächste Station schon machte ihnen große Hoffnung:

>
Spuren der Wikinger. Ruinen auf dem ehemaligen Anwesen Erik Thorvaldssons in Grönland.

Gewaltige Kiefern begrüßten sie an der Küste. Holz, ein Luxus auf allem Neuland diesseits von Norwegen. Schiffe bauen, Häuser errichten, Holz verladen nach Grönland oder gar Island. Die Lage wurde aussichtsreicher. Es dürfte die Küste der großen kanadischen Halbinsel Labrador gewesen sein, die Leif und seinen Wikingern Hoffnung machte. Immer weiter nach Süden tasteten sich die Männer voran. *Mark* war das Wikingerwort für »Wald«, also nannte Leif den Landstreifen »Markland«. Fruchtbarer wurden die Ufer, aussichtsreicher für Leifs Phantasie, Kolonien zu gründen.

»Nun segelten sie vor dem Nordostwind aufs Meer hinaus und waren zwei Tage unterwegs, bis sie wieder Land sahen«, lesen wir an dieser Stelle in der Grönland-Saga. Die Seeleute frohlockten geradezu, als sie auf eine »Insel, die nördlich vom Lande lag« stießen. »Sie stiegen aus und sahen sich bei gutem Wetter um. Sie fanden, dass Tau auf dem Gras lag, und es geschah, dass sie die Hände zum Tau hin und dann zum Munde führten, und sie meinten, noch nie so etwas Süßes geschmeckt zu haben.« Die wundersame neue Welt begann, für die Entdecker poetische Farben anzunehmen. Auch heute trägt jene Insel, auf der der Tau so köstlich war, einen klangvollen Namen, Belle Isle, die schöne Insel, im Norden von Neufundland. Die Entdeckungen, bei aller Kargheit und lang gestreckten Eintönigkeit in der so fremden Welt – sie werden verlockender. Und, was den Männern auffiel: Sie konnten ihre Seehundfellmäntel öffnen, einige legten sie ganz ab. Es wurde wärmer. Sie waren bereits gehörig nach Süden verschlagen worden, das sagte ihnen der hohe Stand der Sonne. Südlicher noch als Haithabu, das ganz am Ende von Dänemark liegt. »Danach kehrten sie zu ihrem Schiff zurück und segelten in den Sund hinein, der zwischen der Insel und der Landzunge lag.«

DAS ERSTE HAUS JENSEITS DES ATLANTIKS

Bislang war ihnen an den neuen Küsten noch keine Menschenseele begegnet. Sollten all die Länder unbewohnt sein? Was, wenn nicht? Allzu große Sorgen machte ihnen der Gedanke nicht. Furcht vor fremden Völkern trieb die Wikinger selten um. Aber dennoch, irgendwo hier würden sie ihr Winterlager errichten. Sollten sie da in Scharmützel mit Bewohnern verwickelt werden? Inzwischen war es September, eine Jahreszeit, in der sie langsam einen Standort an Land brauchten. Auch wenn in diesen Breiten die Tage immer noch recht lang waren.

Untiefe Gewässer zwischen Labrador und Neufundland waren es, in denen sie mit ihrer Knorr nun kreuzten. »Dort war bei Ebbe sehr seichtes Wasser. Ihr Schiff lief auf, und es war sehr weit vom Schiff nach der See. Doch sie waren so wissbegierig, an Land zu kommen, dass sie nicht warten wollten, bis die Flut wieder ihr Schiff anhöbe.« Als wollte die Dramaturgie der ersten Atlantik-Überquerung nun ganz bewusst auf den Höhepunkt zusteuern, ließen die Männer in diesem Moment, nach all den strapaziösen Überfahrten und Zwischenstationen, ihr aufgelaufenes Schiff im Sand liegen. Sie gingen über das weite Watt zum Land hinüber, dort, wo ein kleiner Fluss mündete. Nur ihre Waffen, ein paar Schwerter, Schilde und Helme führten sie erst mal mit sich. An der Nordostspitze Neufundlands waren sie nun angekommen, an einer Stelle, an der sich hinter der Küste auch noch ein kleiner See befand. Der geeignete Ort für ihr Winterquartier war endlich erreicht. »Die Landesnatur war so vorzüglich, dass sie meinten, das Vieh würde hier im Winter keinen Futtermangel leiden.« Ein Gedanke, der schon mit der späteren Besiedlung spielte. Vor allem aber waren sie angetan von dem Fischreichtum. »Es mangelte dort nicht an Lachsen, weder im Fluss noch im See, und es waren größere Lachse, als sie jemals gesehen hatten.«

Mit der nächsten Flut holten sie ihre Knorr ein gutes Stück näher ans Land heran. Für die erste Nacht reichten die Schlafsäcke. Am Abend des darauf folgenden Tages waren die Vorräte, das Werkzeug, ein Stapel Bretter, den sie vorsorglich mitgeführt hatten, an Land. Oben auf einer Düne, wo sie ihr Winterquartier errichten wollten. Das erste abendländische Anwesen in der Neuen Welt. Auf dem Festland. Fast 500 Jahre bevor Christoph Kolumbus in der Karibik seine kleine Siedlung La Navidad gründete und sich auch bei den weiteren Fahrten weitgehend nur in der Inselwelt aufhielt.

Die Nordspitze Neufundlands, ein Gewirr von Land und Wasser, Buchten, Inseln, viel Gras und wenige meterhohe Kiefern und Zwerglärchen. 1960 hatte Helge Instad, Diplomat aus Norwegen und Hobby-Archäologe, nach genauer Lektüre der Wikinger-Sagas die Hügel dort genauer inspiziert, hier und da gegraben. Und er war prompt auf Fundamente sehr alter Häuser gestoßen. Die Reste acht größerer und kleinerer Gebäude förderte er zutage, alle errichtet in der Art grönländischer und isländischer Behausungen, eine Schmiede darunter, auch Stallungen. Instad war auf eine tausend Jahre alte Wikingersiedlung gestoßen, die seither den Namen des Fischerdorfes gleich nebenan trägt: L'Anse aux Meadows. Der endgültige Beweis, dass Wikinger es bis nach Amerika geschafft hatten, war erbracht. Heute sind alle Gebäude wieder aufgebaut, so wie Historiker sich die Anwesen der Wikinger vorstellen.

Das heutige Museumsdorf dürfte genau an der Stelle sein, wo damals Leif Eriksson gelandet war. Doch die Häuser von L'Anse aux Meadows – wie immer der Ort zu seiner Zeit genannt worden sein mag – waren noch nicht gebaut, als Leif damals mit seinen Männern hier war. Noch konnte von keiner Siedlung die

Rede sein, sie stand erst ein, zwei Jahre später. Nur eine oder zwei Hütten, ein kleiner Vorratsunterstand daneben, das war es wohl, was die ersten Ankömmlinge mit Leif nach ein paar Tagen an jener Stelle errichtet haben mochten. Dann ging es daran, das Land kennen zu lernen. »Jetzt will ich unsere Gruppe zweiteilen und das Land erforschen lassen«, zitiert die Grönland-Saga Leif Eriksson am Tag nach seiner Ankunft, »die eine Hälfte bleibt hier und die andere Hälfte soll das Land untersuchen, aber nicht weitergehen, als dass sie abends heimkehren kann und sie sollen nicht getrennt werden.«

Weiter landeinwärts ging der karge Bewuchs über in Mischwälder, Tannen und Lärchen, aber auch Pappeln und Birken mit Wölfen und Wildkatzen darin. Von Bächen durchzogen, in denen Biber und Otter und vor allem fette Lachse sich tummelten, dazwischen auch Grasland – eine fruchtbare Gegend offenbarte sich den Nordeuropäern. Die Herbstsonne wärmte die Umherstreifenden auf ihren ausgedehnten Wanderungen. Sie waren meist den ganzen Tag unter-

^
Erste Wikingersiedlung in Amerika.
Nachbau bei L'Anse aux Meadows, Neufundland.

^
Kriegsschniff der Wikinger. Angelsächsische Buchmalerei aus dem 11. Jahrhundert.

wegs, abends aber waren alle wieder beisammen. Bis auf jenen Tag, als es hieß: Tyrker fehlt, wo ist Tyrker?

Der Germane, Leifs Pflegevater, fehlte. »Leif war darüber sehr besorgt, weil Tyrker lange bei ihm und seinem Vater gelebt und Leif in seinen Kinderjahren sehr lieb gewonnen hatte.« Der Anführer selbst machte sich auf, Tyrker zu suchen, stellte einen Trupp von 12 Mann zusammen. Doch sie hatten sich kaum einen Kilometer vom Lager entfernt, da kam ihnen der »Südmann« auch schon entgegen. »Tyrker redete erst lange deutsch, rollte mit den Augen und schnitt Grimassen, aber die anderen verstanden nicht, was er sagte«, schildert die Grönland-Saga dieses eigentlich so lapidare, aber später zu großer Bedeutung gereichende Treffen im neufundländischen Küstenwald.

Tyrker trug etwas in den Händen, über das er unbedingt erzählen musste. »Ich ging nicht viel weiter als ihr, aber ich habe etwas wirklich neues zu berichten. Ich habe Weinstöcke und Weintrauben gefunden.« Leif fragte, ob sich Tyrker wirklich sicher sei, aber der vermochte, mit dem Hinweis auf seine Herkunft aus dem Süden Deutschlands alle Zweifel unter den Männern zu beseitigen: »Gewiss ist das wahr«, antwortete Tyrker, »denn ich bin doch dort geboren, wo Weinstöcke und Weintrauben keine Seltenheit sind«. In den nächsten Tagen begannen alle, Weintrauben zu sammeln.

BEGEGNUNG MIT INDIANERN

»Vinland« nannte Leif die Gegend. Wein in Kanada, eine Angelegenheit, die sich durch alle späteren Berichte der Wikingerfahrten nach Amerika zog. Seit dem 19., vor allem aber im 20. Jahrhundert entfachte Tyrkers Fund wissenschaftliche Dispute. Konnte das wahr sein? In der Neuzeit gab es keine Spur mehr von jenen Trauben im kalten Labrador oder Neufundland. Waren Leif und seine Männer womöglich weit südlicher angelandet, in Virginia, gar in Florida? War es überhaupt Wein? In letzter Zeit bekam die Diskussion noch weit größere Dimensionen: Haben sich die Vegetationszonen über die Jahrhunderte so sehr verschoben? Auch Grönland soll ja damals sehr viel wärmer gewesen sein, heißt es, wie auch hätten die Wikinger sich sonst, unter heutigen Bedingungen, dort ansiedeln können, wo in unserer Zeit die Gletscher bis an die Küste reichen? Was herrschte damals überhaupt für ein Klima?

Tyrkers Fund, oder doch jedenfalls seine Behauptung, Wein gefunden zu haben, steht so heute mitten im bedeutsamsten Diskurs über die Zukunft unseres Globus: die Klimaerwärmung. War es damals etwa noch wärmer? Verlief der Golfstrom gar ganz anders, enger an Labrador entlang? Keine andere Begebenheit in der Entdeckungsgeschichte spielt in diesem Zusammenhang heute eine so große Rolle wie Tyrkers Wein und Leifs Vinland. Dabei ist nicht einmal bewiesen, ob es wirklich Weintrauben waren, die der Deutsche damals in den Händen seinem Ziehsohn Leif entgegenstreckte, als der schon zornig auf ihn werden wollte. Vinland mit all seinen wissenschaftlichen Rätseln und Auslegungen – für Leif Eriksson war dies nur eine von vielen weiteren Etappen, die die unternehmungsfreudigen oder auch trotzigen Angehörigen seines Volkes in Richtung Westen absteckten.

Noch war Vinland nicht besiedelt. Nach dem einen Winter setzte Leif mit seinen Männern die Segel, zurück in Richtung Heimat. Er wollte seine Landsleute von den Vorzügen seiner Entdeckung überzeugen. Und so wie sein Vater, Erik der Rote, seinerzeit in der Heimat Island die Werbetrommel für Grönland geschlagen und die Gletscherinsel womöglich nur deshalb als »grünes Land« tituliert hatte, so ging nun Leif mit dem Namen »Vinland« hausieren, von einem Gehöft zum nächsten. Er selbst freilich wollte nicht noch einmal mitziehen zu den Küsten weit im Westen, die er doch selbst entdeckt hatte. Er blieb bei seinem Vater Erik dem Roten.

Thorvald, Leifs Bruder übernahm die Führung bei der erneuten Überfahrt. Zwei Winter lang blieben die Männer dieses Mal auf der anderen Seite des Atlantiks, ebenfalls genau dort, wo schon Leif die ersten Hütten in Amerika hatte errichten lassen. Vor allem von Fisch ernährten sich die neuen Kolonisten. Doch auch diesmal ging es an dieser Stelle zunächst weiter, der Bau der Siedlung ließ immer noch auf sich warten. Thorwald ließ die Segel setzen, um weiter auf Südkurs zu gehen.

Immer wieder näherten sie sich der Küste, stiegen hier und dort aus. Die Erik-der-Rote-Saga berichtet von einer denkwürdigen Entdeckung: »Sie ruderten an Land, fanden an dem Vorgebirge einen Felsen, der einem Schiffskiel ähnelte und nannten es Kielkap.« Eine natürliche Formation, kein Zweifel. Und doch gemahnte diese topografische Besonderheit die Reisenden nebenbei an die Frage, die sie stets im Unterbewusstsein mittrugen: Werden sie auf Bewohner treffen? Bange Bedeutung erlangte die Frage, als ihr Schiff an den Planken beschädigt wurde. Gleich ein paar Tage mussten sie an der Küste ausharren, bis sie ihr Fahrzeug mit Lärchenholz, das ihnen hier in Fülle zur Verfügung stand, ausgestattet hatten. Sie konnten weiterfahren.

Bald aber schon geschah es, was die Wikinger stets hatten erwarten müssen: Sie trafen auf fremde Menschen in dieser neuen Welt. Drei kleine Boote lagen am Strand, und darin schliefen Indianer. *Skrälinge* nennen sie die Wikinger-Sagas, »die wilden Kerle«. Es ist die erste geschichtliche Erwähnung amerikanischer Ureinwohner in einer europäischen Schrift.

Die Wikinger zögerten nicht, fielen umgehend über sie her und töteten alle Skrälinge bis auf einen. Keiner von ihnen hatte noch zu Pfeil und Bogen greifen können, obwohl sie bereitlagen. Doch der Überlebende flüchtete in den Wald und holte hundertfache Verstärkung. Es waren zu viele für die europäischen Eindringlinge, trotz ihrer überlegenen Waffen. Sie konnten knapp flüchten, ausgerechnet Thorvald aber, der auf erhöhtem Ausguck oben im Boot stand, traf ein Pfeil in die Lunge und verletzte ihn tödlich. Dort, wo sie ihre Knorr zuvor repariert hatten, begruben sie nun ihren Anführer. Erneut zogen sie für einen Winter in ihre Hüttensiedlung, bevor sie im darauf folgenden Frühjahr wieder heimkehrten, in den kleinen Hafen der Westsiedlung auf Grönland.

Die nächste Überfahrt, sie fand erst im Jahre 1009 statt, begründete dann den Beginn der kurzen Besiedlung Nordamerikas durch die Wikinger. Über 200 Männer, Frauen und Kinder samt Vieh und Besitz waren nun unterwegs. Im ersten Winter, Anfang 1010 kam der erste Europäer auf amerikanischem Boden zur Welt, Snorri hieß er. Diese ersten Siedler waren es nun auch, die die großen Häuser errichteten. An der Stelle von Leifs alter Siedlung, dort wo heute L'Anse aux Meadows liegt und die Neufundländer in das Wikinger-Freilichtmuseum zum Sonntagsausflug gehen.

1010 – dies war auch das Jahr, in dem zwischenzeitlich sogar der Handel zwischen Wikingern und Skrälingern zart erblühte. Erneut aber kam es bald zu blutigen Gefechten, als die Indianer sich der Waffen der Wikinger, der Schwerter und Schilde, bemächtigen wollten. Einen Winter dann lebten die Nordmänner aus Europa noch in banger Zurückgezogenheit in ihrer Siedlung, bevor auch sie sich, nach zwei Jahren, wieder nach Grönland zurückzogen.

Die Sagas berichten nun erstmal von keiner weiteren Überfahrt. Doch ausgeschlossen ist es nicht, dass auch in den Folgejahren furchtlose Wikinger in Leifs Siedlung oder anderswohin in Helluland, Markland oder Vinland aufbrachen. In isländischen Annalen ist noch die Rede davon, dass der Bischof Erik anno 1121 von Grönland nach Vinland gereist sei. 1347, so steht dort auch geschrieben, hätten siebzehn Mann nach Markland in Amerika segeln wollen. Sie seien aber vom Kurs abgekommen und wieder in Grönland gestrandet. Dies war der letzte erwähnte Vorstoß über den Atlantik, bis Kolumbus zu seiner großen Ozeanfahrt ansetzte. Sie veränderte die Welt in Europa wie in Amerika. Die Fahrten der Wikinger dagegen blieben eine Episode, letztlich ohne Einfluss auf den weiteren Verlauf der Weltgeschichte.

Wilhelm von Rubruk (um 1215 – um 1295)

Zu Fuß an den Hof des Khans

Über tausend Meilen schon war der beleibte Mann unterwegs. Barfuß nach Osten, immer tiefer in die unbekannte Weite marschierend. Es war Herbst im Jahr 1253, die Landhitze wich langsam den kühleren Steppenwinden, als Wilhelm von Rubruk in die leeren Flächen zwischen Europa und Asien vorgestoßen war. »Ohne Wald, ohne Berg, ohne Stein«, notierte er in seine Wegbeschreibung, kein Dorf weit und breit, keine Spur eines gewesenen Dorfes. Monatelang hatte er nur unter freiem Himmel genächtigt, zwischen den Grabhügeln der Komanen.

Die Wolga, den unermesslichen Strom, hatte der Mönch aus Flandern überwinden können, und so war er angekommen beim Nomadenfürsten Batu, dem Herrscher von Kipçak, Führer der »Goldenen Horde«, jener wilden Reiterheere, die seit Jahren das Abendland immer wieder zum Erzittern brachten. Sie alle, Batu und seine Tartaren, sollte Rubruk zum Christentum missionieren. So lautete der Auftrag des Franzosenkönigs Ludwig IX. Batu hörte ihn an, doch er hieß ihn, nach einigen Wochen weiterzumarschieren: weiter hinter die großen Ebenen, hinter hundert Flüsse und hinter die hohen Berge, an den Rand der großen Wüste. Ans Ende der Welt. Dorthin, wo der Große Khan in seinem Zelt saß, der oberste Gebieter der Mongolen, damals auch Kaiser von China. Der sollte über das Ansinnen des Christenmenschen befinden. Eine Mission mit ungewissem Ausgang.

Als er erneut aufbrechen sollte, war es 14. November geworden, Fest der Kreuzerhöhung. Batu gab Rubruk einen Führer mit auf den Weg. »Ich soll Euch zu Mangu Khan führen. Dies ist eine Reise von vier Monaten, und dort ist es so kalt, dass die Steine und Bäume vor Kälte zerspringen. Überlegt Euch, ob Ihr das durchstehen könnt«, musste sich Rubruk da anhören. Gutgläubig antwortete er: »Im Vertrauen auf Gottes Kraft hoffe ich, dass wir es aushalten werden, was auch andere Leute aushalten.« Der Führer erwiderte: »Wenn Ihr das nicht durchsteht, so lasse ich Euch unterwegs liegen.«

Bis zum Jahreswechsel noch konnte Rubruk, ganz nach Art der Mönche, ohne Schuhe weitermarschieren, immer in die Richtung der hohen Berge. Anfang Januar aber waren seine Füße erfroren.

Rubruks mittelalterlicher Marsch ganz nach Osten dauerte lange. Sagenhaft waren seine Begegnungen, märchenhaft. Er traf versprengte Handwerker aus seiner Heimat, hörte von abendländischen Sklaven unweit seines Weges, die in

Schmieden hämmerten, in Bergwerken schufteten. Er streifte die Weltengegend, in der, unzähligen und Generationen alten Erzählungen zufolge, der Priesterkönig Johannes sein fernes Christenreich errichtet haben und ihm immer noch vorstehen sollte. Über weite Strecken zu Fuß ging er in das Reich, aus dem die Seide kam und die Gewürze, Gold und Silber – ja Gerüchte von ganzen Städten aus Gold und Silber.

Vor allem aber brachte Rubruk Beschreibungen von fremden Völkern nach Hause, präzise wie niemand zuvor. Dietmar Henze, der 2004 seine fünfbändige, 3636 Seiten starke *Enzyklopädie der Entdecker und Erforscher der Erde* nach vierzigjähriger Arbeit fertig gestellt hat, urteilt über Rubruks Bericht: Er sei das »trefflichste Stück mittelalterlicher Reisebeschreibung, der klarste Spiegel asiatischer Welt jenes Zeitalters. Ihn kennzeichnen scharfes, kritisches Sehen und Forscherneugier in hohem Maße, Prägnanz und Bildhaftigkeit, ein Wille zur Klärung und Ordnung alles Erfahrenen bei Abkehr von allem kursierenden Fabelkram, eine treuherzige, Anteilnahme weckende Erzählung. Es ist eine Köstlichkeit, darin zu lesen.« Dabei war es eine Reise, die angetreten wurde aus Europas Not heraus.

STURM AUS OSTEN ÜBER EUROPA

Acht Jahre vor Rubruks Aufbruch, im Jahr 1245, hatte Papst Innozenz IV. ein Konzil nach Lyon einberufen. Das christliche Abendland stand in Gefahr. Unzählige Reiter, Horden bis zum Horizont, waren an seinen östlichen Grenzen aufgetaucht, eingefallen, hatten gebrandschatzt, geschändet, geraubt, keinen Stein mehr auf dem anderen gelassen. In Russland zunächst und in Persien, später bis nach Ungarn, nach Polen hinein. Grausame Berichte verbreiteten sich. Die wilden Horden hätten mit ihren Speeren Kinder durchbohrt, Köpfe aufgespießt, ja, so war zu hören, der Menschenfresserei sollen sie gefrönt haben. Mongolen, Hunnen, Tartaren: Wie immer sie genannt wurden, ein Ruf wie Donnerhall ging den Eindringlingen aus dem Osten voraus. Unversehens zogen sie sich zurück, immer wieder, kein Mensch in Europa ahnte dann, warum der Sturm aus dem Osten sich plötzlich legte, die Reiter sich abkehrten und wieder gen Heimat zogen, schwer beladen mit Beute und braven Christenmenschen als Sklaven. Doch irgendwann waren sie wieder da. Wie Tsunamis, so plötzlich und mächtig überzogen sie das Land, drangen 1241 sogar vor bis nach Schlesien.

Und es war nicht die einzige Bedrohung des Abendlandes. Die Mohammedaner schickten sich an, Europa in die Zange zu nehmen. In seinem Westen hatten sie, von Nordafrika aus, ihr Reich bis nach Spanien ausgedehnt, hatten bei Granada ihren farbigsten Brückenkopf in Europa, die Alhambra, errichtet.

Längst hatte der Okzident seinen ersten Türkensturm auch über Südosteuropa hinter sich. Die islamische Welt drohte die seefahrenden Handelsmächte der Alten Welt trockenzulegen: Der Weg nach Osten zu den Gewürzen, zum Gold, zur Seide war zunehmend schwieriger für die Venezianer, Genueser und Florentiner, für die Fugger und Welser.

Europas mächtige Monarchen, auch der Papst, sie alle hatten noch eine Hoffnung: Warum nicht die eine Bedrohung gegen die andere ausspielen? Warum nicht Missionen schicken zu den unbekannten Herrschern der wilden Horden, Gesandte zu den Nomaden, sie zum Christentum bekehren, um gemeinsam mit ihnen gegen die Mohammedaner zu Felde zu ziehen, sie zurückzudrängen? Längst waren Kreuzritter ausgezogen, um von den Muselmanen die heiligen Stätten des Christentums in Vorderasien zurückzuerobern. Doch es ging nicht nur um Gott, Allah und den wahren Glauben. Wichtiger war die Sicherheit der Grenzen, waren die lukrativen Handelswege ans andere Ende der Welt.

Das Konzil von Papst Innozenz einigte sich auf zwei Noten. Eine an den Herrscher der Mongolen, wer immer es sei, um ihn aufzufordern, seine Verheerungen gegenüber rechtgläubigen Christen sofort einzustellen und selbst den wahren Glauben anzunehmen. Und eine zweite Note an alle von Nahost bis Fernost verstreuten, auch abtrünnigen Kirchenführer, mit der Aufforderung, in der Not gemeinsame Sache zu machen mit der römischen Kirche: an die Armenier etwa, an die Kopten; auch an die Nestorianer, die wegen Glaubensdifferenzen seit 600 Jahren schon vom Papst gebannt waren. Immer weiter waren sie im Lauf der Zeit nach Osten geflüchtet, erfreuten sich nun, im Spätmittelalter, florierender Gemeinden zwischen Persien und China. Die größten Hoffnungen setzte man in Rom auf den Priesterkönig Johannes und sein Reich, eine sagenhafte Größe, dessen Imperium – seit Jahrhunderten schon – überall und nirgends vermutet wurde zwischen Äthiopien und Sibirien. In Wahrheit hat es wohl nie existiert.

Sendboten wurden ausgeschickt, die die Noten in die fernen Welten bringen sollten. Es waren Mönche des Dominikaner- und des Franziskanerordens, die sich bereits bei früheren Missionen bewährt hatten. Doch die ersten Gesandtschaften scheiterten, teils an persönlichem Unvermögen, teils an ihrer Überheblichkeit oder an den Muslimen, als diese nämlich Wind davon bekamen, dass das Abendland eine Allianz eingehen wollte mit den Mongolen – die zwei großen Feinde der islamischen Welt. Unverrichteter Dinge kehrten die Mönche heim. Oder man hörte nie wieder von ihnen.

Erst Giovanni de Piano Carpini kam durch bei seiner Reise von 1245 bis 1247. Bis zum Großkhan Güyük immerhin, und wieder zurück. Auch Carpinis Reisebericht ging ein in die Entdeckerliteratur, brachte unerhörte Neuigkeiten

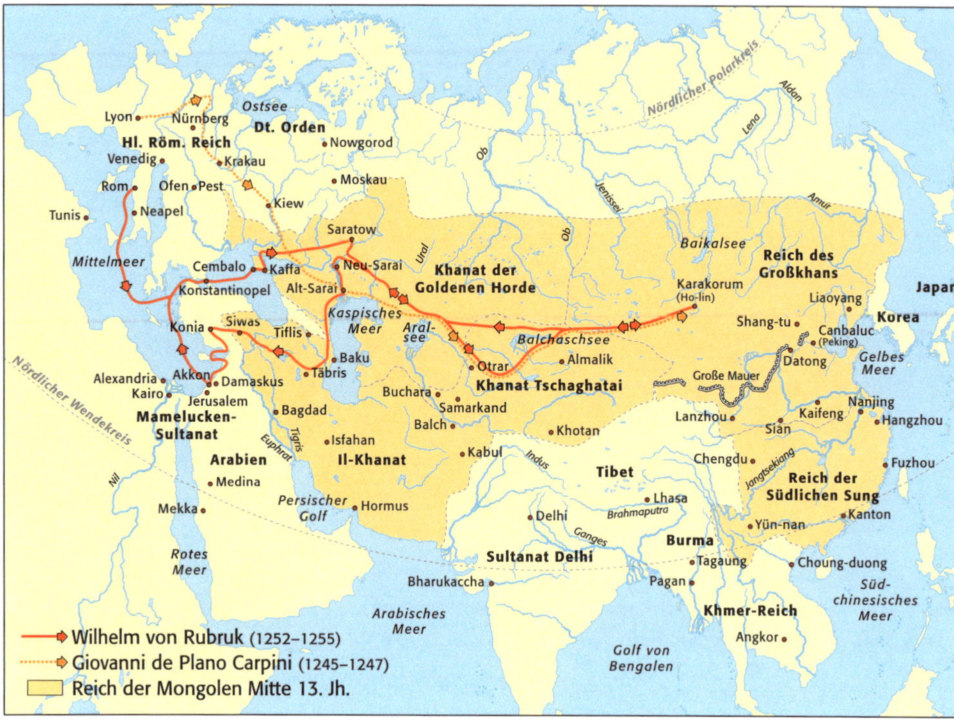

aus dem Fernen Osten. Konnte er doch von Jurten-Zelten des Khans für 2000 Menschen berichten, mit denen das Lager des Nomadenherrschers auf Reisen zu gehen pflegte. Und er brachte Kunde mit von einer sagenhaften Metropole im Herzen des Tatarenreiches. Bis auf »eine halbe Tagesreise« habe er sich der Stadt genährt. Doch zu sehen bekam auch er sie nicht.

Die Botschaft, die Carpini dem Papst zurückbrachte, war nicht erbaulich für die Christen: »Ihr, Bewohner des Westens«, hatte der Mongole Carpini mit auf den Weg gegeben, »Ihr glaubt, dass Ihr, die Ihr Euch Christen nennt, als Einzige Gott anbetet, und sprecht allen anderen ihren Glauben ab. Wie aber wollt Ihr wissen, wer seiner Gnade würdig ist? Wir verehren Gott und werden dank seiner Macht die gesamte Erde von Ost nach West zerstören.«

Zerstören, metzeln – so lautete die eine Lesart über die Mongolen; die, die ihren verheerenden Einfällen nach Europa einen grausamen Sinn gab. Doch man hörte damals auch davon, dass die Mongolen offen waren für alle Religionen. Dass der Khan mehrere Glaubensbekenntnisse gleichzeitig duldete, selbst unter den Vornehmen seines Volkes, ja dass die Mongolen christliche Missionen geradezu einluden zur Förderung ihres Wohlstandes. Frankreichs König Ludwig IX. hatte bei seinem Kreuzzug ins Heilige Land erfahren vom Mongolen-Prinzen Sertak; davon, dass dieser Sertak sich habe christlich taufen lassen. Ludwig hatte von ihm einen angeblichen Brief erhalten, in dem Sertak empfahl, man möge doch »ein Bündnis schließen, damit das Christentum über den Islam triumphiere und die Welt endlich im Glauben vereint sei«. Globalstrategie im ausgehenden Mittelalter. Auch wenn dieser Brief wohl gefälscht war und der Franzosenkönig hereingelegt wurde: Dies war die andere Lesart über die Mongolen und ihr Verhältnis zum Christentum, und für sie sprach einiges. So schickte Ludwig den Franziskanermönch Wilhelm von Rubruk aus Flandern auf den Weg, die Religion des Abendlandes mit den wilden Reiterhorden, die von jenseits des Morgenlandes kamen, zusammenzubringen.

Wilhelm von Rubruk

Wilhelm von Rubruk wurde irgendwann im zweiten Jahrzehnt des 13. Jahrhunderts im flämischen Rubrouck geboren. Früh trat er dem Orden der Franziskaner-Minoriten bei. Er studierte in Paris. 1248 nahm er am sechsten Kreuzzug mit dem französischen König Ludwig IX. teil, blieb anschließend vier Jahre im Heiligen Land.

Unmittelbar anschließend, 1252, bekam er von Ludwig und Papst Innozenz IV. den Auftrag, in den Fernen Osten zu reisen, zu den Mongolen. Es ging darum, diplomatische Beziehungen zu knüpfen und das Christentum zu verbreiten, um weitere Einfälle der Tartarenvölker aus dem Osten langfristig zu verhindern. Im Frühjahr 1254 kam er nach einer Reise über Land, teils zu Fuß, teils auf dem Ochsenkarren, in der mongolischen Hauptstadt Karakorum an. Rubruk stieß beim Khan jedoch auf Desinteresse. Christianisierungsversuche erwiesen sich als aussichtslos.

1255 trat er seine Rückreise an. Nach seiner Ankunft am Mittelmeer bei Beirut ließen ihn seine Kirchenoberen nicht weiterreisen und wiesen ihm theologische Lehrämter zu. Rubruk nutzte die Zeit, seinen Reisebericht zu verfassen. Es wurde die erste konkrete Beschreibung von der Lebensweise der mongolischen Völker. Erst Jahre später setzte sich König Ludwig IX. dafür ein, dass Rubruk an seinen Hof nach Paris kommen durfte. Sein weiteres Schicksal ist unklar. Er starb wahrscheinlich zwischen 1270 und 1295, nach einigen Berichten auf dem Berg Athos in der Mönchsrepublik im Nordosten Griechenlands.

Empfang Rubruks durch Batu Khan.
Stich aus dem Jahre 1735.

5000 KILOMETER DURCH UNBEKANNTES TARTARENLAND

Am 7. Mai 1253 legte Rubruks Schiff in Konstantinopel ab, segelte in das Schwarze Meer hinein, in »den Pontus«, hinter dem die Straße in den Osten begann. Wenige Tage zuvor hatte er in der Kirche der Heiligen Sophia noch zum Volk gepredigt. Mit an Bord: sein Ordensbruder Bartolomäus von Cremona, der Kleriker Gossel, ein in Konstantinopel erworbener jugendlicher Sklave mit dem Namen Nikolaus sowie ein Dolmetscher, dem Rubruk den Namen »Homo die« gab.

Zwei Wochen dauerte die Seefahrt, bis die kleine Gruppe in Soldaia an der Ostküste der Halbinsel Krim an Land ging. Bereits zu Beginn seines Itinerariums lieferte an dieser Stelle der Mönch so genaue und vielfältige Angaben über die Umrisse des Schwarzen Meeres, wie es zu seiner Zeit überhaupt möglich war, beschrieb seine – bis dahin nicht kartografierte – engste Stelle in der Mitte zwischen der Krim im Norden und Sinopolis im Süden, brachte alle Informationen der Kaufleute über Völker und Herrscher an den Küsten zusammen, schilderte, aus welchen Ländern kostbare Pelze, wertvolle Stoffe, woher Baumwolle, Seide oder wohlriechende Gewürze in den Handelszentren anlandeten.

Angekommen auf der Krim, lagen nun 5000 Kilometer durch unbekanntes Tatarenland vor Rubruk. In diplomatischer Hinsicht eine schwierige Gratwanderung: War der Franziskaner Gesandter des Königs oder war er auf Mission nur im Auftrag des eigenen Ordens? Um seine Bestimmung nicht zu verweltlichen, hielt er sich zurück, was die Order Ludwigs anging. »Ich hatte am Palmsonntag in der Kirche der Heiligen Sophia öffentlich in meiner Predigt festgestellt, dass ich weder Euer Gesandter sei noch im Auftrag eines anderen reisen würde, sondern nur unserer Ordensregel gemäß zu jenen Ungläubigen gehen wolle«, hielt er später für den König fest. Diplomaten lebten im Übrigen gefährlich im Mongolenreiche, falls sie in Glaubwürdigkeitsprobleme gerieten: »Falsche Gesandte werden umgebracht«, schrieb er, »nämlich solche, die sich als Gesandte ausgeben und in Wirklichkeit nicht sind«. Doch auf der Krim erhielt Rubruk andere Ratschläge. »Als ich nun hier gelandet war, ermahnten mich jene Kaufleute zu etwas mehr Vorsicht in dieser Sache, nachdem sie mich als Gesandten ausgegeben hätten. Würde ich nämlich erklären, kein Gesandter zu sein, so dürfte ich kaum die Erlaubnis zur Weiterreise erhalten.«

Rubruk behalf sich fortan mit Kompromissformeln, was seinen Status anging. Kein leichtes Spiel, immer wieder problematisierte er in seinem Tagebuch diese Frage und dem Leser bleibt die Bedeutung der Angelegenheit nicht lange verborgen. Offenbarte sich dem Reisenden aus dem Abendland in dem scheinbar so barbarischen Riesenreich doch schon bald ein ungeahntes Netz von Fernstraßen, das ausschließlich dem internen und internationalen, ja interkontinentalen Verkehr von Gesandten vorbehalten war: Gut ausgestattete Rastanlagen, Pferdewechsel, Nachrichtenstationen. Alles lohnende Einrichtungen, war der Fernverkehr ausländischer Missionen doch rege. Rund 200.000 Pferde sollen in den Wegehäusern ständig bereitgestanden haben. Vertreter auswärtiger Mächte wurden hofiert, durften in jeder Hinsicht bevorzugt reisen im Mongolenreich und in dem von ihrer Dynastie regierten China, zu Lande wie zu Wasser – ein Zeichen ihrer Weltoffenheit bei aller Grausamkeit, mit der sie ihre Nachbarvölker überzogen. Ein Widerspruch, der wohl nur so zu erklären ist, dass man von der übrigen Welt nicht nur die materiellen, sondern auch die geistigen Reichtümer aufsaugen wollte.

Auf der Krim durfte sich der Mönch aus Mitteleuropa hier und da noch heimatlicher Erinnerungen erfreuen: »Zwischen Kersona und Soldaia liegen vierzig Orte, deren Bewohner fast alle einen anderen Dialekt sprechen. Unter ihnen gab es viele Goten, die deutsch sprechen.« Doch kurz darauf schon war der Eindruck ein anderer: »Drei Tage nachdem wir Soldaia verlassen hatten, trafen wir auf die Tartaren. Als ich mich unter ihnen befand, war mir, als sei ich plötzlich in eine andere Welt geraten.« Nicht nur, was er im ersten Augenschein sah, passte nicht in Rubruks Vorstellung, besonders die Lebenseinstellung der Tartaren war es, die so entfernt lag von der Sesshaftigkeit abendländischer Kultur: »Nirgends haben sie eine feste Niederlassung, keine bleibende Stadt, noch wissen sie vorher ihren nächsten Aufenthaltsort. Im Winter ziehen sie gen Süden in wärmere Gebiete, im Sommer suchen sie sich im Norden kühlere Gegenden.« Speisen und Getränke seien bei den Mongolen wenig mannigfaltig, notierte der wohlgenährte Mönch etwas klagend, doch immerhin: »Sie empfangen aus fernen Ländern Wein.« Das Hammelfleisch galt, je fetter je mehr, als die erste Leckerspeise, von dem Tier wurde im Grunde alles verzehrt, auch die Gedärme von Pferden aßen die Tartaren.

Zwei Tage schon nach dem ersten Anblick eines Mongolen wurde die kleine Reisegruppe Zeuge, mit welch ungeheurem Aufwand dieses Volk seiner Bestimmung nachging: dem Umherziehen, dem Reisen. Das Land war flach und von monotoner Topografie, doch es war Bewegung darin. Am 5. Juni 1253 begegnete Rubruk der Hofkarawane eines Häuptlings, des Mongolen-Khans Scatatai. »Es war mir, als käme mir eine große Stadt entgegen. Ich war maßlos erstaunt, als ich die Vielzahl an Großvieh, an Ochsen und Pferden, aber auch Schafherden erblickte.« Nicht nur die Zelte waren kolossal, »mit einer Breite von dreißig Fuß«. Auch die Gefährte, auf denen sie verfrachtet wurden: »Ich habe nämlich einmal die Breite zwischen den Räderspuren eines Ochsenwagens mit zwanzig Fuß gemessen, und als das Zelt dann auf dem Wagen stand, ragte es auf beiden Seiten noch fünf Fuß über die Räder hinaus.« Und solche Lasten wollten erst bewegt sein: »Vor einem Wagen zählte ich zweiundzwanzig Ochsen, die ein solches Zelt zogen, elf in einer Reihe nebeneinander in der Wagenbreite und noch einmal elf davor. Die Wagenachse besaß die Größe eines Schiffsmastes.« Um neun Uhr morgens dann sah Rubruk, wie die Mongolen ihre Jurten an einem Wasserlauf abluden und die Stadt errichteten.

Das Lager war zügig aufgebaut, gleich anschließend erhielt der Mönch eine Audienz bei Scatatai. Der war misstrauisch. Die mageren Gastgeschenke, ein paar Früchte, ignorierte er fast, verteilte sie sogleich unter seiner Umgebung. Rubruk war zum ersten Mal diplomatisch gefordert. Sein Empfehlungsschreiben, auf Griechisch, das er von Kaiser Balduin aus Konstantinopel mitbekommen hatte, konnte in der Zeltstadt niemand lesen. Boten brachten es daher den ganzen bisherigen Weg Rubruks zurück, bis zur Krim nach Soldaia, um es übersetzen zu lassen. Und als die Jurtenstadt wenig später wieder auf Reisen ging,

^
Herbstlager in der mongolischen Steppe heute.

nötigte der Steppenherrscher die Reisegruppe, so lange mitzuziehen, bis die Boten mit dem übersetzten Brief wieder eingetroffen waren. Es waren harte Tage. »Von den Mongolen bekamen wir keine Nahrungsmittel, nur sehr saure und übel riechende Kuhmilch. Der Wein war uns bereits ausgegangen, und das Wasser wurde von den Pferden so getrübt, dass man es nicht trinken konnte. Wären nicht unser Zwieback und Gottes Gnade gewesen, so hätten wir sicher sterben müssen.«

Als Rubruk und seine kleine Karawane wieder ziehen durften, erhielten sie zur Wegzehrung etwas, was damals die östlichen Völker von den westlichen trennte: Stutenmilch, die Hauptnahrung der Mongolen, aber ein Tabu für alle versprengten Christengemeinden in Asien. Scatatai selbst machte Rubruk darauf aufmerksam, dass die unter ihm lebenden Christen, die Russen, die Griechen und die Alanen, ihr Religionsgesetz einhielten und keine Pferdemilch zu sich nahmen. »Trinken sie dennoch, so halten sie sich nicht mehr für Christen und ihre Priester müssen sie erneut in die Kirchengemeinschaft aufnehmen, als wenn sie dadurch vom christlichen Glauben abtrünnig geworden wären.« Rubruk sagte Scatatai, er hätte noch genug Getränke, aber sollten sie ihm ausgehen, müsse auch er eben Stutenmilch trinken.

»Am Pfingstsonntag suchte uns ein Sarazene auf«, notierte Rubruk – als Sarazenen bezeichnete er Mohammedaner – und stellte fest, wie wenig fest gefügt die Religionszugehörigkeiten im Mongolenland waren: »Als er sich mit uns unterhielt, erklärten wir ihm unseren Glauben, die Menschwerdung Christi, die Auferstehung der Toten, das Jüngste Gericht und die Reinigung von Sünden durch die Taufe. Als er die Wohltaten vernahm, die Gott dem Menschengeschlecht erwiesen hat, wollte er getauft werden. Als wir die Vorbereitung zur Taufe trafen, bestieg er plötzlich sein Pferd und sagte, er wolle zuerst nach Hause reiten und sich mit seiner Frau beraten. Als er am darauf folgenden Tag wieder bei uns vorsprach, erklärte er, dass er auf keinen Fall die Taufe zu empfangen wage, da er dann keine Stutenmilch mehr trinken dürfte.« Unverrichteter Dinge zog man weiter.

Zwei volle Monate, seit dem Weggang aus Soldaia, schliefen die Reisenden weder in einem Haus noch in einem Zelt, nur unter freiem Himmel oder in ihrem Wagen. Keine feste Stadt betraten sie, kein Gebäude. »So reisten wir also weiter nach Osten und sahen nichts als Himmel und Erde.« Nur überall große Mengen von eigentümlichen, mit Steinbildern geschmückten Hügeln, die Grabstätten der Kumanen. Südrussische Steppe, Sommerhitze, sengende Trockenheit. Nur in Gräben fand sich noch etwas Wasser. Nomadisierende Mongolen allenthalben, der Führer drängte Rubruk, ihnen alle mitgeführten Geschenke zu überreichen, doch der Mönch ekelte sich vor den Begegnungen: »Solange wir in der Einsamkeit waren, ging es uns gut. Was wir aber an Widerwärtigkeiten auszustehen hatten, sobald wir zu Lagerplätzen der Tataren kamen, kann ich mit Worten gar nicht ausdrücken«, klagte er. »Unmittelbar neben uns schwatzend, erledigten sie ihre Schmutzigkeiten und taten noch vieles andere überaus Abstoßende.«

Die Reisenden erreichten den Don. Keine unbedeutende Station, hatte doch schon vor etwa eineinhalbtausend Jahren der griechische Weltbeschreiber Herodot – vom Hörensagen – an diesem Fluss die Grenze zwischen Europa und Asien, zwischen Orient und Okzident, geortet. Auf dem Ostufer hatten die Mongolen eine Siedlung für Russen angelegt, damit sie Kaufleute und Gesandte in ihren kleinen Booten übersetzten, so auch die Gesellschaft des Franziskanermönches. Und wieder weiter, nach Osten, nun in Asien.

Am 31. Juli kam sie im Lager des Sertak an, drei Tagesreisen noch vor der Wolga. Rubruk wähnte sich am Ziel, bereitete seine Worte vor, um den Herrscher von seinen Missionsabsichten zu überzeugen. War Sertak wirklich ein

Christ, so wie es der merkwürdige Brief nahe legte, den König Ludwig IX. erhalten hatte? Ein Nestorianer, der zu den vornehmsten der Hofhaltung Sertaks gehörte, beriet Rubruk, erbot sich als Mittler. In vollem Priesterstaat, dazu wurden die Reisenden am nächsten Tag aufgefordert, erschienen sie vor dem Zelt des Mongolenfürsten, mussten niederknien, wurden schließlich hereingebeten. »So traten wir mit dem Gesang ›Salve, regina‹ ein. Am Eingang des Zeltes stand eine Bank mit Stutenmilch und Bechern. Alle seine Frauen waren zusammengekommen und die Mongolen, die mit uns in die Jurte drängten, brachten uns in echte Bedrängnis.« Rubruk übergab dem Tatarenfürsten den Brief Ludwigs in lateinischer, arabischer und syrischer Sprache.

Welten waren aufeinander gestoßen. Sollte es dem Mönch aus Flandern gelingen, hier eine Keimzelle christlicher Glaubensverbreitung aufzubauen? Könnte das Kraftzentrum aller Barbarei, die das Abendland regelmäßig verheerte, ausgerechnet von innen befriedet werden? Rubruk ließ Sertak eine Bibel aushändigen. Der fragte kundig, ob darin denn das Evangelium enthalten sei, er nahm das Kreuz in die Hand und wollte wissen, ob dies das Bild Christi sei. Doch bei aller Neugier: Auch diese Unterredung fand ihr baldiges Ende, nachdem der Fürst noch kurz die Gewänder der Europäer genauer begutachtet hatte. Der Brief König Ludwigs an ihn, so befand Sertak, enthalte so viele schwierige Punkte, dass er ohne den Rat seines Vaters nicht zu entscheiden wage. Im Übrigen, dies stellte er klar, wolle er nicht als Christ bezeichnet werden. Sie alle, sein ganzes Volk, seien stolz, Mongolen zu sein. Der Brief, den Ludwig von Sertak bekommen hatte – er war offensichtlich falsch.

Sertaks Vater war jetzt der nächste Anlaufpunkt, der Führer der »Goldenen Horde«: Batu. Sein Lager sollte unmittelbar hinter der Wolga sein, gleichwohl noch viele Tagesreisen entfernt. Auf dieser Etappe nun durchzog Rubruk das Gebiet, von dem die Nestorianer erzählten, ein Johannes regiere hier ein großes christliches Reich, fernab von Europa. Kam aus dieser Weltengegend jener »Johannesbrief«, von dem gegen Ende des 12. Jahrhunderts in Mittel- und Westeuropa Abschriften auftauchten, in dem sich ein angeblicher »Priesterkönig Johannes« an den Papst und alle bedeutenden Herrscher des Abendlandes gewandt und in prahlerischen Worten von seiner Macht und seinem ungeheuren Reich im Rücken der arabischen und mongolischen Welt berichtet hatte? »So ging auch von diesem König Johannes ein großer Ruf aus«, schrieb Rubruk später zu Hause auf, »als ich aber durch seine Weidegebiete zog, wusste kein Mensch etwas über ihn, abgesehen von den wenigen Nestorianern«. Eine Legende, die sich im fernen Abendland so hartnäckig hielt, wurde auf Rubruks Marsch entkleidet. Johannes, auf den die Päpste über Jahrhunderte setzten bei ihrem Plan, die

Islamische Welt in einen Zweifrontenkrieg zu drängen –, er war, zumindest in dieser Hemisphäre, unauffindbar. Dennoch spielte die Suche nach dem Priesterkönig noch weiter eine Rolle bei den großen Entdeckungsfahrten im 15. und 16. Jahrhundert.

Angekommen schließlich in Batus Lager, kamen die Gesandten König Ludwigs der Lösung ihrer Aufgabe, die Mongolenfront von innen heraus zu befrieden, kaum näher. Auch Batu, Sertaks Vater, immerhin ein Khan, gewährte der Delegation eine Audienz. Doch das Gespräch geriet zum Rückschlag. Einiges spricht dafür, dass Rubruk zu forsch vorging. »Seid dessen gewiss«, so zitierte er selbst später seine eigene große Rede in der Jurte vor Batu, »dass Ihr der himmlischen Güter nicht teilhaftig werdet, es sei denn, Ihr werdet Christ; denn Gott spricht: Wer da glaubt und getauft wird, der wird selig werden. Wer aber nicht glaubt, der wird verdammt werden.« Auf diese Worte, schrieb Rubruk weiter, »lächelte der Khan gelassen und die anderen Mongolen klatschten mit den Händen, um uns zu verspotten. Mein Dolmetscher bekam es mit der Angst zu tun, so dass ich ihn beruhigen musste, keine Furcht zu haben.«

Diplomatie am anderen Ende der Welt. Ein Mongolen-Khan, der inmitten seiner Großfamilie, seines Hofes, seines Heeres auf dem Thron im Zelt saß. Ihm gegenüber ein Botschafter in der Fremde, der allein auf sich gestellt war. Wie mag ihm zumute gewesen sein? »Er ließ alles aufschreiben«, berichtete Rubruk später seinem König vom Khan, »und fragte sogar, gegen wen Ihr Krieg fahret«. Gespenstisch war es, welche Informationen der Mongolenfürst über Vorgänge im fernen Westen hatte. Boten und Handelsleute der Seidenstraße, die etwas weiter südlich verlief, hatten Batu offenbar in Kenntnis gesetzt, dass Ludwig mit einem Heer aus Frankreich ausgezogen sei. »Ich antwortete: ›Gegen die Sarazenen, die das Haus Gottes in Jerusalem entweihen‹.« Keine Reaktion kam von Batu zu diesem Annäherungsversuch aus dem Abendland. Vielmehr beliebte es ihm, die Karawane abermals auf den Weg zu schicken.

DEUTSCHE IN MONGOLISCHER GEFANGENSCHAFT

Weiter ging der Marsch nach Osten zu – zu Möngke, dem Großkhan. Teils barfuß, teils auf dem Rücken von Pferden. »Mir besorgte man immer ein kräftiges Pferd, weil ich ziemlich schwer an Gewicht war«, schrieb Rubruk. Und weil er nun auch nicht mehr recht weiter konnte mit seinem erfrorenen Fuß. Voran ging ihr Führer, der schon angedeutet hatte, sie alle allein zu lassen, wenn sie schwach werden sollten. Der Klerikus allerdings hatte umkehren müssen, so lautete der Befehl Batus. Ein Missionar weniger. Die längste Etappe lag erst jetzt vor Rubruk, auf der nördlichen zweier parallel verlaufender Straßen für Gesandte, noch

^
Mongolen als Kannibalen dargestellt. Illustration aus der »Chronica Maiora« des Matthäus von Paris, Mitte 13. Jahrhundert.

weitere 4000 Kilometer. Der Winter drohte, die durchschnittlichen Tagesetappen waren enorm, Rubruk verglich sie mit der Entfernung von Paris nach Orléans. Über den Ural ging es, durch die südwestsibirischen und kasachischen Steppen. Immer wieder tauchten in der Steppe Lager oder Karawanen auf. Neugierig waren deren Führer und gesprächig. Ob es denn stimme, dass der Papst 500 Jahre alt sei. Und was sie, die Menschen aus dem Innersten des Kontinents, sich überhaupt nicht vorstellen konnten: die grenzenlose, uferlose Ausdehnung des Ozeans, der hinter dem Christenlande liege. Neuland betraten die Abendländer, gewiss, doch vom Hörensagen war dort viel aus Rubruks Heimat bekannt, mehr als umgekehrt im Westen über das Tatarenland. Später meinte der Mönch, hier wäre ein fruchtbares Feld zum Missionieren gewesen, wenn er nur einen besseren Dolmetscher gehabt hätte. Doch der sagte nur: »Lasse mich doch mit diesem Predigen in Ruhe, denn solche Worte kann ich nicht übersetzen.« Und in der Tat, als Rubruk die Sprache ein wenig verstand, merkte er, dass sein Begleiter alle möglichen Worte sprach, nur nicht die Worte Rubruks. »Als mir bewußt wurde, welche Gefahr es für mich bedeutete, mich seiner Übersetzung zu bedienen, zog ich es vor, lieber zu schweigen.«

Der Weg wurde mühseliger. »Unbeschreiblich waren die Qualen an Hunger und Durst, Kälte und Anstrengung, die wir durchzustehen hatten. Nahrungsmittel gaben sie uns nur abends. Am Morgen bekamen wir etwas zum Trinken oder Hirsebrei. Am Abend erhielten wir Fleisch, das Vorderteil eines Hammels mit den Rippen und etwas Fleischbrühe.« Bald kamen im Süden, in weiter Entfernung, das Kaspische Meer und der Aral-See, von dem Rubruk freilich nichts ahnte, im Norden das Land der Baschkiren, Bulgaria Maior, das Gebiet der Illac. Die späte Jahreszeit zwang nun die Gruppe, für die letzten paar tausend Kilometer Wegstrecke auf dic südliche Gesandtenstraße umzuschwenken, die Stationen auf der nördlichen waren womöglich schon in die Winterpause gegangen. Das bedeutete, dass sie die hohen Gebirge nicht mehr im Norden umgehen konnten. Ein weiteres Wunder, hier weit im Osten: Rubruk sah Weinberge, er bekam sogar Wein vorgesetzt. Sechs Tagesmärsche weiter im Süden, hinter den Bergen der Alexanderkette, dem heutigen kirgisischen Gebirgszug, so hörte der Mönch, lebten Deutsche in Gefangenschaft. Überall erkundigte er sich nach ihnen, wollte ihr Befinden in Erfahrung bringen. Doch er hörte nur, dass sie als Schmiede arbeiteten oder als Bergleute, unter Tage in Kohlegruben. Beim letzten Mongolensturm hatte man sie nach Talas verschleppt, damals ein Knotenpunkt des Ost-West-Fernhandels. Später, am Hofe des Großkhans Möngke, erfuhr er, die deutschen Sklaven seien gerade eine Monatsreise weit nach Osten verlegt worden, in die damalige Industriestadt Bolat, in ein anderes Bergwerk. Rubruk bekam sie nie zu sehen.

Eine wundersame Welt durchzog der Franziskanermönch, eine Welt, die schon damals weit multikultureller bewohnt war, als man sich dies heute denken würde. Hier traf er auf Orte, die vornehmlich von Persern bewohnt waren, dort begegnete Rubruk zum ersten Mal Buddhisten, »Götzendienern«, wie er sie nannte, deren Religion sich auf der Seidenstraße von West nach Ost ausbreitete. Das Turkmenenvolk besuchte er, das Kharzim-Reich, bald kam er zu den Uiguren. Dahinter, in den Bergen, dann zu den Targut, die sehr starke Rinder hatten, voller Haare an Bauch und Rücken. Jaks waren es, die Rubruk hier zum ersten Mal sah, eine bis dahin unbekannte Art. Und immer wieder traf er auf Nestorianer, die weit verbreiteten orthodoxen Ablegergemeinden der Christen. »Sie sind hierzulande unwissend. So singen sie wie bei uns die Mönche, ohne die Grammatik zu kennen, und sind im Übrigen ganz und gar verliederlicht. Vor allem sind sie Wucherer und Trunkenbolde.« Rubruk hörte »von Groß-Cataia, dessen Bewohner von Alters, glaube ich, Serer hießen«. Damit war er der Erste, der den damaligen Namen Chinas, Cathai, mit den Serern, wie die Chinesen bei den alten Griechen geheißen hatten, in Verbindung brachte. Nicht zu unterschätzen in ihrer Bedeutung war auch seine knappe Feststellung über das andere Ende des Landes: »Cathai liegt am Ozean«, schrieb er, und damit beendete er alle mittelalterlichen Vorstellungen von einer Landbegrenzung der Erdscheibe. »Diese Cathai sind kleine Menschen. Beim Sprechen atmen sie durch die Nase. Mit allen Orientalen gemeinsam haben sie nur enge Augenöffnungen.« Rubruk streifte den Ala-kul-See im äußersten Osten Kasachstans. Stürmisch war er wie ein Ozean, schrieb er.

Bei allen Entbehrungen, bei aller Eintönigkeit über viele tausend Kilometer barg seine Reise, aus heutiger Sicht betrachtet, doch Beneidenswertes in sich: Ein einziges Ziel hatte er, den unbekannten Osten, hinter Berg und Tal. »Gewaltige Gebirgszüge«, die mit großen Schneemassen bedeckt waren, galt es zu überwinden. Dahinter aber tat sich ihm eine große Ebene auf, »weit wie ein Meer, in der auch nicht die geringste Erhöhung zu sehen war«. Immer weiter. Schließlich, es war um die Weihnachtstage 1253, kamen sie ihnen entgegen über die leere, kalte Steppe, die Sendboten Möngkes, der längst von der Annäherung der Fremden gehört hatte. Im Zickzack sollten sie noch die letzten paar dutzend Kilometer herangeführt werden an das Zeltlager des Mongolenherrschers, noch einige Tagesreisen entfernt von seiner glänzenden Hauptstadt Karakorum. Im Zickzack, um auch hier den Machtbereich Möngkes noch ein wenig größer erscheinen zu lassen. Nur mit Mühe konnten Rubruks Führer für die erschöpften Reisenden den direkten Weg durchsetzen. Und da war es schließlich, das Zeltlager des Khans Möngke, des Herrn über das größte Weltreich, das jemals auf Erden bestanden hat, bis zum heutigen Tag. Von der Ostspitze Asiens bis weit nach Europa hinein, von Nordsibirien bis nach Südchina und Persien.

Auch hier ging es den Reisenden aus Europa kaum anders als bei den bisherigen Stationen niedereren Ranges weiter westlich. Abermals behandelten die Mongolen die Abendländer herablassend. »Unserem Führer wurde eine geräumige Behausung zugewiesen, während wir zu dritt eine ganz kleine Jurte erhielten, in der wir kaum unsere Sachen unterbringen, unsere Schlafstätten aufschlagen und ein Feuer anmachen konnten.« Ihr Führer wurde hofiert: »Viele besuchten ihn und brachten ihm ein aus Reis hergestelltes Getränk, das sich in nichts vom besten Wein aus Auxerre unterschied, nur dass ihm die Blume des Weins fehlte.« Immerhin – Rubruk durfte offenbar kosten.

Doch bester Wein hin, fehlende Blume her – Rubruk wurde schnell bewusst, dass seine Gesandtschaft am Ende ihres Weges im Wortsinn zugleich am Ende ihres Lateins war. Auch hier wurde er eher herablassend behandelt als mit offenen Armen empfangen. In einer Weise, dass der fromme Mann innerlich sogar in Rage geriet: »Und wäre es mir erlaubt, so würde ich wohl mit allen meinen

Kräften den Krieg gegen sie predigen.« Gewiss, Audienzen gab es auch bei Möngke. Es war vergebens, man redete aneinander vorbei. Der Franziskanermönch hob das große Wort der Missionierung an: »Es ist unsere Aufgabe, die Menschen zu lehren, nach dem Gesetz Gottes zu leben.« Doch der Khan antwortete nur: »So wie die Sonne überall hin ihre Strahlen aussendet, so breitet sich meine und Batus Macht aus.« Mit anderen Worten: Auf die Missionstätigkeiten Rubruks könne man verzichten, er habe die Christenmenschen nicht gerufen. Hatte Rubruk nur den falschen Ton getroffen? Womöglich, schließlich waren Mangu und die anderen Herrscher der Mongolen nicht bekannt dafür, dass sie fremde Religionen verfolgten.

Ein wenig Duldung am Hofe Möngkes bekamen sie zugestanden, doch dann sollten sie wieder gehen, hieß es am Anfang ihres Aufenthaltes. Es wurde insgesamt ein gutes halbes Jahr. Schon im Zeltlager des Möngke Khan wurde den Reisenden aus Europa einmal mehr klar, wofür die Mongolen ihre aufwändigen Gesandtenstraßen unterhielten, wie ernst das Botschafterwesen selbst im Zeltlager betrieben wurde, wenn Möngke außerhalb seiner Hauptstadt Karakorum weilte. Hielten sich doch auch im Jurtenlager stets Vertreter ferner Länder wie zum Beispiel Syrien oder Zypern auf. Rubruk wurde Zeuge, wie Möngke seinerseits Gesandte gen Westen schickte, die mit den abendländischen Herrschern über Bündnisse, Unterwerfungen, Tributpflichten verhandeln sollten. Vielfältig waren die Gespräche, die Rubruk mit Möngke oder seinem Stab über Religion, über Schamanismus, über Krieg und Frieden zwischen Ost und West führte. Möngkes Schreiber und Dolmetscher stellten viele Fragen über Frankreich: »Ob es dort viele Schafe, Pferde und Ochsen gebe. Da hatte man fast den Eindruck, als wollten sie bald einmarschieren und uns alles wegnehmen. Ich musste mich sehr beherrsche, um meine Entrüstung und meinen Zorn zu unterdrücken.«

Eine Frau aus dem französischen Metz etwa, mit Namen Pascha, die in Ungarn in mongolische Gefangenschaft geraten war, ein gewisser Guillaume Bouchier, ein Goldschmied aus Paris – manches Volk aus Europa lebte an diesem fernen Ort in der Umgebung des Khans. Verfolgte, Versprengte, Verschleppte. Informationen aus allen Himmelsrichtungen kamen zusammen. Vom Land Korea hörte Rubruk hier, in dieser Gesellschaft, als erster Europäer. Auch sah er chinesisches Papiergeld, »ein Blatt aus Baumwolle«. Ob Rubruk nun die Mongolen missionieren durfte, ob er die Botschaft Christi hertragen durfte, die Antwort auf diese Frage ging letztlich unter im unklaren Spiel, das Möngke Khan mit dem Mönch trieb. Sein Auftrag, der ihn über den langen Weg hergetragen hatte, seine Erfüllung, alles blieb offen. Schließlich immerhin eine wichtige, ja, die erlösende

^
Gastgeschenke für die Tafel des großen Khan.
Aus der Handschrift »Livre des Merveilles«, 15. Jahrhundert.

Mitteilung; ein Dolmetscher trug sie Rubruk zu: »Möngke Khan hat ein Erbarmen mit euch und erlaubt euch, noch zwei Monate hier zu bleiben. Dann wird die schlimmste Kälte vorbei sein. Er läßt euch sagen, daß zehn Tagesreisen von hier entfernt eine schöne Stadt namens Karakorum liegt. Wenn ihr dorthin gehen wollt, so wird er euch mit allem Lebensnotwendigen versorgen.«

KARAKORUM, DIE HAUPTSTADT DER MONGOLEN

Und wirklich: Am 4. April war es so weit, waren auch die letzten hundert Kilometer Wegstrecke gegangen, Rubruk war angekommen in Karakorum, der

Hauptstadt jenes mongolischen, jenes beispiellosen Riesenreiches, über die Carpini nur vom Hörensagen berichten konnte, sie sei »ansehnlich«. Rubruk war – und blieb – der einzige Europäer, der diese Stadt in ihrer kurzen Blüte je sehen und davon auch im Abendland Bericht erstatten konnte.

Ansehnlich, das war sie wohl ohne Zweifel, wie man heute rekonstruieren kann. Karakorum war ein umfangreiches Gemeinwesen. Rubruk blieb dennoch nüchtern: Karakorum, die Hauptstadt der gefürchteten Supermacht, war für ihn »vom Palast des Khans abgesehen, nicht einmal so stattlich wie der Marktflecken St. Denis (bei Paris)« – wohl eine unerhörte Untertreibung. Die Stadt sei von einer Mauer umgeben, notierte der Mönch, auf jeder der vier Seiten mit einem Tor versehen. Eine Vielvölkerstadt: Das Stadtviertel der »Sarazenen«, der Mohammedaner also, »wo die Märkte stattfinden und viele Kaufleute der Nähe des Hofes zusammenkommen, aber auch in Anbetracht der Gesandten, die sich hier aufhalten«. Dann das Viertel der Cathai, der Chinesen, »die in der Hauptssache Handwerker sind«, die Straßenzüge der Inder. Die verschiedenen Völkerschaften »haben zwölf Götzentempel, zwei Moscheen, und am äußersten Ende der Stadt eine christliche Kirche«. Insgesamt 4000 Gesandte aus allen bekannten Ländern sollen sich am Hofe des Khans in Karakorum aufgehalten haben. Und Rubruk berichtete von einem großen Palast, einer dreischiffigen Halle, gebaut von einem chinesischen Architekten, ein Russe hatte den Thron für die Mongolenführer entworfen. Unglaubliche Berichte über das Zentrum eines reiterwilden Nomadenvolkes.

Heute ist Karakorum der Name eines Gebirges mit Achttausendern, viel weiter südwestlich zwischen Afghanistan, Pakistan und Indien. Ursprünglich stand der Name nur für einen Weidebezirk im Orchon-Tal im Herzen der heutigen Mongolei. 1220 bestimmte Dschingis Khan, der erste Herrscher über alle Mongolenstämme, diesen Grasplatz als den Ort für seine neue Hauptstadt: Das Herrschaftszentrum des Riesenreiches, wie es in dieser Ausdehnung weder zuvor noch danach auf Erden jemals eines gab. Der Nabel der Welt, wie ihn die Mongolen damals sahen; die Höhle des Drachens, der Europa wieder und wieder verheerte. Eine Metropole aber auch eines kosmopolitischen, multikulturellen und vielfältig religiösen Lebens, Verwaltungs- und Kultzentrum, höchster Gerichtsort, Stapelplatz aller erpressten Tributware aus den Nachbarländern. Gegründet von Dschingis Khan, ausgebaut zur großen Stadt unter seinem dritten Sohn und Nachfolger Ögedei, als Nordchina endlich unterworfen wurde mit seinen landwirtschaftlichen Erzeugnissen, die die Bewohner eines solchen Ortes versorgen konnten. Tag für Tag kamen 500 Ochsenkarren in Karakorum an mit Lebensmitteln aus China.

Die Chancen sind da, dass man dieser Tage, knapp 800 Jahre nach Rubruks Marsch, die Mongolenhauptstadt neu entdecken könnte. Seit mehreren Jahren ist ein deutsches Grabungsteam dabei, die versunkene Stadt Karakorum wieder ans Tageslicht zu führen. Experten des »Deutschen Archäologischen Institutes« und der Universität Bonn fanden die Fundamente des Palastes, konnten feststellen, dass der Khan über eine Fußbodenheizung verfügte, und fördern wieder und wieder Utensilien aus der Gründerzeit der Stadt hervor. Werden sie auch das Meisterwerk jenes Guillaume Bouchier finden?

Rubruk hörte, zunächst ganz nebenbei, von einem unerhörten Projekt, das der Pariser Goldschmied in Karakorum ausführen sollte: »Mangu Khan habe dem Meister dreihundert Jascot, etwa dreitausend Silbermark, und fünfzig Handwerker zur Verfügung gestellt, um eine große Arbeit durchzuführen.« Es ging um ein so monumentales wie filigranes Gebilde, welches erlaubte, dass im Land der Mongolen wahrhaftig Milch und Honig flossen: Ein Kunstwerk, das im Abendland seinesgleichen suchen würde. Angeschlossen an vier verschiedene Quellen liefen aus dem etwa zehn Meter hohen Baum nach Belieben Wein, Reisbier, das Honiggebräu Met und – natürlich – Stutenmilch. Schließlich wurde Rubruk selbst während seines kurzen Aufenthaltes noch Zeuge, als der legendäre Silberbaum des Pariser Goldschmieds im Palast aufgestellt wurde, Ostern 1254. Grabungsleiter Hans-Georg Hüttel ist zuversichtlich, eines Tages die Reste des Silberbaumes zu finden.

Zurück zu Rubruk: Zwischenzeitlich war es nochmals gefährlich geworden für ihn. Am Tag nach Himmelfahrt, am 18. Mai 1254, rief man alle Fremden, auch den Franziskaner und seine Begleitung, zum Bulgai, dem obersten Sekretär und Richter. Einzeln bestellten die Wachhabenden die Reisenden hinein. »Man nahm uns scharf ins Verhör, woher wir wären, zu welchem Zweck wir gekommen seien und welchen Auftrag wir hätten.« Man ließ die Abendländer nicht im Unklaren über den Hintergrund: »Diese Untersuchung wurde durchgeführt, weil dem Khan gemeldet worden war, dass vierhundert Assassinen in verschiedenen Verkleidungen ausgesandt und in sein Land eingeschleust worden wären, um ihn zu töten.«

Es ging glimpflich ab, Rubruk konnte die Zweifel an sich und seiner Begleitung beseitigen. Mitte Juli, nach mehr als dreimonatigem Aufenthalt am Hofe des Khans, trat er den Rückweg an. Ganze drei Seelen hatte er taufen können, darunter die Kinder eines gefangenen Deutschen. Seine Mission blieb unerfüllt. Bartholomäus von Cremona musste in Karakorum bleiben, zu krank war er für den langen Marsch nach Westen, zu schwach. Der Khan gestattete sein weiteres Verweilen bis zur völligen Genesung.

DER LANGE MARSCH ZURÜCK IN DIE HEIMAT

Am 10. Juli war Aufbruch. Lange musste die kleine Reisegesellschaft an der geringen Ausbeute ihres großen Marsches tragen. Allein bis zum Lager Batus brauchte Rubruk zwei Monate, nur einmal legten die Führer einen Rasttag ein. Umso ergiebiger waren – auch auf dem Rückweg – erneut seine Berichte über die durchwanderten Gebiete. Am Westufer des Kaspischen Meeres ging es diesmal südwärts, durch Georgien, durch Persien. Die Gruppe wurde auch hier der Spuren gewahr, die die Mongolen zogen. Rubruk streifte die ehemalige Stadt Naxuan heute Nachitschewan – und musste notieren, dass sie von den Tataren in eine Einöde verwandelt worden war. Anschließend war er, ganz nebenbei, der erste Abendländer, der den Ararat korrekt beschrieb, jenen Berg, der durch die Landung Noahs und seiner Arche die christliche Welt wenigstens schon einmal vor den endgültigen Folgen einer Naturkatastrophe gerettet hatte. Weiter am Fluss Euphrat entlang, durch Mesopotamien, über Tripolis nach dem heutigen Akka (Akkon) – und hier war die Reise des Franziskanermönches Rubruk beendet. Hier schrieb er den langen Bericht an seinen König Ludwig IX. – als Brief verfasst, heute aber das bedeutendste Tagebuch der wichtigsten Entdeckungsreise des christlichen Spätmittelalters, »der klarste Spiegel asiatischer Welt jenes Zeitalters«, wie Henze in seiner Enzyklopädie schreibt: »Ihn kennzeichnen scharfes kritisches Sehen und Forscherneugier in hohem Maße, Prägnanz und Bildhaftigkeit.« Henzes Resümee: »Es ist eine Köstlichkeit, darin zu lesen.«

Keine guten Nachrichten dagegen konnte der Franziskaner damals seinem König in Paris überbringen. Es sollte nichts werden mit einer groß angelegten Missionsarbeit, die einem mächtigen Bündnis im Kampf gegen den Islam den Boden bereiten konnte. Im Gegenteil, Rubruk hatte nun einen Brief im Gepäck, den Mangu Khan an König Ludwig verfasst hatte. Darin war nichts Geringeres enthalten als die ultimative Aufforderung an das Abendland, sich den Mongolenherrschern zu unterwerfen. Ab sofort möge man Tribut entrichten.

Doch auch daraus wurde nichts.

Ibn Battuta (1304–1369)

Zwischen Timbuktu und Peking – 120.000 Kilometer in 29 Jahren

Es sah böse aus um den Mann. Zehntausend Kilometer fern der Heimat war er unterwegs, im großen, wilden Reich des Sultans von Delhi. Mit einem Geheimauftrag des Herrschers ausgestattet. Großzügig wie kein anderer unter Allahs Himmel war der Sultan. Aber auch grausam ohne Ende. Viele Aufständische zogen durch sein Land, um Verwirrung zu stiften. Und ein Haufen von ihnen, Ungläubige allesamt, hatten nun den Reisenden in ihrer Hand. 40 Männer, mit Pfeil und Bogen, waren ihm plötzlich gegenübergestanden, zur Mittagszeit, als er nach der Rast mit einigen Reisegefährten einen üppigen Wald durchkreuzte. Was aber hatte Allah mit ihm vor, eine Prüfung nur? Wussten die Menschenräuber von seinem Auftrag, oder waren sie von Blindheit geschlagen?

Ins Dickicht hatten sie ihn geschleppt, zu ihrem Lagerplatz an einem Teich zwischen Bäumen. Ausgeraubt bis auf Jacke, Hemd und Hose. »Zweifellos werden dich diese Leute da umbringen«, sagte einer. Immerhin, Brot aus Erbsenmehl gab man ihm und Wasser. Es wurde spät und drei von ihnen sollten den

Ibn Battuta

Ibn Battuta wurde am 24. Februar 1304 in Tanger geboren. Seine Ausbildung war dem islamischen Glauben gewidmet, doch mit 21 Jahren zog er in die Welt. Über Umwege nach Mekka zunächst, anschließend kreuz und quer durch das Zweistromland. Von dort folgte eine zweite Pilgerreise nach Mekka, diesmal um Koranstudien nachzugehen. Danach wandte er sich nach Süden, zog entlang der afrikanischen Ostküste bis hinter Sansibar. Erneut schloss sich ein Jahr Mekka an, ebenfalls wieder zu Studienzwecken.

Ibn Battuta verstand es, bei all seinen Karawanen- oder Schiffpassagen gleichzeitig auch Handel zu treiben, Geld für seine ausgedehnten Reisen zu organisieren. Auf dem Weg nach Indien, nach Überquerung des Schwarzen Meeres, verschlug es ihn gen Norden, zum Herrscher der »Goldenen Horde« der Mongolen. Er begleitete dessen schwangere Frau in ihre christliche Heimat, nach Konstantinopel, weil sie dort ihr Kind bekommen wollte. In der Stadt am Bosporus kam Ibn Battuta erstmals in einen anderen als den islamischen Kulturkreis. Allerdings nur kurz, nach einem Monat kehrten alle zurück zum Khan der »Goldenen Horde«, von wo aus Ibn Battuta über Buchara, Samarkand und die hohen Pässe des Hindukusch nach Indien zog. 1333 kam er dort an. Delhi war erst kurz zuvor unter islamische Herrschaft gefallen, und der Sultan wollte seine Macht mit möglichst großer Hilfe seitens muslimischer Intelligenz stärken. Ibn Battuta kam da wie gerufen. Nach neun Jahren Dienst am Hof des Sultans, vor allem als Richter (»Kadi«), erhielt er 1342 den Auftrag, in diplomatischer Mission nach China zu reisen. Es verschlug ihn aber zunächst nach den Malediven, wo er ebenfalls als Richter arbeitete, und – vorübergehend – in die königliche Familie einheiratete. Über Ceylon, Sumatra und Vietnam erreichte er Jahre später doch noch China, ein Land im Umbruch, denn die Ära der Mongolenkaiser neigte sich dem Ende zu. Ibn Battuta sah wenig Sinn in einer Tätigkeit als Botschafter des Sultans von Delhi und entschloss sich zur Rückkehr. Auch sie war von Widrigkeiten und Umwegen gezeichnet. Nach Spanien brach er noch auf, und wenig später zu seiner letzten Reise, durch die Sahara nach Timbuktu. 1353 traf er in Tanger ein, seine letzte Rückkehr. Fortan schrieb er seine Erlebnisse nieder, lebte bis zu seinem Tod 1369 als hochangesehener weiser Mann in Tanger.

Sein Reisebericht gehört, trotz einiger allzu offensichtlicher Erfindungen, zu den trefflichsten Weltbeschreibungen des 14. Jahrhunderts. In 29 Jahren hatte er 120.000 Kilometer zurückgelegt.

Fremden schließlich mitnehmen zur Nacht: ein alter Mann, sein Sohn »und ein bösartiger Neger«, wie der Reisende später berichtete. Sie schleppten ihn in eine Höhle. »Gott aber stand mir bei; denn er suchte den Neger mit Fieber und Schüttelfrost heim, so dass er über mir zusammenbrach. Der Alte und sein Sohn jedoch schliefen.« Gnadenfrist bis zum Sonnenaufgang. Am Morgen nahmen sie ihn wieder zum Teich hinab, und alles verhielt sich wie am Nachmittag zuvor. »Ich entnahm ihren Worten, dass sie mich erschlagen wollten.« Viel zählte ein Leben nicht, damals, im Land des grausamen Sultans. Manch scharfe Wendungen nahm das Schicksal an jenem Tag noch zwischen Hoffnung und Verzweiflung für den Gefangenen, doch wundersam sind Allahs Weisungen. Und so entließ man ihn schließlich einfach, im Tauschgeschäft für seine Jacke. Ein altes Tuch vermochte er seinen Peinigern noch abzuhandeln. Ibn Battuta konnte wieder seiner eigenen Wege gehen.

Eines von vielen Abenteuern, die der Mann aus Tanger, aus dem fernen Barbareskenlande, erleben musste, war damit überstanden. Es war das Jahr 1332, das siebzehnte auf der großen Weltreise des wohl bedeutendsten Reisenden aus dem muslimischen Kulturkreis. »Marco Polo des Islam« nannte man ihn im Abendland später. 1325 war er aufgebrochen, von seiner Heimatstadt Tanger, von Indien aus gesehen am anderen Ende der Welt, am Ausgang des Mittelmeers zum Sonnenuntergang. Ob ihm in diesem Moment die Gedanken in den Sinn kamen, die ihn damals beschlichen hatten, als er fortgezogen war von seiner Familie? »So beschloss ich denn, mich von meinen Lieben zu trennen – Männer wie Frauen – und verließ meine Heimat, wie ein Vogel sein Nest verlässt.« Nun war der Vogel wieder frei. Gerettet aber noch nicht. Unsicher waren Land und Zeiten. Tagsüber versteckte er sich im Bambusdickicht vor weiteren Häschern, nachts streunte er umher auf der Suche nach Wasserstellen, ernährte sich von Lotosfrüchten, riss sich Arme und Beine an Akazienstacheln auf, schlief auf Heuhaufen. »Zwar merkte ich, dass sich unter dem Gras Tiere bewegten, befürchtete auch, dass es Schlangen sein könnten, war jedoch nicht mehr in der Lage fortzugehen, sondern schlief auf der Stelle vor Müdigkeit ein.«

Einige Tage noch dauerte Battutas Umherirren zwischen dem Ganges und dem Jumna-Fluss, bis er wieder auf seine Reisegesellschaft stieß. Battuta war kein unbedeutendes Licht im Land des Sultans. 1000 Reiter insgesamt waren seine Eskorte, von denen er sich vor dem Überfall leichtfertig getrennt hatte. Sehr nahe übrigens an der Stelle, wo 200 Jahre später ein Mogul das Grabmahl Taj Mahal, das berühmteste Bauwerk Indiens, errichten sollte.

Doch noch waren die Großmoguln nicht an der Macht, noch musste der Sultan, Abu'l Mujahid Mohammed Schah, um seine Herrschaft kämpfen und daher mit den Mächtigen in den Nachbarländern gutes Einvernehmen pflegen. Und dafür sollte nun auch Ibn Battuta sorgen. Deshalb war er in jenen Sommermonaten des Jahres 1342 in einer Mission unterwegs von Delhi aus ins ferne China. Es war eine große Fahrt in der noch größeren Reise seines Lebens, eine Odyssee, die ihn erst nach jahrelangen Umwegen ans Ziel, zur Kaiserstadt Peking, führen sollte.

DER SULTAN: GRAUSAM UND GROSSZÜGIG

Neun Jahre vor seinem Aufbruch nach China, am 12. September 1333, hatte Battuta auf seiner Odyssee das indische Großreich betreten. Am Indus-Strom, auch Panjab genannt, vom fernen Westen kommend. Gut organisiert war die Bürokratie des Landes, und so hatten die Beamten des indischen Meldeamtes seine Einreise ordnungsgemäß notifiziert. Innerhalb von fünf Tagen, dank eines schnellen Postsystems, war auch der Sultan im fernen Delhi unterrichtet von dem weit gereisten Fremden. Pferde und Läufer standen überall im Lande zu Stafetten bereit. Er wurde erwartet. Doch er ahnte nicht, was auf ihn zukam.

Battuta hatte auf all seiner langen Wegstrecke seit Tanger stets Handel betrieben. Im großen Stile. Schon kurz nach seiner Einreise nach Indien deckte er sich reichlich mit Pferden, Kamelen und Sklaven ein. Nicht nur war ihm zu Ohren gekommen, dass jeder, der zur Audienz beim Sultan geladen sei, mit großzügigen Geschenken aufzuwarten habe. Sondern auch, dass der Herrscher es dem Besuch stets doppelt und bisweilen dreifach zurückgebe. Was auch Dritte in bare Münze umzusetzen wussten. »Als man sich nun an dieses Verhalten des Königs gewöhnt hatte, sahen die Kaufleute in Sind und Indien darin eine Chance für ihr Geschäft. Sie räumten jedem, der am Hofe des Sultans vorsprechen wollte, Kredite von tausenden Dinaren ein und statteten ihn mit dem aus, was er als Geschenk zu überreichen gedachte. Kam der Fremde nun zur Audienz vor den Sultan und erhielt das entsprechende Geschenk, so zahlte er den Kredit und die ganzen Vorschüsse zurück. Auf diese Weise warf das Geschäft den Kaufleuten einen großen Profit ab.« Battuta aber bezahlte all seine Geschenke aus der eigenen Schatulle.

Das war die eine Seite des Sultans. Verwundert aber war der Reisende aus dem fernen Westen auch über die grausamen Strafen, welche Dieben, Ehebrecherinnen, Kritikern des Herrschers und anderen Missetätern zuteil wurden. Bisweilen stand auch auf einfache Fehler vom Amt die Höchststrafe; nur mit Glück blieb es bei 100 Peitschenhieben. Enthaupten war noch die humanste Art, wenn es ans Hinrichten ging. Steinigen, mit oder ohne vorherigem Abschneiden von Gliedmassen, zu Tode foltern – täglich traf es viele Hunderte im ganzen

›
Eine Karawane bei der Rast. Illustration aus den »Makamen« des Abu Muhammed al-Kasim Hariri, 11./12. Jahrhundert.

Land. Nur zu oft und schon routinemäßig fällte der Sultan persönlich den Richtspruch, intuitiv, nach kurzem Prozess. Gefährlich war es, in seinem Umkreis zu arbeiten. Die Stadtmauer von Delhi, das fiel Battuta sogleich nach seiner Ankunft auf, war an ihrer Außenseite eingedeckt von Opfern.

Wir wissen wenig über Ibn Battuta, wie er wirkte, wie er erreichte, was er erreichen wollte. Eines aber ist klar: Eine Ausstrahlung musste ihm eigen sein, die auch an hohem Ort einnehmend wirkte.

»Der Segen ist herabgestiegen. Heil deiner Ankunft! Sei unbesorgt, ich werde dir Wohltaten erweisen und dir Gunstbezeigungen zukommen lassen, damit deine Landsleute davon hören und dich aufsuchen werden!« Dies waren die Worte, mit denen der Sultan Ibn Battuta bei seiner ersten Audienz, bald nach seinem Eintreffen, begrüßte. Einen, der von so weit hergekommen war, sah der Herrscher als großen Gewinn für sich selbst. Gewiss, Reisende aus dem arabischen Raum, Händler zumeist, waren schon damals, im 14. Jahrhundert, nichts Ungewöhnliches in Delhi, der größten Stadt Indiens und überhaupt des Islams im Osten. Und noch weniger in den Hafenstädten wie Calicut oder Cannanore. Gewürze erstanden sie dort, Edelsteine und Seide, um sie in ihre Heimat

Ibn Battuta in Ägypten.
Holzstich, Paris 1878.

zu verschiffen und mit hohem Gewinn zu verkaufen, auch an Vertreter der Handelshäuser aus Venedig, Genua oder Pisa. Doch dass Allah diesen jungen Mann mit so viel Hunger auf ferne Länder und Wissensdurst beschenkt hatte, dies musste schon eine besondere Bewandtnis haben.

Mit vielen Aufmerksamkeiten und Wohltaten wurde der Besucher bedacht. Deputate an Lebensmitteln, für Ehrengewänder und den Barbier, Pferde, 5000 Dinare vorab und ein jährliches Gehalt von 12.000 Dinaren. Denn Sultan Mohammed ging davon aus, dass sein Gast lange Zeit bleiben werde. Auch Sklaven und Sklavinnen bekam er, Gespielinnen und Ehefrauen, die Battuta später in seinen Aufzeichnungen über alles lobte – auch an leiblicher Zuwendung sollte es ihm nicht fehlen, das war das Anliegen des Sultans.

Battuta erhielt ein hohes Amt im Staate, wurde schon bald als Richter eingesetzt. Zwar beklagte er sich einmal bei seinem Förderer, nach einem halben Jahr etwa, dass er noch keinen einzigen Prozess zu führen gehabt habe. Doch der Sultan sah seine Ernennung vor allem als Ehre und Titel. Und anstatt den Mann aus Tanger mangels Aufgaben von seiner Tätigkeit zu entbinden, stellte er ihm noch zwei Hilfsrichter zur Seite. Einfach so. Die Unterschiede waren damals groß zwischen Arm und Reich, Gerechtigkeit war nicht des Herrschers Prinzip. Und doch sind die Berichte des Ibn Battuta Zeugnisse auch des gesellschaftlichen Wohlstandes, damals, in jenem fernen Land. Battuta diente seinem Herrn eher als weiser Gesprächspartner, als Berater, als Teilnehmer seiner Bankette, bisweilen fungierte er auch als sein Reisebegleiter.

Angekommen im Paradies. Die Dörfer, Liegenschaften, immer neuen Sklavinnen, die der Sultan ihm schenkte, scheinen dem Reisenden offenbar schon fast zu viel des Guten geworden zu sein. So bemühte sich der Besuch, aus seinem goldenen Käfig zu fliehen, ließ sich vom Banne einiger Scheichs einfangen, die Keuschheit, Fasten und andere Entsagungen pflegten. »Bald darauf zog ich mich aus dem Dienst des Sultans zurück, um mich ganz der Gefolgschaft des Scheichs, des gelehrten und frommen Imams zu widmen.« All sein Vermögen spendete Ibn Battuta in der Folge den Bedürftigen und Kranken, und der Untertan fiel nun bei seinem Sultan in Ungnade – vier seiner Sklaven bewachten ihn vorübergehend auf Schritt und Tritt. »Hat der Sultan einmal gegen jemanden eine solche Maßnahme getroffen, so ist es im allgemeinen recht selten, dass diese Person noch heil davon kommt«, schrieb Battuta später.

Doch Abu'l Mujahid Mohammed hatte anderes mit Ibn Battuta vor, Größeres. Deshalb bestrafte er ihn nicht, sandte ihm vielmehr gesattelte Pferde. Es war eine besondere Mission, um die er seinen Gast nun bat. Denn der Sultan war kurz zuvor überrascht worden, peinlich war die Lage, in der er sich befand.

Der Kaiser von China, Toghan Temür, hatte dem Sultan ein großes Geschenk gemacht: Einhundert Sklaven und Sklavinnen, fünfhundert Gewänder aus Seidendamast, fünf Schatullen Moschus, fünf mit Perlen bestickte Gewänder, fünf in Gold gestickte Köcher und fünf Schwerter. Dies alles und noch viel mehr kam vom letzten Herrscher aus der mongolischen Khan-Dynastie auf Chinas Thron. Er war ein ebensolcher Freund prachtvoller Geschenkdarbietungen wie der Beschenkte einer war. Allerdings war es keine uneigennützige Gabe. Er bat den Sultan, ihm den Wiederaufbau des »Götzentempels« – wie Ibn Battuta es nannte – zu erlauben, der im nördlichen Bergland stand. Ein buddhistisches Heiligtum? Eine Stätte jedenfalls, den die Untertanen des großen Khans als Pilger aufzusuchen pflegten. Leider hatte die muslimische Armee des Sultans diesen Ort erobert, geplündert, zerstört.

Der Sultan schrieb dem Kaiser von China: »Dieser Wunsch kann nach den Religionsgesetzen des Islam nicht erfüllt werden.« So aber musste er auf andere

Weise dem Herrscher im fernen Peking, jenseits der hohen Berge, Genugtuung verschaffen für das reichhaltige Geschenk. Unmöglich scheint es, alle Schätze aufzuzählen, mit dem er ihn beglücken wollte. Noch mehr Gewänder, noch mehr Schmuck und Seide, natürlich auch noch mehr Sklaven, hunderte indische »Heidenmädchen«, Sängerinnen und Tänzerinnen waren darunter. Ibn Battuta sollte alles überbringen, eingespannt war der »Marco Polo des Islam« unversehens in die Weltpolitik des Fernen Ostens. Und so machte sich eine unendlich lange Karawane auf den Weg, hinaus aus den Mauern von Delhi. Eintausend Reiter gaben Ibn Battuta und seinen beiden Begleitern, einem Emir und einem Eunuchen, das Geleit. Überfälle, Unwetter und anderes Unbill setzten der Reisegesellschaft von Anbeginn an zu. Bis zu dem Ort, da das Geschenk auf ein Schiff nach China verfrachtet würde, sollte die Eskorte mitreisen. Doch das Ziel, das Reich des großen Khans, sollte erst nach manchem Umweg oder Abenteuer erreicht werden. Da war zunächst jener Überfall, der ihn in der Höhle bei dem Alten, dem Sohn und dem »bösartigen Neger« Todesängste einbrachte und später fast den Hungertod. Doch es kam noch mehr. Seine Mission endete in einem Fiasko.

REISEN ALS SINN DES LEBENS

Nichts davon hatte er erwartet, 17 Jahre zuvor, als er in Tanger aufbrach. Es war im Februar 1325, nach islamischer Rechnung das Jahr 744. Marco Polo, der berühmteste Reisende des Abendlandes bis zu dieser Zeit, war im Jahr zuvor gestorben. Da entschloss sich der 21-jährige Ibn Battuta aus Tanger, ein Sprössling aus wohlhabendem Hause, seine Lehrzeit für das hohe Amt des Kadi zu unterbrechen, eine Pilgerfahrt nach Mekka anzutreten. »Ich bin bereit für die Hadsch«, sagte er zu seinem Vater. Doch ihm ging es um mehr als nur darum, den heiligen Ort aufzusuchen. Fast jeder Jüngling, Student oder heranwachsender Gelehrter irgendwo im damals schon riesigen islamischen Glaubensbereich hegte einen Traum. Das Größte, was ihnen zuteil werden konnte, war die Möglichkeit, den Koran auch einmal in Mekka, in Medinah, Bagdad, Damaskus und Kairo zu studieren. Doch lernten sie dort nicht nur ihre heilige Schrift, sondern auch Geschichte, Recht, Geografie und die militärischen Wissenschaften. Einige dieser damaligen Bildungstempel aufgesucht zu haben entsprach in etwa dem, was später, in Zeiten der Aufklärung, die »Grand Tour« durch Europa für den Adelsnachwuchs im Abendland war. Lehrlinge des rechten Glaubens und der hohen Wissenschaften, so verlangte es die Sitte, empfingen auf ihren Reisen stets günstige Unterkunft und Verpflegung. Und die Wege waren weit und grenzenlos. Die Hemisphäre der Muslime, auch wenn sie keinem einheitlichen Staat

^
Gebäude der alten Hochschule für Naturwissenschaften Samarkand, Usbekistan.

unterstand, hatte in gewisser Weise das Römische Reich als zusammenhängenden Kulturkreis abgelöst, für fast tausend Jahre, von Tanger im Westen bis fast zum Pazifik im Osten reichend. Arabisch war nicht nur die Sprache des Korans, sondern auch die Lingua Franca von Tanger oder Timbuktu bis nach Kanton in China. Kunst, Kultur und Wissenschaft blühten – zu Zeiten von Ibn Battuta wohl kurz vor ihrem Höhepunkt.

Schon sein Weg voller Windungen nach Mekka deutete an, wie wenig Ibn Battuta das Reisen nur als Fortkommen verstand, sondern vielmehr als Sinn des Lebens. Niemand ahnte, dass er runde 120.000 Kilometer zurücklegen würde, dreimal um die Erde herum, eine unerhörte Leistung in jener Zeit. Zwar ließ er sich dafür 29 Jahre seines Lebens Zeit. Doch war es ein Lebensweg, der von einem einzelnen Menschen wohl erst fast 450 Jahre später wieder erreicht wurde. Als nämlich James Cook in der zweiten Hälfte des 18. Jahrhunderts dann tatsächlich dreimal den Globus umsegelte.

Karawane nach Karawane ließ Ibn Battuta sich gen Osten tragen, immer an der Küste des Mittelmeers entlang. In Tunis, bevor er sein Kamel bestieg, das ihn nach Alexandria in Ägypten tragen sollte, traf er Burhan al-Din, den frommen Asketen. Und der öffnete ihm, Ibn Battuta, der eigentlich nur nach Mekka aufgebrochen war, seinen weiteren Weg: »Ich sehe in Dir einen Menschen, der geboren ist, fremde Länder zu bereisen«, sagte er. »Du musst unbedingt meinen Bruder Farid in Indien besuchen und meinen Bruder Rukn in Pakistan und meinen Bruder Burhan in China.« Battuta vermerkte an dieser Stelle in seinem Tagebuch: »Ich war erstaunt über seine Voraussagen. Aber meine Reise war dann nicht zu Ende, bevor ich alle drei Brüder aufsuchte und sie von Burhan a-Din grüßte.« Pakistan, Indien, China, ein unvorstellbarer Weltenbogen in jenen Jahren.

Sein Ziel war Mekka. Doch zunächst war Battuta überwältigt von Kairo, der Metropole, die dem frommen Muslim einen ersten Geschmack von der Größe islamischer Zivilisation beibrachte. Mehrere Tage hielt er dort auf seiner Reise inne, sammelte Statistiken, um mit ihrer Hilfe später die Dimensionen der Stadt veranschaulichen zu können. 12.000 Wasserträger verzeichnete er, 30.000 Eseltreiber sowie 36.000 Boote, die dem Sultan oder seinem Hofstaat gehörten und den Nil bis nach Oberägypten oder bis nach Alexandria und Damietta am Ausgang des Deltas ins Mittelmeer befuhren.

Es war die hohe Zeit der Metropole des Mameluken-Reiches. Sie war das afrikanische Nadelöhr des Handels zwischen der westlichen und der östlichen Hemisphäre, bevor die Ausbreitung des Osmanischen Reiches wenig später einen Riegel zwischen beide Weltenhälften schob und die Spanier und Portugiesen andere Seewege zu suchen nötigte. Noch aber kamen Gewürze, Seide und Edelsteine in großen Mengen aus dem fernen Asien ins Rote Meer hinein, wurden von dessen nördlichem Ende über Land nach Kairo transportiert, in Kairo erneut eingeschifft, an die Mittelmeerküste verfrachtet und von dort auf den Schiffen Venedigs und Genuas nach Europa geholt.

Für die europäischen Händler war die Welt an den Küsten des Mittelmeers, spätestens in Kairo, zu Ende. Allein denen blieb der weitere Weg vorbehalten, die Mohammeds Lehre befolgten. All die Kostbarkeiten, mit denen so viel Geld zu verdienen war, kamen aus den Tiefen einer anderen Welt. Und so dürfte Battuta, der nicht nur von geografischer Neugier getrieben war, der auch ausgesprochen begabt war in Handelsgeschäften, spätestens in Kairo von einer Sehnsucht ergriffen worden sein, diese Tiefen kennen zu lernen. Gewiss auch, weil er in Kairo bewundern konnte, zu welchem Wohlstand, welcher Pracht der Handel führte. »Am Nilufer gegenüber Kairos liegt der Ort, bekannt als ›Der

Garten‹, an dem sich die Einwohner in Vergnügungsparks und auf Promenaden ergehen.« Als er das wohlfunktionierende Krankenhaus der Stadt sah, fehlten Ibn Battuta gar die Worte: »Unbeschreiblich«. Battuta ließ es sich nicht nehmen, Giseh zu sehen. Der erste Globetrotter, der auf seiner großen Fahrt die Pyramiden dort besuchte.

Weiter ging sein Weg nach Mekka, nilaufwärts zunächst, um auf der Höhe von Dschidda über das Rote Meer überzusetzen. Doch ein Aufstand in Oberägypten zwang ihn zur Umkehr und zum weiten Weg über Damaskus. Eine Stadt, die 60 Jahre zuvor den Christen entrissen worden war. Deshalb legte Battuta in seiner späteren Schrift Wert darauf, gerade hier über die Weisheit im Umgang mit dem anderen Glauben zu berichten. »Die Umayyad-Moschee ist die großartigste auf Erden, die vornehmste, schönste, würdigste und vollendetste. Ihre eine Hälfte dient als christliche Kirche – wie einst das ganze Gotteshaus: Als die Muslims die Stadt eroberten, stieß ein Anführer mit Waffen von der einen Seite in die Kirche vor, ein zweiter aber von der anderen Seite kam im Frieden. Zur selben Zeit erreichten beide die Mitte. Die Hälfte der Kirche, die ohne Waffen betreten wurde, verblieb den Christen, die andere wurde zur Moschee.« Worte, die auf Symmetrie und Ausgleich bedacht sind.

Ibn Battuta ging weiter nach Süden, wieder saß er auf dem Rücken von Kamelen, 1350 Kilometer entlang der Westküste der Arabischen Halbinsel, 45 Tage lang, vielleicht 50. Eine mühsame Reise, auf ausgetretenem Pfad zwar. Aber womöglich auf einer der verkehrsreichsten Fernverbindungen der muslimischen Welt damals. Händler, Pilger, Sklaven, Dichter, Kameltreiber, Musiker, Scharlatane, Ärzte, Münzwechsler, Hausierer, Bettler und auch Diebe waren dort unterwegs. Eine Karawane war da nicht weniger als eine kleine Stadt auf Beinen, eine Logistik fast wie auf einem modernen Kreuzfahrtschiff. Eigene Reise-Richter waren dabei zur Schlichtung von Konflikten, Imame für die Gottesdienste, zu denen eigene Muezzine die Reisenden zusammenriefen. Eine Welt, von der Christenmenschen des Abendlandes nur träumen konnten, ergriffen, furchterfüllt, fasziniert. Ein Fokus aber auch, der die islamische Gesellschaft in beinahe globalisierter Weise zusammenfasste.

Die Karawane hatte Medina und anschließend Mekka erreicht, die beiden Orte des Propheten und des Islam. Unmittelbar begaben sich die Pilger zur Kaaba im heiligen Hof. Siebenmal umkreisten die Männer das Ziel all ihres Strebens – und Ibn Battuta spürte nun, »dass sein leidenschaftliches Verlangen, diese Heiligtümer zu sehen«, gestillt gewesen sei. Und nun? Wohin als Nächstes? Ganz offenbar fiel der Pilger beim Gedanken an die Heimreise in jenes seelische Loch, das so viele leidenschaftliche Reisende nach Erreichen ihres Ziels einfängt. Nichts half. Er musste weiter, weiter nach Osten, dorthin, wo alles herkam, Reichtum und Zivilisation.

Das Zweistromland, wo alle Kultur begann, war sein nächstes Ziel. Zu Battutas Zeit galt es als geistiges Zentrum des Islam. Bagdad, Basra, Mosul, Wasit. Battuta schien ziellos, doch er strebte voran. Nach Persien zog er, und erneut zurück nach Mekka. Dieses Mal für zwei Jahre, um sich geistiges Rüstzeug für sein Leben zu verschaffen, seinen Lebensweg. Er durchquerte die Arabische Halbinsel, ging durch den Jemen, fuhr anschließend die afrikanische Ostküste hinab, bis nach Kilwa, das prosperierende Handelszentrum im Südosten Afrikas, dort, wo einst das sagenhafte Land Punt gelegen hat, oder auch nicht. Vielleicht auch das Reich des Christen-Priesterkönigs Johannes. Immer wieder konnte er im unbekannten, aber muslimischen Land seine abgebrochene Ausbildung als Jurist vor Allah zur Geltung bringen, als Kadi. Erneut zog er zurück nach Arabien, nach Mekka. Dreimal hatte er nun den Hadsch vollbracht, den Weg zur heiligsten Stätte. Fast scheint es, als würde Battuta immer wieder nach Mekka zurückkehren, um festzustellen, ob es endlich genug sei. Ob er im Glauben gestärkt zurückkehren könne zu seiner Schule.

Doch seine Richtung blieb der Osten. Syrien, Anatolien, über das Schwarze Meer, auf die Krim ins Reich von Christen, das erste Mal. Zu einer Handelsstation von Genuesern, einem Bischofssitz, wo ihn das ständige Läuten der Kirchenglocken vertrieb. Nach Kipçak, einer Tartarenstadt, wo ihm der örtliche Regional-Khan sogar einen Blick in den Serail, den Harem, erlaubte, was sonst niemand durfte. Battuta nahm es auf sich, noch einmal in die Welt der Kirchenglocken zurückzukehren, das letzte Mal. Einer der Gattinnen jenes Khans zum Gefallen. Sie war Kaisertochter aus Byzanz, die um des Friedens Willen nach Osten verheiratet worden war. Nun war sie schwanger und wollte ihr Kind in ihrer Heimatstadt empfangen. Der Kaiser von Byzanz veranstaltete Battuta zu Ehren eine Parade und schenkte ihm einen Sonnenschirm für seine weiteren Unternehmungen.

Für abendländische Ohren klingen die folgenden Stationen nach Tausendundeiner Nacht: Bolgar, Buchara, Samarkand, Kabul, Multan; prachtvolle, mit glänzenden Kacheln verkleidete Moscheen, verzauberte blühende Gärten, umtriebige Basare. Auch wenn dort manche Städte hundert Jahre zuvor von Dschingis Khan verheert worden waren – Battuta trieb sich im Kernland der damals in Blüte stehenden Zivilisation herum, der geistigen Supermacht Islam, die von Härte, gewiss, aber vor allem von Weisheit getragen war. Ein weiter Handelsraum, in dem auch Battuta seinen Geschäften nachging, er handelte mit Pferden, mit Pferdewagen, mietete sich Dutzende von Kamelen, um die letzte Wüs-

›
Eine Barke auf dem Euphrat. Arabische Buchillustration, um 1100.

te im Süden des Aral-Sees zu durchqueren. Afghanistan danach, durch das Reich von Chiwa, durch Transoxanien – und Indien gehörte ihm.

BATTUTA LOBT DIE LIEBESKUNST DER INDERINNEN

Die grandiose Aufnahme durch den Sultan, das Geschenk aus China, die Eskorte der 1000 Reiter, der Überfall. Und nun war er also unterwegs als Botschafter des Sultans. An ihm sollte es liegen, die beiden Supermächte Asiens im friedlichen Einvernehmen zu belassen. Deshalb war er auf dem Weg nach China. Kaum weniger aufregend aber ging es für ihn weiter nach dem Überfall. In Galior, im Westen des Landes, konnte Battuta gerade noch verhindern, dass neben ihm ein Mann geköpft wurde, mit dem Argument, er habe noch nie einer Exekution beigewohnt. In dem kleinen Städtchen Perwan, der nächsten Station, vernahm er von den Bewohnern die Schrecknis, dass dort ein Löwe sein Unwesen treibe und Tage zuvor erst Menschen zerrissen habe; erst vorige Nacht, einen Teilnehmer einer Hochzeitsgesellschaft, der nur mal kurz vor die Tür gegangen war, um sein Geschäft zu erledigen. Hinrichtungen, Kopfabschlagen, allerorten vernahm die Reisegesellschaft von der Vollstreckung von Todesurteilen. Aber auch anderes durfte der Reisende kennen lernen. Aus Mahraten, einem

Ort kurz vor dem Meer schließlich, berichtet er, dass die Frauen dort »wie keine anderen mit allen Feinheiten beim Beischlaf vertraut« seien.

Das Geschenk des Sultans an den Khan, ihm galt all sein Augenmerk. Als es in Kalikut auf einem chinesischen Schiff verladen war, machten die 1000 Reiter kehrt und eilten zurück an den Hof des Sultans. Ibn Battuta war jetzt, abgesehen von dem Emir und dem Eunuchen, allein mit all den Kostbarkeiten. In Kalikut an der Südwestküste Indiens, der Malabar- oder Pfefferküste; die östliche Drehscheibe des Handels, zwischen chinesischen Dschunken, die Gewürze von den fernöstlichen Inseln und Seide aus China anlieferten, sowie Dhaus, die die exotische Ware in die arabische Welt holten.

Kaum aber waren die Schätze verladen, kam die Katastrophe, die Ibn Battuta letztlich aus der Bahn warf. Ein Monsunsturm. Der Großsegler mit dem Geschenk wurde draußen, auf Reede, unter Wasser gedrückt. Er ging verloren, »und alle, die darauf waren, fanden den Tod«, berichtete Battuta lapidar. Seine persönliche Habe, Handelsware und Gepäck, hatte er auf einer kleineren Dschunke untergebracht. Allah verschonte sie zwar, doch der Eigner suchte mit ihr das Weite vor dem Sturm. Auf Nimmerwiedersehen.

Nichts hatte der Botschafter nun noch mitzubringen auf seiner Mission. Sollte er zurückkehren zum Sultan, eingestehen, dass alles zerstört war? Was, wenn der Herrscher zu fragen beliebte, warum Battuta seine Habe auf einem anderen Schiff als der Dschunke mit dem großen Schatz verladen hatte? Oder warum er nicht mit seinem Schatzschiff untergegangen sei? Unberechenbar war der Sultan, grausam waren seine Strafen. Würden sie sich diesmal auch gegen ihn richten?

Der Botschafter des Sultans entschied sich, solchen Unwägbarkeiten aus dem Weg zu gehen, den Dienst einseitig zu quittieren. Weiterzureisen. Anderswohin, nicht zum Sultan nach Delhi, und nicht zum Khan nach Peking. Aber noch lange nicht in die Heimat. Kurz ließ er sich vom Herrscher von Kalikut einspannen, als Heerführer einer Militäraktion gegen die rivalisierende Hafenstadt von Sandapur, gleich nebenan, und deren ungläubigen Herrscher. Ein kleiner Glaubenskrieg. Mal eben General. »Gott war mit uns. Er schenkte den Muslimen den Sieg.« Dann aber machte sich Battuta frei, wieder einmal frei wie der Vogel, der sein Nest verlässt. Auf eine Inselgruppe mitten im Indischen Ozean ließ er sich diesmal treiben. »Viele Erzählungen über die Malediven hatten mein Interesse geweckt, so daß ich beschloß, sie zu besuchen.«

Besuchen wohl, aber hüten wollte er sich, dort schon wieder in hohen Ämtern tätig zu sein. Doch er hatte keine Wahl. Vom Herrscherpaar, dem bald nach seinem Eintreffen die Bewandtnisse seiner Reise und seiner Stellungen zu Ohren kamen, fühlte sich Ibn Battuta sogleich genötigt, den Posten des obersten Richters anzutreten. »Man hätte mich mit Gewalt gezwungen«, schrieb er, »und es war für mich besser, nach meinem eigenen Willen zu bleiben. So sagte ich: Wohlan, ich mache es.« Binnen kurzem hatte Battuta vier Ehefrauen, auch heiratete er in die königliche Familie ein. Und er richtete als Kadi nach Kräften, bestrafte Diebe, Ehebrecher und andere nach islamischem Recht. Allein in einem Punkt, den er sich zur Herzensangelegenheit gemacht hatte, scheiterte er. Nur ungenügend waren die Frauen seiner Ansicht nach gekleidet. »Die meisten tragen nur einen Schurz«. Gerade zum Richter ernannt, »bemühte ich mich, dieser Gewohnheit ein Ende zu bereiten, und befahl den Frauen, sich anzuziehen.« Indes: »Ich konnte mich nicht durchsetzen.« Immerhin: Vor Gericht konnte Battuta züchtige Kleidung erzwingen – sonst nicht. Auch ein Kind bekam er, begann sich zu etablieren, knüpfte enge Beziehungen zur Noblesse, schuf sich gar eine kleine Hausmacht in der Oberschicht. Bis er unter Verdacht stand, einen Staatsstreich anzuzetteln. Zeit erneut zu gehen.

Nach Ceylon schiffte er sich ein, machte dort Station, um eben einmal den – später so genannten – Adams Peak zu besteigen. Schiffbruch auf der Weiterreise nach Indien, knapp dem Tode entronnen, gerettet von einem Fischerboot, abgesetzt bei einem lokalen Sultan im Süden Indiens. Und zufällig war dies sein Schwager, der Bruder einer seiner Ehefrauen beim großen Sultan in Delhi. Klein war die Welt für die oberen Zehntausend im Weltreich des Islam. Viele weitere Stationen folgten, darunter ein kurzer – aber schnell aufgegebener – Anflug, doch noch zum Staatsstreich auf den Malediven auszuholen. Und schließlich: endlich nach China. Aber warum überhaupt China?

China war die unbekannte Größe am anderen Ende der Welt. Damals seit gut 100 Jahren beherrscht von der Yuan-Dynastie, den mongolischen Khans, die mehrfach durch die islamische Welt, bis hin zum Christenland im Westen, wüteten, brandschatzten, raubten, töteten – und dennoch den arabischen Händlern weiterhin aufs Trefflichste ihre Geschäfte anboten. Die Mongolenherrscher in Peking, obwohl sie nie den Islam als privilegierte Religion ins Land ließen, fühlten sich stärker zu den Muslimen hingezogen als zu den Chinesen, deren Staat sie unterworfen hatten. Ihre Politik der offenen Tür ließ sie viele Muslime hereinholen, um sie in höheren Ämtern anzustellen, ebenso Christensöhne wie Marco Polo. China war das logische Endziel von Battutas Reise, auf der wie bei kaum einer anderen Fahrt eines Erdenmenschen der Sinnspruch vom Weg als Ziel zutrifft.

Doch vergleichsweise kurz war dieser Höhepunkt. Anders als in Kipçak, als in Delhi oder auf den Malediven rief ihn in China niemand in ein hohes Staatsamt, vielleicht fehlte dies Ibn Battuta, auch wenn er es nicht eingestand. Es war damals ein Land im Übergang der Herrschaft. Während seines Aufenthaltes war der Khan bei einem Aufstand umgekommen, ein Machtwechsel stand an. Die Khan-Dynastie neigte sich dem Ende zu. Schließlich traf Ibn Battuta zufällig einen Mann aus seiner Heimat, starkes Heimweh erfasste ihn. »›Von wo bist Du?‹ fragte ich. – ›Aus Ceuta‹ – ›Und ich bin aus Tanger‹, erwiderte ich. Da erneuerte er seinen Gruß und weinte, bis ich auch schließlich weinte wie er.«

Der Entschluss zur Rückkehr war schnell gefasst, doch immerhin suchte er in China auch noch den dritten und letzten Bruder jenes Burhan a-Din auf, dem er einst in Alexandria begegnet war und der ihm die unglaubliche Weite seines Weges prophezeit hatte. Abenteuerlich geriet auch die Heimreise. Er spürte, wie lange er unterwegs war. Das Reich des Sultans in Delhi war dabei zusammenzubrechen, in Persien und dem Irak waren die Herrscher hinweggefegt, wie auch das ganze Mameluken-Reich in Ägypten. In Damaskus wütete die Pest. Und zu Hause waren – dies hatte er allerdings erwartet – seine Eltern gestorben. Ein Grund wohl dafür, dass sich bald schon wieder sein Heimweh in Fernweh wandelte. Nach Timbuktu zog er noch, in jene große westafrikanische Metropole, das damals angehende Zentrum der islamischen Wissenschaft mitten in der Wüste – bevor er sich nach seiner abermaligen Rückkehr zu Ruhe setzte. Endgültig.

Zheng He (1371–1433)

Gelangte ein chinesischer Admiral schon 1421 nach Amerika?

Kalikut, eine prächtige Hafenstadt in Südwestindien, im frühen 15. Jahrhundert. Auch wenn man seines Namens und seiner Lage noch gar nicht recht sicher war, so war es doch ein Ort, auf den die führenden Seemächte Europas ihre Nautiker und Navigatoren angesetzt hatten. Hauptstadt eines Königreiches und damals die große Drehscheibe im Orient für Gewürze und Gold, für Seide und Steine edelster Art; bekannt nur vom Hörensagen über viele Stationen. Marco Polo, der Venezianer, hatte in der Stadt Zwischenstation gemacht auf seinem Rückweg aus China, rund 130 Jahre zuvor. Und nun war wieder einer da, ein Landsmann Polos, ganz allein angekommen, nach jahrzehntelanger Reise, zu Fuß, auf dem Rücken von Kamelen und in orientalischen Seglern über den Indischen Ozean. Nicolo da Conti war sein Name. Und soweit ist sein Aufenthalt in der Stadt Geschichte.

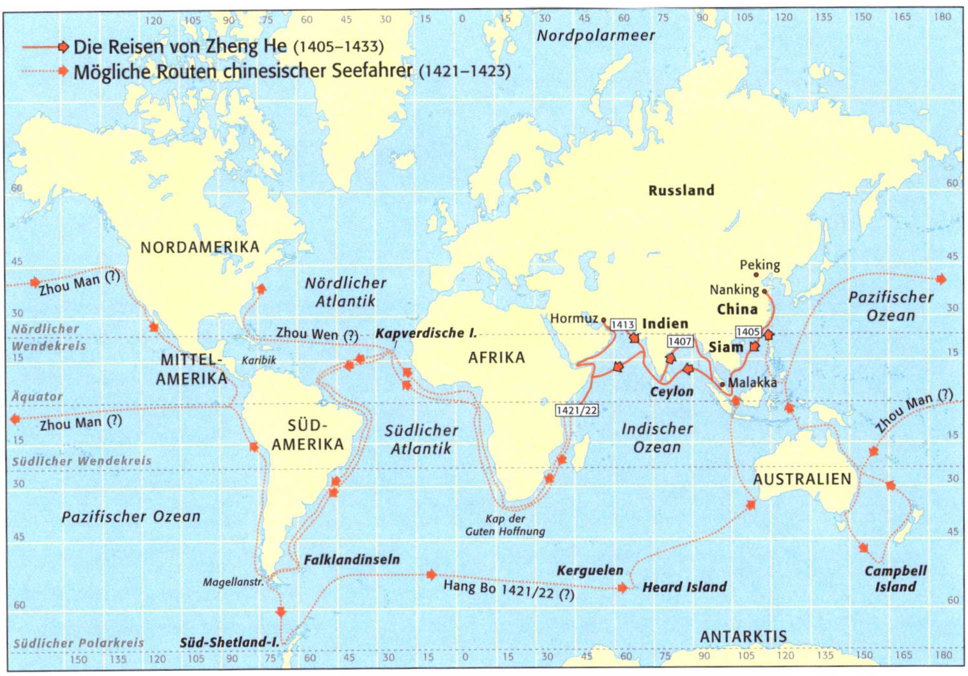

Zheng He

Zheng He wurde im Jahre 1371 in der chinesischen Provinz Yunnan als Sohn einer muslimischen Familie geboren, die den einst über China herrschenden Mongolen-Kaisern nahe stand, deren Machtbereich sich aber zu dieser Zeit nur noch auf wenige kleine Gebiete erstreckte.
Die Zeit der chinesischen Ming-Dynastie nahte. Bei einem Einfall chinesischer Truppen in seine Heimat geriet Zheng He als 11-jähriger Junge in Gefangenschaft. Später wurde er kastriert und kam als Diener an den Hof des Prinzen Zhu Di, der als Cheng Zu wenig später Kaiser wurde.
Zheng He erhielt eine umfassende Ausbildung und wuchs zu einem Zweimetermann mit gehörigem Umfang heran. 1402 wurde Zhu Di Kaiser, 1403 ernannte er Zheng He zum Admiral und ordnete den Aufbau einer Flotte von sechs oder sieben Dutzend riesigen Schatzschiffen an (unter ihnen Neunmaster), mit denen Zheng He die Meere um China erkunden sollte. Der Admiral befehligte oder organisierte zwischen 1405 und 1433 sieben große Reisen, die nach Vietnam, Java, Malakka, Ceylon, Südindien, Persien, Ostafrika führten.
Es gibt Hinweise darauf, dass Schiffe aus Zheng Hes Flotte – nicht er selbst – auf der sechsten Reise erheblich weiter gekommen seien, als die allgemein bekannten Quellen angeben. Womöglich über die westafrikanische Küste bis nach Europa und Amerika, oder gar von dort aus bis in den Pazifik. Obwohl sehr viele rätselhafte Funde dies nahe legen, ist diese Darstellung dennoch höchst umstritten.
1424 starb Kaiser Zhu Di. Sein Nachfolger Hongxi ließ die Flotte stilllegen, brach sämtliche Initiativen zur Erkundung der Meere ab und machte Zheng He zum Militärkommandanten von Nanking. Als Hongxi 1326 seinerseits starb, ließ dessen Sohn und Nachfolger Zheng He noch einmal ausfahren, nach Malakka und Thailand. Es wurde eine Reise mit 100 Schiffen und 27.000 Mann. Danach allerdings reduzierten die Chinesen ihre Seefahrt auf ein absolutes Minimum.
Zheng He erkundete auf seinen Reisen nicht nur die Meere rund um China. Er ermöglichte eine intensive Infrastruktur für einen aufwändigen diplomatischen Verkehr Chinas mit seinen Vasallenstaaten und anderen Ländern der Welt. Der Gesandtenverkehr von und nach China nahm damals unvorstellbare Dimensionen an. Auch konnte Zheng He die Piraterie spürbar bekämpfen. Er starb zwischen 1433 und 1435.

Eine Tages aber, wohl in den 20er Jahren jenes Jahrhunderts, könnte er im Hafen von Kalikut ein chinesisches Schiff, eine Dschunke, bestiegen und an Bord Phantastisches vernommen haben. Von unvorstellbar großen Flotten gewaltiger Schiffe, die über den Indischen Ozean zur Südspitze Afrikas vorgedrungen waren, mit Segeln aus roter Seide, Drachen als Galionsfiguren und mit riesigen Augen am Bug. Das Kap der Guten Hoffnung sollen sie umfahren haben, hinauf bis zu den Kapverdischen Inseln gekommen und dann, weit, weit über das Meer nach Westen verschlagen, auf einen neuen Kontinent gestoßen sein. Und irgendwie könnte der Edelmann aus der Lagunenstadt diese Kunde über die chinesische Weltreise, die bis in die Neue Welt ging, nach Europa getragen haben, 70 Jahre vor der großen Überfahrt des Christoph Kolumbus. Wie sonst könnten Details der amerikanischen Topografie, der Flora und Fauna auf Weltkarten zu sehen sein, die doch viele Jahre, bevor die ersten Europäer das dortige Festland betraten, gezeichnet worden waren? Und wie sonst könnte die Geschichtswissenschaft die Frage ernsthaft diskutieren, ob Kolumbus mit Karten unterwegs war, die ihm den Weg wiesen?

Für Gavin Menzies jedenfalls, Autor des Buches *1421 – Als China die Welt entdeckte*, stellt Nicolo da Conti mit seinem Schritt an Bord der chinesischen Dschunke jenen *missing link* her, der manchen Federstrich über die Beschaffenheit Amerikas auf alten Weltkarten erklärt.

Die Karte des Piri Reis von 1513: Der Neffe eines türkischen Admirals zeichnete sie nach Informationen über das amerikanische Festland, über die sein Onkel verfügte. Ein Begleiter des Kolumbus auf dessen drei ersten Karibik-Reisen soll sie dem Oheim gesteckt haben. Und zwar im Jahr 1501, als Kolumbus im Westen – bis auf einen kurzen Landgang an der Orinoco-Mündung – im Grunde nur Inseln besucht hatte; ein Vierteljahrhundert, bevor Francisco Pizarro als erster Europäer begann, die Westküste Südamerikas zu bereisen. Und doch ist der ganze Kontinent bereits zu sehen, im Osten mit der Mündung des Amazonas, wie auch des La Plata. Und besonders deutlich bereits mit den Gipfeln der Anden im Westen, oben drauf ein Lama, sowie den Inseln im Südatlantik.

Die Weltkarte des Alberto Cantino: Der Diplomat des mächtigen italienischen Handelshauses d'Este am Hof in Lissabon hatte 1502 die Karte von dort außer Landes geschmuggelt – damals ein Kapitalverbrechen – und seinen Herrn mitgebracht. Mindestens elf Jahre, bevor Ponce de Leon Florida entdeckte, hatte ein unbekannter Zeichner auf dieser Karte die Halbinsel bereits an Ort und Stelle angedeutet, weitgehend korrekt in ihrer Lage gegenüber Kuba.

Weitere Beispiele früher Seekarten geben ähnliche Rätsel auf, auch die Karte des Italieners Toscanelli, die Kolumbus bereits vor seiner großen Fahrt un-

^
Die Weltkarte des Piri Reis aus einer Zeit, da man eigentlich noch nichts von Südamerika wusste.

strittig kannte. Menzies meint, sie alle gelöst zu haben. Vieles bei ihm hört sich plausibel an, anderes ist eher gewagt. Doch so oder so: Die große Flotte, von der Nicolo da Conti seiner Ansicht nach gehört haben soll, sie gab es wirklich. Und sie war, seien Teile von ihr nun nach Amerika gekommen oder nicht, habe sie nun die Welt umsegelt oder nicht, sagenhaft genug. Es war die gewaltigste Flotte, die ein Staat unterhielt, um ferne Länder zu entdecken, zu erforschen, sie untertan zu machen. Erst die Flotte der US-Armee im 20. Jahrhundert dürfte ihre Dimensionen wieder erreicht haben.

NEUNMASTER, SIEBEN MAL LÄNGER ALS KOLUMBUS' FLAGGSCHIFF

250 Sieben- oder sogar Neunmaster, so genannte Schatzschiffe, mit doppelwandigem Rumpf allesamt, 400 weitere große Kriegsschiffe, 1350 Wachboote, 400 Frachter, die zur Versorgung der Besatzungen gedacht waren – insgesamt 3500 Wasserfahrzeuge. Die längsten davon maßen 150 Meter, siebenmal so viel wie die Santa Maria, das Flaggschiff des Kolumbus, mit dem er 60 oder 80 Jahre

später in See stach. Im Trockendock dem Himmel entgegengewachsen waren sie im frühen 15. Jahrhundert. In Nanking, dem damals bedeutendsten Stützpunkt der chinesischen Seeschiffahrt. Zhu Di hieß der Kaiser, der sie bauen ließ, Zheng He sein Admiral, der sie führte. Und auch wenn die kühnen Behauptungen über die Amerika-Fahrten Spekulation sind – die Weltmeere durchkreuzt haben Zheng Hes Flotten allemal. Unumstritten ist, dass sie die Gestade rund um den Indischen Ozean anliefen und ihn in allen Richtungen durchkreuzten, eine Weltgegend, die die Schiffe Portugals, angetrieben von Prinz Heinrich dem Seefahrer, mit großer Mühe und nach vielen Anläufen, erst gegen Ende des Jahrhunderts erreichten.

Zheng He wurde zu einer Wendezeit der chinesischen Geschichte geboren, im Jahr 1371, mit dem Namen Ma Ho. Die Zeit der Mongolen in China, die Ära der Yuan-Dynastie, war gerade beendet. Viele ihrer Protagonisten hatten sich in die südliche Provinz Yünnan zurückgezogen, als die nachfolgende Ming-Herrschaft ihre chinesischen Soldaten 1381 dort einmarschieren ließ. Hos Vater, Muslim und »Hadsch«, der eine Pilgerfahrt nach Mekka hinter sich hatte, wurde getötet. Ma Ho kam in Gefangenschaft. Mit 13 wurde er kastriert und arbeitete fortan als Diener beim vierten Sohn des Ming-Kaisers, dem Prinzen Zhu Di.

^
Kap Horn: Umrundeten chinesische Seefahrer die Südspitze Amerikas schon 100 Jahre vor Magellan?

Schnell entwickelte er sich zu einer außergewöhnlichen Persönlichkeit, mit einer Größe von zwei Metern auch zu einer stattlichen. Er soll – ein Zeichen, dass ihm erst nach dem Stimmbruch seine Manneskraft genommen wurde – über eine tiefe, ja dröhnende Stimme verfügt haben. Und er genoss hohen Respekt bei seinem Herrn, der ihn umfassend förderte, in Kriegskunst und Diplomatie unterweisen ließ.

Nach schweren Auseinandersetzungen um den Thron wurde Zhu Di 1402 Kaiser von China. Einer seiner engsten Mitstreiter war Zheng He, wie er nun hieß (bisweilen, besonders im englischen Sprachraum, Cheng Ho geschrieben). Folgerichtig sollte er fortan bedeutende Stellungen einnehmen. Der neue Imperator, der seine Herrschaft unter das Motto *Yongle* – »Ewige Freude« – gestellt hatte, fand für Zheng He einen Posten, der seinem Reich der Mitte eine ganz besondere Strahlkraft verleihen sollte. Er ernannte ihn 1403 zum Admiral und hieß ihn, eine große Flotte zu bauen, um damit die Meere rund um China zu erkunden, um »zehntausend Ländern« an den jenseitigen Gestaden großartige Botschaften von der Prächtigkeit Chinas zu überbringen. Ja, um die ganze Welt »einzuladen«, und dies fast im Wortsinne. Nicht nur die Suche nach Rohstoffen für Handwerk und Luxus auf noch unbekannten Inseln und Kontinenten war der Auftrag. 180 Ärzte und Apotheker sollten mit auf die große Fahrt gehen, um neue Ingredienzien für Medizin heimzubringen. Die Flotte sollte eine einzige Machtdemonstration darstellen, um an all die exotischen Dinge, die man begehrte, ohne allzu großen Aufwand zu kommen. Sinn der Fahrten war deshalb insbesondere, all die fremden Länder tributpflichtig zu machen, ranghohe Vertreter als Gesandte mit an Bord zu nehmen, damit sie nach langen und beeindruckenden Aufenthalten im großen Reich des Drachen später dann ihren Respekt nach Hause transportierten. Die ersten Ming-Kaiser verfeinerten damit ein Instrument, das schon die Mongolen-Herrscher bei ihren Nachbarn über den Landweg mit großem Erfolg praktiziert hatten.

EINE ENTDECKUNGSREISE MIT 27.800 SEELEUTEN

Im Herbst 1405 war es soweit. Für die erste von insgesamt sieben ausgedehnten Seereisen ließ Zheng He auf der Reede vor Nanking die schweren Anker lichten. 62 Schiffe mit insgesamt 27.800 Seeleuten, die Größenordnung einer modernen Invasionsflotte, nahmen Kurs auf Kalikut in Indien. Kompasse, in China bereits im 11. Jahrhundert erfunden, wiesen den Weg. Die Höhe des Polarsterns gab Auskunft über die geografische Breite. Markierte Räucherstäbchen dienten als Uhren, um die Wachen gerecht einzuteilen. Sie waren sehr kurz, jeder Tag wurde in 10 Wachen mit jeweils 2 Stunden und 24 Minuten eingeteilt. Eigene

Tankschiffe waren dabei, die nichts als Trinkwasser für die Mannschaften transportierten, eigene Pferdeschiffe, eigene Getreideschiffe. Die Flotte machte Zwischenstation in Annam (heute Vietnam), lange Jahrhunderte konkurrierende Macht, aber zu jener Zeit unter chinesischer Herrschaft; sie stoppte in Java, wo gerade die schwindende Stärke des mächtigen Majapahit-Reiches verlockte, Ansprüche auf Tributzahlungen zu erheben; man ankerte vor den reichen Gewürzinseln, zu jener Zeit wohl bereits unter der Herrschaft muslimischer Sultane; segelte nach Malakka, der fernöstlichen Drehscheibe für den so lukrativen Gewürzhandel – und fuhr anschließend hinaus in den Indischen Ozean, nach Ceylon, nach Südindien, wo man der Diplomatie und des Handels frönte, politisch wie kommerziell. 1507 ging es zurück nach Nanking, nicht ohne unterwegs Scharen von Piraten zu bekämpfen und deren Anführer gefangen zu nehmen.

Zwei weitere Reisen, zwischen 1407 und 1411, steuerten ähnliche Ziele an, mit vergleichbarer Mannschafts- und Flottenstärke. Unterwegs, in Ceylon, stieß man beim König diesmal auf feindliche Gesinnung und nahm ihn kurzerhand gefangen. Er musste die gesamte Reise mitmachen, über Kalikut in Südwestindien bis zurück nach Nanking. Die Welt gehörte dem Kaiser von China, und Zheng He war sein Sendbote der Macht.

Für die Entdeckungsgeschichte aus chinesischer Perspektive aber entscheidender waren die darauf folgenden Reisen. 1413 ging es in die Straße von Hormuz am Persischen Golf, Ort der Edelsteine und Perlenmuscheln. Weiter führte der Weg entlang der Ostküste Afrikas. Nicht nur voller Schätze waren die Schiffe auf der Rückfahrt zwei Jahre später. Ein ganzes diplomatisches Corps war an Bord, als man dieses Mal vor Nanking die Anker fallen ließ, Vertreter vieler afrikanischer und arabischer Potentaten. Ein Mitbringsel von dieser Reise aber erregte in China noch größere Aufmerksamkeit: Ein *Quilin* konnte Zheng He seinen Landsleuten vorführen: die erste Giraffe auf chinesischem Boden. Zheng He hatte sie wohl in dem Gebiet des heutigen Solamia aufgelesen. Sie war nicht nur exotische Attraktion. Kaiser Zhu Di nutzte die ungewöhnliche Statur des Steppentieres und machte aus ihm eine Art Götterboten, der seine Regentschaft und all seine weisen Entscheidungen angeblich guthieß. Wiederum zwei Jahre später musste die Flotte erneut auf Tour gehen, um alle Gesandten und Diplomaten wieder in ihre Heimat zu bringen, auf dass sie dort von der Größe, Macht und Kultur Chinas zeugten – und um den regelmäßigen Tribut sicherzustellen.

Weder vor noch nach Zheng Hes Fahrten erfreute sich China einer solchen Macht und eines solchen Einflusses bis nach Arabien und Ostafrika. Auch die Weltsicht der Chinesen erweiterte sich ungemein. Es war die Zeit, da viele Bücher über die Landeskunde ferner Welten erschienen, Karten und Handbücher.

Die Seefahrer des Reiches der Mitte waren auf einmal im Besitz von umfassenden Navigationsanweisungen für ihre Fahrten zu den Rändern der Welt, über den Indischen Ozean und alle anderen Seewege Zheng Hes.

Schließlich hieß es für den Admiral ein sechstes Mal: Leinen los, erneut über den Ozean, von 1421 bis 1422 oder länger, wieder über Südostasien, über Indien, hin zum Persischen Golf und wie zuvor nach Ostafrika. Und anschließend?

Es war jene Reise, die heute seit Jahren zu kaum glaublichen Spekulationen Anlass gibt. Waren es Zheng Hes Landvermesser, die die Umrisse ganz Afrikas korrekt aufnahmen? Chinesische Weltkarten schon aus der Mitte des 15. Jahrhunderts jedenfalls zeigen die Kontur des Schwarzen Kontinents in Ost und West. Waren die Schiffe der großen Flotte, als sie zwei Jahre später wieder in Nanking einliefen, gar einmal um die Welt gefahren? Hinweise gibt es darauf, die Forschung steht hier noch vor Herausforderungen. Unumstritten ist: Es war die vorerst letzte Fahrt Zheng Hes. Die Marine des Reiches der Mitte wurde fortan politisch von wechselnden Winden geplagt. Kaiser Zhu Di starb 1424. Sein Nachfolger, Kaiser Zhu Gaozhi, beendete erst mal jegliche Seefahrt, jegliche Entdeckung. Zu teuer, zu unnütz, zu gefährlich, so waren seine Einwände. Schiffbauer, Seeleute, alle Betroffenen mussten sich andere Berufe suchen. Admiral Zheng He zum Beispiel fand ihn als Militärkommandant Nankings. Vorerst nur vorübergehend: Kaiser Zhu Gaozhi, dem Feind aller Meerfahrt, war eine kurze Regentschaft beschieden. Er starb 1426. Sein Nachfolger wiederum schlug nach dem Großvater und machte eine andere Rechnung auf: Die Tributzahlungen aus den neu entdeckten Ländern waren nahezu auf Null geschrumpft, ohne regelmäßige Kontakte kam kein Geld, kamen keine Abgaben. Erneut riss er das Ruder herum, ließ die großen Flotten wieder ausfahren.

Warum aber der Zickzackkurs der chinesischen Herrscher mit ihren Flotten? Waren es völlig neue Entdeckungen von Teilen der Flotte Zheng Hes auf der Fahrt 1421/22, jenseits aller nur vorstellbaren Horizonte, im fernen Atlantik, in Australien, gar in Amerika, die Zhu Gaozhi, als vermeintlichem Herrscher des Ganzen, seine Welt als so unübersichtlich erscheinen ließen, dass er die Hinwendung nach innen befahl, um Macht, Legitimation und Übersicht zu bewahren? Vorneuzeitliche Angst vor Globalisierung? Und waren es wiederum eben die Erkenntnisse über neue Welten rund um den Globus, die Zhu Zhanji, den Sohn Zhu Gaozhis und Nachfolger auf dem Kaiserthron, Zhu Di's Enkel also, als so verlockend erschienen, dass er den größten Seefahrer Chinas nun doch wieder auf See schickte? Von 1430 bis 1431 jedenfalls durfte Zheng He noch einmal ausfahren, dieses Mal wiederum unter historisch unumstrittenen Umständen. Erneut

Zheng He. Chinesischer Holzschnitt, um 1600.

in großem Stil, mit 100 Schiffen und 27.500 Seeleuten. Das Ziel dieser Reise indes war eher nahe liegend: Malakka und Siam, um die gespannten Beziehungen zu beiden Königreichen zu entspannen. Zheng He hat das Ende seiner siebten Ausfahrt nicht lange überlebt. Nach widersprüchlichen Berichten starb er entweder 1433, unmittelbar nach der Rückkehr von seiner letzten Reise, oder 1435. Sein Erbe konnte niemand antreten. Die neuen Herrscher Chinas beendeten die Seefahrt gründlicher und nachhaltiger als Zhu Gaozhi wenige Jahre vorher. Sie stellten den Bau von Schiffen mit mehr als drei Masten unter Todesstrafe, ließen alle Trockendocks für Übersee-Segler außer Betrieb setzen. Und sie vernichteten obendrein alle Berichte über die Entdeckungen Zheng Hes.

CHINESISCHE SCHIFFE AUF WELTUMSEGLUNG

Doch zurück zur sechsten Ausfahrt im Jahre 1421/22. Wie weit waren sie diesmal wirklich gekommen, die Schiffe des großen Admirals? Gavin Menzies, ein ehemaliger U-Boot-Kommandant der US-Marine und Autor, legte vor vier Jahren ein Buch vor, das die herrschende Lesart der Entdeckungsgeschichte herausfordert. Seine These: Zheng He selbst habe bei der sechsten Fahrt von Kalikut aus die Rückfahrt angetreten, doch drei Abteilungen seiner großen Flotte seien nicht nur bis Ostafrika, sondern viel weiter vorgestoßen. Die schweren, wenig wendigen Schiffe hätten die weltweiten Systeme von Winden und Strömungen ausgenutzt, die sie die Westküste Afrikas hinauftrugen, bis zu den Kapverdischen Inseln. Die Passatwinde hätten sie von dort über den Atlantik geschoben, Zhou Wens Schiffe auf dem Nordäquatorialstrom in die Karibik, die Geschwader von Hong Bao und Zhou Man auf dem Südäquatorialstrom in die Region des heutigen Venezuelas und weiter nach Süden bis zum Kap Horn. Chinesische Dschunken und Neunmaster, die Amerika entdeckt hätten, 70 Jahre vor Kolumbus' berühmter Überfahrt? Die Theorie wird noch abenteuerlicher:

Zhou Man und Hang Bao trennten sich an der Magellanstraße etwas nördlich von Kap Horn (die freilich erst hundert Jahre später jenen Namen erhielt, als nach gängiger Lesart eben Magellan diese Passage entdeckte). Hang Bao sei auf südlichen Breiten zurück über den Atlantik gesegelt, habe dort viele der subantarktischen Inseln entdeckt und anschließend sogar Australien und Neuseeland. Zhou Man hingegen habe mit seiner Teilflotte zur größten Tour ausgeholt, die ein Entdecker leisten konnte: Durch die Magellanstraße hindurch in den Südpazifik, auf dem Humboldtstrom entlang der Küste Chiles und Perus nach Norden. Anschließend erneut auf dem Südäquatorialstrom, diesmal quer über den Stillen Ozean nach Westen, entlang der Marquesas, der Touamotus, der Norfolk Insel nach Australien. Doch statt von dort in die nahe Heimat zurückzukehren, ging es noch einmal über den Pazifik, nun nach Nordost, an die heutige Westküste Kanadas und der USA, bevor Zhou Man auch hier die Strömungen und die Winde, die auf der Nordhälfte des Pazifik im Uhrzeigersinn kreisen, ausnutzte und endlich wieder die Heimat China ansteuerte.

Es ist ein Konvolut an Hinweisen und Beweisen, die Menzies für seine Neubewertung der gesamten Entdeckungsgeschichte an der Wende zur Neuzeit zusammengetragen haben will. Es geht nicht nur darum, wer der erste in Amerika oder Australien war. Glaubt man dem U-Boot-Kommandanten, so sind die Flotten wie die des Kolumbus nicht in unbekannte Gefilde vorgestoßen, sondern waren sehr wohl im Besitz von Karten und Informationen.

Der Autor greift vieles, was auch unter Experten noch unklar an der Entdeckungsgeschichte der frühen Neuzeit ist, auf und passt es in seine Theorien ein. Dazu gehören neben zahllosen rätselhaften archäologischen Funden in der Neuen Welt einige durchaus bekannte alte Karten mit geografischen Informationen vor allem über Amerika, die zu der Zeit, da sie gezeichnet wurden, eigentlich noch nicht im europäischen Weltbild auftauchten. Dies gilt vor allem – aber nicht nur – für die berühmten Pläne des Piri Reis und des Alberto Cantino.

Nicolo da Conti war in Kalikut; er könnte – theoretisch – die Informationen über die chinesische Weltfahrt, die er dort erhielt, nach Europa gebracht haben. Da Conti hatte auf seiner Reise den islamischen Glauben angenommen, und der Papst wollte ihm nur vergeben, wenn der Venezianer alle – auch die geheimen – Geschichten von seiner Reise für die Kirche aufschreibe – natürlich ebenfalls geheim und exklusiv. Als geheime Informationen galten seinerzeit vor allem Weltkarten.

Bedeutsam genug aber waren die Fahrten des Zheng He allemal, unabhängig davon, ob er in den Atlantik oder sogar darüber hinaus gekommen war oder nicht. Auch wenn Zheng He im Westen nie den Bekanntheitsgrad erlangte wie Christoph Kolumbus in Fernost. In China jedenfalls zählt der große Admiral, mögen die Kaiser nach ihm auch die Seefahrt verboten haben, zu den Helden der eigenen Geschichte. Um das Jahr 1600, noch zur Ming-Zeit also, begann seine Verehrung, wurden Romane geschrieben, wurde eine Oper über ihn komponiert. Die Begeisterung hat bis heute nicht nachgelassen und führte im Jahr 2005, zum 600. Jubiläum seiner ersten Ausfahrt, zu Ausstellungen, großartigen Ausfahrten auf Nachbauten seiner Schiffe und anderen Ehrungen in ganz Südostasien.

Christoph Kolumbus (1451–1506)

War er wirklich der erste Entdecker Amerikas?

Gut dreieinhalb Jahrhunderte war es her, dass Christopher Kolumbus sich in dieser Weltengegend aufgehalten hatte, in der Karibik kreuzte. Auch der Landarbeiter, ein Mestize, der eines Morgens am Anfang des Jahres 1858 nahe der Ostküste Mexikos ein Stück Urwald rodete, hatte davon gehört. Irgendjemand hatte ihm früher einmal vom großen Kolumbus erzählt, dem allerersten, der über den weiten Atlantik aus der Alten Welt herübergekommen war, dem Entdecker ganz Amerikas. Kolumbus, der Mann, der dafür sorgte, dass sich seine Vorfahren, die Maya und die Spanier, einst vermischten, hieß es damals. Ausgerechnet ihm aber, dem Campesino, sollte es vorbehalten sein, der Tat des Kolumbus womöglich ihre Einzigartigkeit zu nehmen. Ganz zufällig sollte er auf etwas stoßen, was der Beweis dafür sein konnte, dass schon lange, ja viele Jahr-

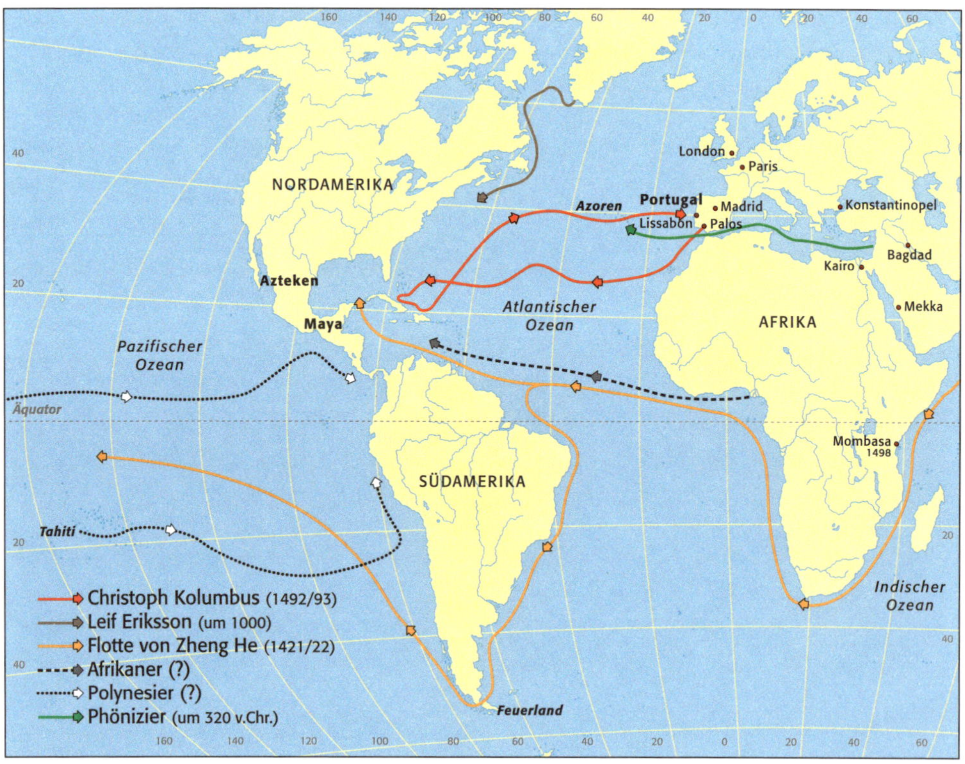

› Christoph Kolumbus. Gemälde von Ridolfo Ghirlandaio, um 1520.

hunderte vor Kolumbus, jemand hier angekommen war, nach einer Reise über den Atlantik, aus der Alten Welt. Auch wenn er die Bedeutung seines Fundes nicht mehr erleben sollte. Jetzt, im Frühjahr, es war Trockenzeit, hatte er nur mehr Platz zu schaffen für den Tabakanbau, im Dschungel südöstlich der mexikanischen Stadt Veracruz. In der Nähe des Dorfes Tres Zapotes.

Dichtes Buschwerk galt es zu beseitigen zwischen ein paar Hügeln. Eigentlich sahen sie merkwürdig aus, die Erderhebungen. Wie aufgeschüttete Riesengräber. Der Campesino hatte keine Zeit, sie näher zu betrachten. Mit großer Kraft musste er seine Machete ins Unterholz hauen, immer wieder. Eine Höllenarbeit, nur langsam drang er vor. Und dann ging es an einer Stelle nicht mehr weiter. Etwas lag da im Boden, was härter war als sein großes Buschmesser, etwas Dunkles, Rundes. Fünf Fuß ungefähr im Durchmesser. War es hohl, ein Kessel vielleicht? Aber warum war er so tief vergraben, und auch noch umgekehrt? Sollte der riesige Topf einen Schatz verbergen?

Der Landarbeiter rannte zu seiner Hazienda und erstattete seinem Herrn Bericht. Der stellte umgehend einen Trupp zusammen, mit Schaufeln und Hacken. Sie gingen dem harten, runden Etwas zuleibe, legten es zur Hälfte frei. Ziemlich schnell drangen sie aber auch vor zu der Gewissheit, dass es sich nicht um einen hohlen Eisenkessel handelte, sondern um die gewaltige massive Skulptur eines menschlichen Kopfes. Mitten im Urwald. Aus Basalt, einem Stein, den es dort gar nicht gab, und bis zur Stirn vergraben. Doch für die Männer war das alles uninteressant. Enttäuscht darüber, dass ihr Vorstoß in die Tiefe keinen Goldschatz ans Licht brachte, ließen sie den steinernen Kopf einfach liegen. Schon wenig später war er wieder zugewachsen, schließlich von neuen Erdschichten bedeckt.

Was blieb, war die Geschichte vom steinernen Kopf im Wald. Sie hielt sich lange im Dorf Tres Zapotes und seiner Umgebung. 81 Jahre später, da war jener Landarbeiter schon längst tot, hörte zufällig ein US-Amerikaner im nahen Veracruz davon. Matthew Stirling war elektrisiert. Er war Mitarbeiter des »Smithsonian Institute«, das auch Altertumsforschung im Norden und Süden des Kontinents betrieb. Stirling schwang sich aufs Pferd, sofort. In achtstündigem Ritt trieb er es durch unwegsames Gelände nach Tres Zapotes. Am nächsten Tag schon stand er vor dem vergrabenen Schädel. Stirling sah bald, dass er da allein nichts ausrichten konnte. Die Größe des Schädels, aber auch die anderen Aufwölbungen in der Nähe ließen ihn umgehend nach Washington zurückkehren, beim »Smithsonian Institute« und der »National Geographic Society« um größere Mittel werben für die umfangreichen archäologischen Arbeiten, die nun absehbar waren.

Christoph Kolumbus

Das genaue Geburtsdatum von Christoph Kolumbus im Jahr 1451 ist unklar (wahrscheinlich zwischen August und Oktober in Genua), ebenso der Verlauf seiner Jugendjahre. Sein Vater war wohl ein Weber. Kolumbus genoss lediglich eine einfache Schulbildung und war in jungen Jahren möglicherweise als Hilfskraft auf Schiffen im Mittelmeer unterwegs. 1476 kam er nach Lissabon, heiratete dort und wurde Vater.
1483 unterbreitete er ohne Erfolg Johann II., König von Portugal, den Plan, über den westlichen Seeweg für Portugal nach Indien zu gelangen. 1485 versuchte er dasselbe beim spanischen Herrscherpaar – zunächst mit abschlägigem Bescheid. Erst nach der Vertreibung der Mauren sagte die spanische Krone Kolumbus 1492 eine Million für sein Vorhaben zu, den Rest steuerte der Unternehmer Martin Pinzon bei, der Kolumbus begleitete. Kolumbus erhielt die Zusage, zehn Prozent der erwarteten reichen Erträge aus der Reise an Gold und Gewürzen zu erhalten und Vizekönig

der neu entdeckten Länder zu werden.
Am 3. August 1492 stach Kolumbus mit drei Schiffen in See und erreichte über die kanarischen Inseln am 12. Oktober die Karibik-Insel Guanahani, deren Identität heute immer noch umstritten ist. An größeren Inseln lief die Flotte außerdem Kuba und Haiti an, dann begaben sich die Mannschaften auf die Rückfahrt. Bis auf 39 Mann, für die eine Siedlung (La Navidad) auf Haiti errichtet wurde und die auf einer der nächsten Reisen abgeholt werden sollten. Das Flaggschiff des Kolumbus, die »Santa Maria«, war inzwischen für die Ozeanfahrt unbrauchbar, es standen nur noch die zwei kleineren Schiffe zur Verfügung. Über die Azoren und Portugal gelangte Kolumbus am 15. März 1493 zum spanischen Hafen Palos und wurde dort triumphal empfangen.
Auch die zweite Reise (1493–1496, mit 17 Schiffen) brachte Kolumbus nicht auf das amerikanische Festland, sondern wieder nur auf karibische Inseln. La Navidad auf Haiti war zerstört, von seinen Bewohnern gab es kein Lebenszeichen mehr. Auf Haiti wurden nun größere Siedlungen angelegt, doch erste schwere Zwischenfälle unter den Spaniern legte man Kolumbus zur Last. Er kehrte zu seiner Rechtfertigung zurück nach Spanien, wurde frostig empfangen, bald aber rehabilitiert.
1498 startete Kolumbus mit sechs Karavellen zur dritten Atlantik-Überfahrt, die ihn an der Orinoco-Mündung zum ersten Mal, wenngleich nur kurz, einen Fuß aufs Festland setzen ließ. Desolate Zustände in den Siedlungen, offene Rebellionen wurden von vorzeitigen Rückkehrern nach Spanien mitgeteilt. Eine Kommission von dort sollte die Missstände überprüfen und verhaftete Kolumbus. In Ketten brachte man ihn 1500 nach Spanien, wo er zwar seine Titel verlor, allerdings vom Königspaar wohlwollend empfangen und abermals rehabilitiert wurde.
Seine vierte und letzte Amerikafahrt dauerte von 1502 bis 1504. Erneut erreichte Kolumbus neben den Inseln auch das Festland, diesmal an der heutigen Einfahrt des Panamakanals. Im Jahre 1506 starb er im spanischen Valladolid.

Und tatsächlich: Das Team stieß auf Bedeutendes. Stirlings Funde, eigentlich die Funde jenes Campesinos, ordneten die Geschichte Altamerikas neu. Gleich mehrere Skulpturen förderten sie zu Tage. Ihre Datierungen ergaben schon bald, dass sie älter waren als alle bisher bekannten Hochkulturen auf dem Kontinent, älter als die Maya. Aus der Zeit um 500 v. Chr. stammten die steinernen Köpfe. Von den Olmeken, und die schienen nun die erste Zivilisation der westlichen Hemisphäre zu sein, runde 1000 Jahre älter, als die bis dahin bekannten Ursprünge der Maya und Inka. Die Altertumskunde ist alarmiert. Viele

Fragen stellten sich die Forscher. Was war dieses für eine Kultur? Wo kam sie her? Wer hatte die Köpfe geschaffen? Und: Wie wurden sie, gut zehn Tonnen schwer, hier an den Ort transportiert, wo gar kein Basalt vorkam?

Einige Forscher aber schauten noch genauer hin, gingen deshalb noch weiter. Und sie stellten fast unbeantwortbare Fragen: Wie sind die Gesichtsformen zu erklären, die eindeutig negroide Züge tragen? Breite Nasen, wulstige Lippen, ausgeprägte Backenknochen – so gar nicht glichen sie den Indios, auch nicht den anderen Skulpturen der weiteren Umgebung, den Abbildungen der Maya, der Azteken, Tolteken, Inka. Von solchen Menschen war nichts bekannt aus dem vorkolumbischen Amerika. Uns aber sind sie heute bestens bekannt. Es sind Afrikaner, Schwarzafrikaner.

HINWEISE AUF PHÖNIZIER IN AMERIKA

Afrikaner in Altamerika, lange Zeit vor Kolumbus? Soweit will die herrschende Altamerikanistik mehrheitlich nicht gehen. Und doch markiert das Auftauchen der Olmeken-Köpfe aus der Tiefe des mexikanischen Urwaldes so etwas wie den Beginn einer unerhörten Debatte: War Kolumbus eigentlich wirklich, wie alle meinten, der erste Transatlantikfahrer, mal abgesehen von der allseits anerkannten Reise Leif Erikssons hoch oben im Norden, wo der Ozean schmal wird? (siehe Seiten 10–25) Inzwischen liefert uns die Forschung immer wieder neue Anhaltspunkte dafür, dass vor Kolumbus Europäer, Afrikaner, ja Asiaten (siehe Seiten 61–71) amerikanischen Boden betreten haben könnten, und zwar auch nach den Einwanderern über die Beringstraße vor 12.000 Jahren. Für die Umstände, in denen die afrikanischen Vorbilder der Olmeken-Köpfe in der Karibik angekommen sein könnten, gibt es verschiedene Lesarten. Womöglich waren sie ja gefangene Sklaven auf einem Phönizierschiff, das in die Karibik abgetrieben wurde.

Bei all den Hinweisen auf den frühen Atlantikverkehr handelt sich um weit mehr als nur archäologische Funde. Da ist auch die Interpretation altamerikanischer Mythen von den weißen Göttern, die aus dem Osten übers Meer kamen, wieder dorthin zurücksegelten, mit dem Versprechen, dereinst zurückzukehren. So wie Quetzalcoatl, der weiße, bärtige Gott, von dem die Azteken erzählten. Wo doch die Indianer keinen Bartwuchs kannten. Auch Parallelen zur Geschichte der Alten Welt werden in die Diskussion geworfen. Ebenso Plausibilitäten, die es, umgekehrt betrachtet, eher als unwahrscheinlich erscheinen lassen, dass kein Altweltbewohner vor Kolumbus auf der anderen Seite angekommen sein sollte. In den letzten Jahren liefert die Forschung zudem auch genetische Vergleiche der Erbanlagen, die auf gemeinsame Stammbäume von Europäern und Altame-

Monumentaler Olmeken-Kopf – Beleg für antiken Verkehr zwischen Afrika und Amerika? Museo de Antropología, Jalapa, Mexiko.

rikanern hinweisen, und zwar noch aus der Zeit lange nach der angenommenen Besiedlung der Neuen Welt um 12.000 v. Chr. über die Beringstraße.

Ein Puzzle von Indizien ist es. Gewiss, viele der Einzelteile sind mit Zweifeln behaftet, doch allein die Anzahl ist frappierend. Die Entdeckungsgeschichte unseres Globus offenbart von den berühmten Fahrten, sei es von Cook, von Vasco da Gama oder anderen, immer neue Details. Die berühmteste Ozeanfahrt aller Zeiten aber, die Entdeckung Amerikas durch Kolumbus, verliert nach und nach an ihrer Bedeutung, zumindest an ihrem einst unumstrittenen Charakter der Pionierleistung.

VIELES AN ANTIKEM WISSEN GING SPÄTER VERLOREN

500 v. Chr., die »Geburtsstunde« der Olmeken-Köpfe, womöglich ja auch die Keimzelle für die weitere Entwicklung aller alten zentralamerikanischen Hochkulturen. Eine Ursprungskultur, die sogleich mit Schrift und Kalender in den

altamerikanischen Raum der Weltgeschichte sprang, wie aus dem Nichts. Eine Verbindung zu den frühen Zivilisationen der Alten Welt würde da vieles Unerklärliche erklären, auch die Architektur der Pyramiden und Türme. Doch für viele ist und bleibt es eine unglaubliche Vorstellung, dass in jener Zeit schon Menschen über den Altlantik gesegelt sein sollten, um sich dort als Kolossalköpfe abbilden zu lassen. Halten wir uns aber vor Augen, dass das Schiffssegel seit mindestens sechstausend Jahren in Betrieb und Fortentwicklung war, so wird der Zweifel schon kleiner. In Ägypten hatte man es erfunden, wo bereits zur Pharaonenzeit hochseetüchtige Schilfboote in Betrieb waren.

500 v. Chr. ist für die Überseefahrt im Segelschiff ohnedies ein bedeutsames Datum. Zu der Zeit drang nicht nur der karthagische Seefahrer Hanno auf seiner Afrikafahrt bis in den Golf von Guinea vor. Überliefert durch den griechischen Schriftsteller Herodot ist aus jener Epoche auch die Umrundung des gesamten afrikanischen Kontinents durch phönizische Segler im Auftrag des Pharaos Necho im Uhrzeigersinn. Was den Bericht Herodots darüber so glaubwürdig macht, sind seine eigenen Zweifel: Er schrieb: »Die Phönizier fuhren aus dem Roten Meer ab hinaus auf den Indischen Ozean. Als der Herbst kam, gingen sie an der Stelle, an der sie sich gerade befanden, an Land. Sie säten Getreide und warteten, bis sie ernten konnten. Nach dem Einbringen der Ernte setzten sie erneut Segel. Dadurch geschah es, daß zwei ganze Jahre darüber vergingen; und erst im dritten passierten sie die Säulen des Herakles (Gibraltar) und beendeten die Reise heimwärts. Dort berichteten sie, daß sie bei ihrer Fahrt um Lybien die Sonne auf der rechten Seite gehabt hätten, was ich nicht glauben kann, vielleicht aber jemand anders.« Heute wissen wir, dass es stimmt, was Herodot nicht glauben konnte, dass nämlich die Sonne auf der südlichen Halbkugel mittags im Norden steht. Die Phönizier waren zu Seereisen über viele tausend Kilometer in der Lage, und sie waren offenbar auch von dem nötigen Forscherdrang beseelt, von der Neugier zu fragen, was hinter dem Horizont sei.

Herodot zog aus der ganzen Reise zu Recht den Schluss: »Man weiß, daß Lybien an allen Seiten vom Meer umgeben ist, mit einer Ausnahme dort, wo es an Asien grenzt.« Die spätere Kartografie jedoch, das im Mittelalter so populäre ptolemäische Weltbild, geht davon aus, dass eine solche Umrundung gar nicht möglich sei. Sie sah Afrika mit dem Südkontinent verbunden und den Indischen Ozean als Binnenmeer. Vieles vom Weltbild, vom geografischen Wissen der Antike war bis zum Mittelalter verloren gegangen. Ja sogar die Kugelgestalt der Erde war kein Gemeinplatz mehr, obwohl Erathostenes 250 v. Chr. bereits den Erdumfang fast exakt ausgerechnet hatte – jener Erathostenes, der schon damals meinte, der Weg nach Ostasien führe über das westliche Meer.

Kolumbus' Fahrten und ihre Folgen

Auch wenn vieles für frühere Entdecker Amerikas vor Kolumbus spricht: nach den Fahrten des Kolumbus stand für die gesamte Alte Welt erstmals unumstritten fest, dass es auf der anderen Seite des Atlantiks eine Küste gab und dort die Welt nicht zu Ende war.
Kolumbus war bis zum Ende seiner Tage nicht klar, dass er einen neuen Erdteil entdeckt hatte, er wähnte sich stets in Asien. Der Name Amerika tauchte zum ersten Mal auf einer Karte des Deutschen Martin Waldseemüller auf, der sich auf einen Brief eines gewissen Amerigo Vespucci bezog, den dieser aus Amerika an das Handelshaus Medici in Florenz geschrieben hatte, mit der Feststellung, es handele sich wohl um einen neuen Kontinent. Folge der Überfahrt des Kolumbus war, dass Papst Alexander die Welt in zwei Teile teilte: die westliche den Spaniern, die östliche den Portugiesen.

PORTUGIESEN LANDETEN AUS VERSEHEN IN AMERIKA

So mussten sich, in der Zeit vor und nach der großen Überfahrt des Kolumbus, Generationen portugiesischer Seefahrer erst wieder von neuem um den afrikanischen Kontinent herumsondieren, Etappe um Etappe, mühsam ankämpfend gegen alle Schauergeschichten unter den Seeleuten. Die erzählten von den heißen Zonen im Meer, dort am Äquator, wo man gesotten werde. Oder vom Ende des Ozeans, wo man unweigerlich ins Nichts falle. Ignoranz, kirchliche Dogmen sowie der allgemeine Niedergang der Wissenschaft nach dem Zusammenbruch des Römischen Reiches, auch Katastrophen wie der verheerende Brand der großen Bibliothek von Alexandria – viel Wissen war da über die Jahrhunderte verloren gegangen. Es ist daher alles andere als unwahrscheinlich, dass die Kunde von einem Land jenseits des Atlantiks, wenn ein möglicher Entdecker überhaupt Aufhebens um solch eine Neuigkeit gemacht hatte, im finsteren Mittelalter schlicht abhanden kam. Und die Kunde, die überliefert ist, hatte ihre Glaubwürdigkeit eingebüßt.

Wenn seit dem Fund der Olmeken-Köpfe immer neue Indizien für transatlantischen Verkehr vor Kolumbus auftauchen, so ergänzen sich diese sehr trefflich damit, dass auch der schiere Gedanke daran seit der zweiten Hälfte des 20. Jahrhunderts spürbar nahe liegender ist als in den Jahrzehnten zuvor. Im Wortsinn. Die Einhand-Überquerung eines einsamen Seglers in seiner kleinen

Yacht war in den 1950er Jahren noch eine spektakuläre Tat mit entsprechendem Widerhall in Zeitungen und Radionachrichten. Wenn aber heute jemand über den »Großen Teich« surft, ihn in der Badewanne überquert oder einfach nur hinüberschwimmt, so ist dies nichts Besonderes mehr. Die Elemente, Wind und Strömungen, tragen jeden, der sich nicht ungeschickt anstellt, von allein von den Kanaren in die Karibik, und weiter nördlich auch wieder zurück. So wie jenen Steven Callahan, der 1982 mit seiner Yacht kurz hinter Gran Canaria scheiterte, aber in seiner Rettungsinsel, ohne Steuer und Antrieb, nach 70 Tagen an einer Antilleninsel strandete. Wer vor Westafrika in gewissem Abstand vor der Küste kreuzt, muss schon gegen Passatwind und Nord- oder Süd-Äquatorialstrom ansteuern, um nicht nach Amerika zu gelangen.

Seit der Antike waren immer wieder Schiffe vor Westafrika unterwegs um Sklaven für die Staaten Europas oder der Levante zu holen. Es ist geradezu unwahrscheinlich, dass es dabei niemanden verdriftet hat – so wie den portugiesischen Kapitän Pedro Alvares Cabral, der im Jahr 1500 n. Chr. eigentlich um Afrika herum nach Indien fahren wollte, aber aus Versehen in Brasilien landete. Oder wie jenes Fischerboot, dessen Besatzung von sechs Mann im Jahr 1731 eigentlich nur von der Kanareninsel Teneriffa zum nebenan liegenden Gomera segeln wollte – aber bis nach Trinidad abtrieb, wo sie geretten wurde. Insbesondere solche Kapitäne, die seit der Antike den »Knick« Westafrikas, den Golf von Guinea, abschneiden wollten, waren stets mit einem Mast schon so gut wie in Amerika.

Frühe Nachrichten und Reiseberichte, die von einem Kontinent hinter dem Atlantik berichteten, waren in der Neuzeit stets für unglaubwürdig gehalten worden, weil man eine solche Fahrt dorthin in jenen Zeiten, aus denen diese Schriften stammten, für schlicht undurchführbar hielt. Dabei war Australien bereits über eine Meeresdistanz von mehreren hundert Kilometern besiedelt worden. Vor rund 50.000 Jahren. In der Erzählung Platons über Atlantis, das – von Griechenland aus gesehen – jenseits der Säulen des Herakles, Gibraltar also, gelegen haben sollte, ist auch die Rede von einem »gegenüberliegenden Festland«, das hinter der versunkenen Stadt gelegen habe. In einem Fragment des griechischen Autors Theopompos lesen wir von einem Kontinent von »unermesslicher Ausdehnung« jenseits von Afrika und jenseits der Inseln im Ozean. Keiner kann da mit Sicherheit konkrete Reiseberichte unterscheiden von Mythen über jenseitige Ufer, die einfach einem Denkschema entsprangen. Doch sie von vornherein einfach abzutun, wie es lange Jahre Sitte war, ist nach den neueren Erkenntnissen voreilig. Dafür sind auch die Puzzleteile, die aus der Neuen Welt zu uns drangen, zu zahlreich. Vasco Núñez de Balboa zum Beispiel berichtete nach seinem Fußmarsch über die Landenge von Panama zum Pazifik, er sei

Die Landung des Kolumbus auf Hispaniola (Haiti). Holzschnitt 1493.

unterwegs auf eine Gruppe Gefangener gestoßen, große Männer mit schwarzer Hautfarbe, die als Sklaven gehalten wurden. War es ebenfalls verdriftete menschliche Fracht oder waren es deren Nachfahren, diesmal womöglich eines arabischen Sklaventransporters aus dem 15. Jahrhundert?

In manchen Städten und Dörfern am Osthang der Anden in Peru fallen bisweilen heute noch alteingesessene Bewohner mit heller Hautfarbe und blonden Haaren auf. Die ersten Konquistadoren und ihre Nachfolger, Missionare und Handelsleute aus Europa, berichteten aus dieser Region häufiger von einem außergewöhnlichen Volk. Von den Angehörigen der Chachapoya. Von europä-

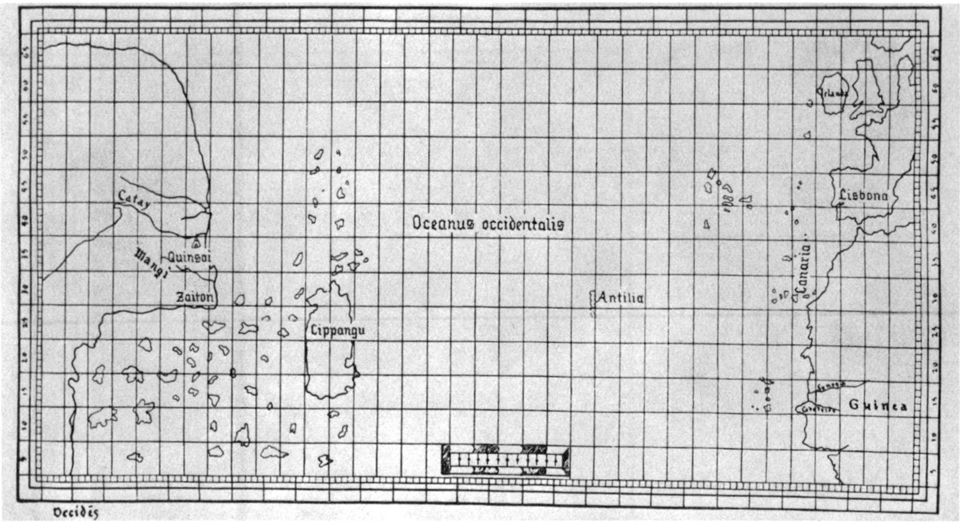

Die Karte des Paolo Toscanelli aus dem Jahr 1452. Rechts sind Afrika und Europa zu sehen, kinks China (Catay) und Japan (Cippangu). Rekonstruktion nach Hermann Wagner.

ischem Aussehen sollen sie gewesen sein, ihre Toten den Ägyptern gleich einbalsamiert haben, ihre Häuser – anders als die Indianervölker in ihrer Umgebung – aus Steinen massiv errichtet haben. Die spanischen Chroniken berichten, die Chachapoya hätten sich nicht nur sehr rebellisch gegen die Inka gegeben, sondern auch gegen sie selbst, die Spanier. Waren auch die Chachapoya, ebenfalls in Zeiten der Antike, auf Phönizierschiffen nach Amerika gekommen, doch sie, im Gegensatz zu den Olmeken, als die Befehlshaber auf den Seglern?

Was sagt uns der Reisebericht des irischen Mönches St. Brendan, der eigentlich bemerkenswerte Hinweise auf die amerikanische Ostküste gibt – bis weit nach Süden? Neun Jahre soll er im Atlantik mit einer kleinen Mannschaft unterwegs gewesen sein, für einen Frevel musste er so lange Zeit außer Landes gehen. Sein Tagebuch – *Navigatio* – benennt viele Details, die deutlich an geografische Sonderheiten des Atlantiks erinnern. Der Hinweis auf das »Klebermeer« zum Beispiel, dessen Beschreibung mit der Sargasso-See übereinstimmt, in der äußerst dichter Algenbewuchs später viele Schiffe der Neuzeit lange Zeit festhielt. Oder jene Quelle auf einer Insel im Atlantik, deren Wasser Brendans Mannschaft nach ein paar Schlucken in »tagelangen Schlaf« versetzt habe. Diese Eigenschaft und seine angegebene Lage könnten auf einen tatsächlich existierenden äußerst schwefelhaltigen Fluss auf den Azoren hinweisen.

Die Azoren: ein Archipel auf halber Strecke nach Amerika immerhin, der – aufgrund eines Fundes mehrerer Münzen – erwiesenermaßen bereits 320 v. Chr. mindestens einmal von Phöniziern besucht worden war. Wobei die Azoren angesichts der vorherrschenden Strömungen und Winde eher auf dem Rückweg von Amerika denn auf dem Hinweg liegen. Mitte des 14. Jahrhunderts nahmen die Portugiesen die Azoren in Besitz. Martin Behaim übrigens, jener Nürnberger, der 1491 den ersten Globus der Welt konstruierte, lebte einige Zeit vor Kolumbus' erster Reise dort und heiratete die Tochter des Statthalters. Auch Behaim trug sich mit dem Gedanken an eine Westfahrt nach Ostasien, warb aller Wahrscheinlichkeit nach beim deutschen Kaiser Maximilian für diese Idee, zur selben Zeit, da Kolumbus die iberischen Könige von seinem Vorhaben überzeugen wollte. War es Behaim, der Kolumbus zur Eile trieb?

Lange Zeit wurde Brendans Tagebuch auch deshalb als unglaubwürdig abgetan, weil er in einem Boot mit Lederwandung unterwegs war. Niemand konnte sich vorstellen, dass so ein Boot nicht nach ein paar Tagen aufweichen und sinken würde. Bis der Abenteurer Tim Severin seine mutmaßliche Fahrt nachholte, ebenfalls in einem Lederboot, und ankam. So wie Thor Heyerdahl beweisen konnte, dass es für dieses frühe Kulturvolk durchaus möglich gewesen wäre, mit eigener Technik über den Atlantik zu segeln. Mit der Fahrt in seinem großen Schilfboot »Ra«, so wie es die Ägypter zur Pharaonenzeit benutzt hatten.

Eine Reihe von Funden in Amerika gibt heute Rätsel auf, lässt sich im Grunde nur plausibel erklären mit der frühen Präsenz von Europäern in der Neuen Welt. Bisweilen stehen die rätselhaften Objekte auch sehr prominent in der Landschaft. Wie der Newport Tower auf Rhode Island, ein im romanischen Stil errichteter steinerner Rundbau. Wie auch eingemeißelte, inzwischen stark verwitterte Zeichnungen in einem Felsen in der Nähe von Boston, die seit dem Ende des 19. Jahrhunderts bekannt sind. Sie zeigen einen Ritter mit Helm und Schwert, wie er etwa im 14. Jahrhundert aus Europa bekannt war. Verschiedene Theorien ranken sich um das Felsbild, das auf ein Alter von etwa 600 Jahren datiert wird. Eine davon läuft darauf hinaus, dass an dieser Stelle, die heute in der Nähe einer Fernstraße liegt, einer von Henry Sinclairs Rittern zu Tode gekommen sei und man ihm mit der Felszeichnung eine Art Grabstein gemeißelt habe.

Henry Sinclair, 1379 vom norwegischen König eingesetzter Herzog der Orkney-Inseln, herrschte mittels einer nennenswerten Seemacht in den atlantischen Gewässern Nordwesteuropas über ein weites Inselreich. In seinen Diensten stand der namhafte Navigator Antonio Zeno aus Venedig. Dessen Nachfahre veröffentlichte – allerdings erst Mitte des 16. Jahrhunderts – die Reiseberichte, die er für den Herzog der Orkneys im 14. Jahrhundert durchgeführt hatte. Darin sind deutliche Hinweise enthalten, dass die Schiffe Sinclairs sich in den einstigen Wikinger-Gewässern Nordamerikas aufgehalten haben und weiter nach Süden vorgestoßen sein könnten, mindestens wohl bis nach Nova Scotia. Ebenso ist aus Steuerdokumenten der bretonischen Stadt St. Brieuc aus dem Anfang des 16. Jahrhunderts ersichtlich, dass die Fischer aus der Stadt ihre Rechte an den Fanggründen viele Tagesreisen im Nordwesten, vor der *terre nueve*, geltend machten. Ihr Anliegen bezog sich offenbar darauf, dass 1497 der Engländer John Cabot die nordamerikanische Ostküste bis hinauf ins heutige Kanada entdeckt hatte und sie deshalb um ihre angestammten Claims für den Fang ihres Kabeljaus fürchteten. Dieser Fisch, gerade an der Wende vom Mittelalter zur Neuzeit die Nahrungsgrundlage für die Atlantikanrainer, hatte sich im ausgehenden Mittelalter in die kanadischen Gewässer zurückgezogen. Auch der Walfang, dem besonders die Basken seit dem frühen Mittelalter nachgingen, mit in späteren Jahren immer ausgedehnteren Ausfahrten, dürfte die Fischer dieses so seetüchtigen Volkes bis an die nordamerikanische Küste gelockt haben.

Nicht nur die Dokumente der Bretonen, Schriften aus der Normandie oder dem Baskenland deuten ebenfalls darauf hin, dass auch in den Jahren kurz vor der Fahrt des Kolumbus ein äußerst reger Fischereiverkehr mit der Neuen Welt vonstatten ging. Die Kabeljau-Fänger hatten keine Veranlassung, um ihr Wissen großes Aufheben zu machen – anders als Kolumbus nach seiner Rückkehr, angesichts des öffentlichen Aufwandes, den er vor seiner Fahrt betrieben hatte. Den Basken und Bretonen war daran gelegen, die Position ihrer Fischgründe für sich zu behalten, um ihre Monopolstellung zu bewahren.

WAS WUSSTE KOLUMBUS VOR SEINER ABFAHRT?

Kolumbus selbst, der vor seiner Fahrt nach Amerika – unbestritten – in den Gewässern um Island kreuzte und von den Kabeljau-Gebieten gehört haben dürfte, erwähnte in seinen Aufzeichnungen eine Seekarte, die er schon bei der ersten Fahrt dabei hatte. Handelte es sich um eine geheime Karte der Bretonen von ihren lukrativen Fischgründen? Der Genueser hielt in der Zeit des Aufbruchs ins Entdeckungszeitalter einen unschätzbaren Trumpf in der Hand. Die Seefahrernationen hüteten ihre Kenntnisse über ferne Länder wie einen Staatsschatz. Auf Kartenschmuggel stand Todesstrafe, geografisches Wissen war Macht und Reichtum. Doch da der Italiener lange Jahre mit portugiesischen und kastilischen Stellen über seine ehrgeizigen Pläne feilschte, stand ihm das geballte Wissen aller drei damals entscheidenden Länder zur Verfügung.

Was wusste Kolumbus von der anderen Seite des Atlantiks, bevor er in See stach? Von wem stammte jene Karte. Meinte er nur die Zeichnung, die er vom

›
Afrikanischer Einbaum. Strömungen und Winde tragen vieles von allein nach Amerika.

florentinischen Kosmografen Paolo Toscanelli erhalten hatte? Toscanelli war mehrfach mit Kolumbus in Briefkontakt getreten, als er von dessen Plänen gehört hatte, hatte ihm darin Mut gemacht. Die Karte vom Atlantik, die in einem der Briefe enthalten war, ist bekannt. Auf ihr sah Kolumbus gegenüber den Westküsten Europas und Afrikas sogleich die Inselwelt Ostasiens mit Japan. Keine Spur von Amerika. Allerdings, und dies macht besonders stutzig, waren jene Inseln auf der Karte kaum weiter entfernt als es tatsächlich die Karibik ist. Wie das? Lag es nur daran, dass die Geografen in jener Zeit Asien für weit ausgedehnter in Ost-West-Richtung ansahen, als es tatsächlich ist? Oder standen dahinter gerade jüngste Erfahrungsberichte von Seefahrern, die wussten, wie viele Tagesreisen der Atlantik – »nur« – breit war? In der zweiten Hälfte des 15. Jahrhunderts, auch zu jener Zeit, da Kolumbus sich um Förderer bemühte, sahen sich gerade die Portugiesen bei ihren Westafrika-Fahrten oft veranlasst, einen Kurs weitab von der Küste zu nehmen. Hatten ihnen doch Überfälle der Spanier auf die portugiesischen Kapverdischen Inseln klargemacht, wie sehr ihre eigene Seefahrt von den Schiffen ihres Nachbarlandes bedroht wurde. Der weite Bogen aber, den die lusitanischen Kapitäne in den Atlantik hinein nahmen, erhöhte noch die Chance für eine Verdriftung durch Strömungen und Winde bis nach Amerika.

Kolumbus könnte also auch im Besitz von noch ganz anderen Informationen gewesen sein. Die Kartografie aus der Zeit des Genuesen stellt die Historiker ohnedies vor große Rätsel, auch nach seiner Ankunft auf karibischen Inseln. Woher kamen 1501 die Informationen, die für die Karte des Piri Reis verarbeitet worden waren? Die komplette Westküste Südamerikas ist auf ihr abgebildet, mit

Anden und einem Lama obendrauf zur Illustration – gut 30 Jahre bevor von Francisco Pizarro die ersten Informationen von dort in die Alte Welt gelangten. Und woher wussten die anonymen Zeichner der »Planisphäre des Cantino« aus dem Jahre 1502 von der Lage Floridas. Die südöstliche Halbinsel Nordamerikas ist dort allzu deutlich verzeichnet, obwohl sie nach offizieller Lesart der Historiker erst ein gutes Jahrzehnt später entdeckt wurde.

WOHER KAMEN DIE ERSTEN BESIEDLER AMERIKAS?

Die Entdeckungsgeschichte Amerikas zwischen Antike und Neuzeit wirft vielfache Fragen auf, die wohl nie endgültig beantwortet werden dürften. Zunehmend offen allerdings ist auch die Debatte über die allerersten Entdecker des Doppelkontinents, seine ursprünglichen Besiedler. Die jahrzehntelang gültige Hypothese, diese seien ausschließlich durch ein sehr schmales geografisches und auch zeitliches Fenster eingewandert, nämlich vor etwa 12.000 Jahren über die damals trockengefallene Beringstraße von Ostsibirien aus, scheint heute, nach vielen archäologischen Funden, als nicht mehr haltbar. Auch anthropologische Erkenntnisse sowie genetische Untersuchungen von Ethnien aus Alter und Neuer Welt legen seit einigen Jahren mehrere Einwanderungsströme nahe, über den Atlantik aber auch über den Pazifik (siehe René Oth, *Bevor Kolumbus kam*). Thor Heyerdahl, der vor 60 Jahren verlacht wurde, weil er mit seiner Floßfahrt auf der »Kon Tiki« Verbindungen zwischen den altamerikanischen und polynesischen Kulturen nahe legen wollte, erfährt heute, wenige Jahre nach seinem Tod, ein Stück weit Rehabilitierung, auch wenn sich viele damit noch schwer tun.

Es ist eine Diskussion, die nicht nur aus Rechthaberei in der herrschenden Wissenschaftsszene auf Widerstand stößt. Berührt sie doch auch das Selbstverständnis der Indianer vor allem Nordamerikas, die sich heute als *First Nations* verstehen. Aber auch die nordamerikanische Gesellschaft überhaupt, zu allermeist Nachfahren von Einwanderern aus der Neuzeit, könnte betroffen sein. Ganz unerheblich scheint es da nicht zu sein, ob wirklich der Nordkontinent zuerst besiedelt wurde. Oder doch der Süden, wofür es inzwischen auch Indizien gibt. Archäologen jedenfalls, die im Süden auf ältere Spuren stießen, als sie je im Norden gefunden wurden, meinen, dass ihre Forschungen allein deshalb in den USA ignoriert werden. Diese Fragen immerhin könnten – mit Hilfe der Genforschung – womöglich schon bald verbindlicher beantwortet werden als diejenige, ob Kolumbus wirklich der »erste Zweitentdecker« ist.

Francisco Pizarro (um 1478–1541)
Eroberer des Inkareiches

Keine verlockende Nachricht war es, die die Männer eines Tages im September 1532 in Gang setzte. Gut 100 spanische Fußsoldaten und rund 60 Reiter, ausgerüstet mit 15 Armbrüsten, drei Arkebusen und zwei kleinen Kanonen. Eher als einen verlorenen Haufen, kaum als eine schlagkräftige Truppe konnte man das bezeichnen, was sich da in Richtung Süden auf den Weg machte. Sie marschierten auf der anderen Seite der Neuen Welt. Rechts der weite Ozean, das Mar del Sur, die Südsee, der Pazifik. Und links ein Gebirge, dessen Gipfel immer höher wuchsen, die Anden. Nur der Himmel wusste, was es für ein Land war dort ganz oben, hinter den Pässen, in den Kordilleren.

Dennoch drang nach und nach Kunde aus den Bergen, von einzelnen Indios, die sich zu den Weißen herabwagten. Ein mächtiges Reich, so viel war aus den Worten der Dolmetscher zu vernehmen, dehnte sich aus hinter den Pässen über den Wolken. Sagenhafte Städte und Paläste, erbaut aus Stein und Gold, umgeben von fruchtbaren Ebenen. Und nun hatte man dem Anführer der Horde, Francisco Pizarro, auch noch zugetragen, dass der Herrscher dieses Staates in einem Talkessel dort oben, in einer befestigten Stadt namens Caxamalca, Lager bezogen habe. Atahualpa, der Inka. Umgeben von 30.000 Soldaten. Oder waren es 60.000? 80.000? Auf dem Weg nach Cuzco, so hieß es, solle er sein, nach einer fernen Hauptstadt, weit im Süden, ebenfalls in Schwindel erregender Höhe. Dort wollte er, der erst kurz zuvor, nach opferreichem Diadochenkampfe die Macht im Lande erobert hatte, sich krönen lassen. Kaum glaublich, aber Pizarro fühlte sich berufen, mit seinen Desperados den Inka-Potentaten zu unterwerfen. Um des Goldes willen, und der Herrschaft über die Neue Welt. Pizarro war entschlossen, die Supermacht herauszufordern.

Unangreifbar schien der Inka. Und die Spanier? Einer von ihnen notierte damals: »Die meisten von uns sind keine Zierde des Abendlandes. Gemeine Halunken, angeworben in den elendesten Dörfern Spaniens und getrieben einzig von der Gier nach Gold. Ihr lebt alle in der Todsünde und werdet darin sterben!« Doch es sollte, durfte kein Zurück geben.

EINE PHANTASTISCHE HOCHKULTUR – ABER WO WAREN DIE MENSCHEN?

Hinauf also, über den ersten Anden-Kamm, mit schwerem Harnisch in dünne Luft, zwischen Vulkankegeln hindurch, auf einem Weg, den noch kein Christen-

mensch je begangen hatte. Breite Wasser, von Gletschern gespeist, krachten herab, verschwanden irgendwo gurgelnd in der Tiefe. Und dort? Lauerten da, auf halber Höhe nicht Augenpaare, waren gar Fallen aufgestellt? Tagsüber, im Sonnenlicht blitzten rätselhafte Reflektionen, als haltc jemand ganz oben, auf dem Gipfel, einen kleinen Spiegel in der Hand und gebe Signale. Schnell war den Männern allzu deutlich klar, dass sie begleitet wurden. Nicht ohne Grund hatten die Dolmetscher vor dem Aufstieg gewarnt, vor Heimtücke und Hinterhalt, vor rasenden Rundsteinen, vor berstenden Brücken. Überhaupt, die Hängebrücken. Nur mit viel Zureden und Zwang vermochte es Pizarro, seine Männer auf den schaukelnden Gestellen aus Weidenstricken und Brettern über schaurige Schluchten zu treiben. Noch blieben die Männer unbehelligt.

Tagelang nur aufwärts ging es. Angst saß unter den Helmen, besonders wenn es durch die Engpässe ging. Und schmal war der Weg allenthalben, auch steil, dass man streckenweise wie auf Leitern hochklettern musste. »Es war dies eine Straße für die wie wilde Katzen gewandten halb nackten Indianer und Maultiere, aber nicht für die schwer gepanzerten spanischen Ritter und Pferde«, schrieb einer,

Francisco Pizarro

Francisco Pizarro kam zwischen 1475 und 1478 auf die Welt – als uneheliches Kind einer Magd und eines mäßig begüterten Edelmannes auf dessen Landgut bei Trujillo in der südspanischen Estremadura. Er wuchs in ärmlichen Verhältnissen auf, sein Vater kümmerte sich nicht um ihn. Zeit seines Lebens blieb er Analphabet.

Irgendwann zu Beginn des 16. Jahrhunderts, möglicherweise bereits 1502, begab sich Pizarro nach West-Indien. Im Jahr 1509 nahm er teil an der Expedition Alonso de Hojedas, die zum Ziel hatte, Siedlungen in der Karibik zu gründen. Einige Zeit betrieb er Viehzucht in Panama. 1513 war er dabei, als Vasco Núñez de Balboa nach mörderischem Marsch über den Isthmus von Panama die ersten Europäer zum Pazifik führte – für Pizarro die erste Etappe zu seinem großen Eroberungszug nach Peru. Er knüpfte Beziehungen zu Finanziers – darunter sein späterer Waffenbruder Almagro – und stellte sich eine kleine Truppe zusammen für die Eroberung des Inka-Reiches. Mit dabei waren seine vier Brüder und Halbbrüder. In den zwanziger Jahren des 16. Jahrhunderts führte er eine Expedition zu Wasser und zu Land entlang der südamerikanischen Westküste bis Peru. 1532 schließlich begann sein Zug gegen den Inka-Herrscher in Caxamalca.

Nach der Ermordung des Inka Atahualpa und der Eroberung Cuzcos hatte der frühere Schweinehirte 1535 das komplette Reich Perus unterworfen. Im selben Jahr gründete er Ciudad de los Reyes, die spätere Hauptstadt Lima. Er herrschte über den Norden des Reiches, Almagro über den Süden. Die Rivalität der beiden führte dazu, dass Pizarro Almagro gefangen nehmen und töten ließ, 1541 aber dessen Anhänger ihrerseits Pizarro in Lima umbrachten.

Pizarro hatte Peru in einem militärischen Geniestreich erobert, versagte aber vollständig als Regent eines Landes. Die Goldschätze Perus, die er über viele Jahre nach Spanien schaffen ließ, retteten Spanien vor dem drohenden Staatsbankrott – freilich nur vorübergehend. Die aufwändige Machtpolitik des Landes zusammen mit den Goldeinnahmen warfen Spanien in eine heftige Inflation und Wirtschafskrise, die seine Vorherrschaft in Europa schließlich beseitigte.

der dabei war, in sein Tagebuch, Fray Celso Gargia. Auf Pässen zumeist, wo sie nicht auf allen vier Seiten von Steilwänden bedrängt waren, konnten sie sich ein wenig ausruhen, zum Nachtlager betten. Straßen, Brücken, Siedlungen oben auf den Gipfeln, sie näherten sich einer Hochkultur, so viel war klar, einem

Land, das wie kein anderes auf der Welt von natürlichen Mauern eines Hochgebirges eingeschlossen war. Aber wo waren die Menschen?

100 Meter über dem Pfad erblickten sie gegen das grelle Sonnenlicht eine mächtige Festung, aus der senkrechten Gebirgswand herausgehauen. Von dort hätte eine Handvoll Leute ein ganzes Heer im Tal in Schach halten können. Pizarro schickte einen Spähtrupp hinauf, eine Stunde Weges. Die Burg war leer. Ein gutes Zeichen? Liebliche fruchtbare Täler und Berghänge öffneten sich vor den Spaniern, mit kunstvollen Terrassenkulturen, wie sie kein kastilischer Bauer in ihrer Heimat pflegte, Bewässerungskanäle, akkurate Steinmauern, Treppen, Zisternen, hier und da Gehöfte, auch mit Wasserleitungen, aber ohne Bewohner.

Wollte der geheimnisvolle Herrscher die Spanier ihres Weges ziehen lassen, ohne sie von seinen Untertanen behelligen zu lassen? War alles eine Falle, würde sich die Erde unter ihnen öffnen, würden sich die Berge über ihnen schließen, alle Wasserfälle auf sie einstürzen? Nur wenige Indios bekamen sie nach und nach zu Gesicht, meist in gehöriger Entfernung, man schien den Herannahenden Aufmerksamkeit zu widmen. Sprachlose Alte waren es, die sie am Wegesrand trafen.

Dann eine Kreuzung. Ihr schmaler Trampelpfad schnitt eine große Straße. Eingefasst war sie von Mauern, gepflastert mit Steinplatten, ihr Niveau geglättet: Wegebau auf höchster Ebene. Sechs Meter breit wand sich die Trasse rechts nach Süden und links nach Norden. Soweit das Auge reichte, auf Berge hinauf, in die Täler hinab. Spätestens an dieser Wegscheide beschlich den kleinen Trupp Europäer eine Ahnung, mit was für einem Gemeinwesen in dieser so fremden Welt sie es zu tun bekamen. Mehrere tausend Kilometer weit nach Norden und nach Süden, so ermittelten ihre Dolmetscher an dieser Wegmarke, sollte sich das gepflasterte Band durchs Land ziehen, nach eineinhalb tausend Kilometern komme man auf ihr nach Cuzco, in die Hauptstadt des Inka. Dabei hatten die Spanier im ganzen Staat keinen Karren gesehen, keine Kutsche, keinen Kampfwagen, nichts, was rollte. Das Rad war den Indios fremd. Eine merkwürdige Zivilisation.

Es war eine große Verlockung für Pizarro und seine Männer, die Fernstraße zu nehmen, ins Herz des fremden Staates. Und dort die ganze Macht überrumpeln. Zumal in Cuzco aller Wahrscheinlichkeit nach nicht annähernd so viele Truppen standen, wie der Inka derzeit um sich scharte in seinem Durchgangslager weiter oben, an Pizarros Ziel. Der spanische Anführer scheute die Auseinandersetzung nicht. Doch er wollte zum Inka, er wollte Atahualpa stellen. Wollte er das Gold und die Macht, so wäre die Auseinandersetzung mit ihm früher oder später sowieso gekommen, unausweichlich. Und je früher, desto besser für ihn, denn es gab auch andere Anwärter aus seiner spanischen Heimat, die sich inzwischen in der Neuen Welt herumtrieben und die Aspiranten auf die Herrschaft in diesem fremden Weltreich waren. Auch sie kämen gern in den Genuss, als vom kastilischen König Beauftragte, aber quasi freiberufliche Eroberer goldene Länder für sich zu gewinnen. Also kreuzte der Haufen Spanier die große Fernstraße, jenen präkolumbischen Vorläufer der heutigen Panamericana, und machte sich weiter auf den Weg nach oben.

In dem Vertrag, den Pizarro mit der spanischen Krone geschlossen hatte, hieß es unter anderem: »Dem Offizier des spanischen Reiches Francisco Pizarro wird das Recht zugestanden, das Land Peru oder Neu-Kastilien zu entdecken und zu erobern. Sein Gehalt beträgt 725.000 Maravedis. Er hat dieses Gehalt aus dem Lande zu ziehen. Es wird ihm das Recht verliehen, Festungen zu errichten, über die er uneingeschränkt befehligen kann. Von allen Einkünften aus dem Lande Peru, welcher Art auch immer sie sein werden, stehen dem Francisco Pizarro 10 Hundertstel zu.«

ALS BASTARD GEBOREN

Es war ein Weg mit Hindernissen, den Pizarro hatte beschreiten müssen, bevor er sich in so privilegierter Stellung aufmachen durfte zu den unbekannten Goldstädten auf den unerhörten Gebirgen. 56 Jahre zuvor brachte in der südspanischen Estremadura das Bauernmädchen Francisca den Bastard Francisco zur Welt. Vater Hidalgo Pizarro, niederer Landadel, verweigerte den Umgang mit seinem Sohn. Als der, einer Legende nach, als Kind an der väterlichen Hazienda vergebens Einlass begehrte, schlug er heftig auf das Eisentor, bis er sein Holzschwert verschliss und sich schwor, nie wieder als Bittsteller anzutreten – sondern die Macht zu ergattern.

Eine Figur wuchs mit Pizarro heran, die in den folgenden Jahren, wo immer sie welches fand, furchtlos Neuland betrat. Mit seiner Herkunft war nicht viel zu gewinnen daheim. Doch seiner Heimat, dem Königreich Kastilien, öffneten sich gerade völlig neue Horizonte. Und so segelte Pizarro im Alter von 27, im Jahre 1502 schon, als einer der ersten regelrechten Siedler nach Westindien, versuchte sich als Bauer. Doch die Bindung an eine Scholle war sein Lebensziel nicht. Er schloss sich Entdeckungsfahrten zum Festland an; Venezuela, Kolumbien, lernte Hernán Cortez kennen, den späteren Eroberer des Aztekenreiches in Mexiko.

Das Jahr 1513 sah Pizarro als Zeuge eines Ereignisses, das in der Ära der Weltöffnung zu den bedeutsamsten zählt, auch wenn es in der geschriebenen Entdeckungsgeschichte wenig Beachtung erhält. Immerhin fand es im 20. Jahrhundert Aufnahme in Stefan Zweigs Sammlung von Meilensteinen der Geschichte, *Sternstunden der Menschheit*. Vor allem aber war es prägend für Pizarros weiteren Lebensweg.

Núñez de Balboa, Gründer der ersten christlichen Siedlung auf amerikanischem Festland, und mit windigen Geschäften auch erster Konkursreiter der Neuen Welt, ein Haudegen, der sich als blinder Passagier und Meuterer durch die Karibik geschlagen hatte und gleichwohl vom König in Spanien mit einem Gouverneurstitel bedacht wurde, war von einem Indianerhäuptling im Golf von Mexiko eingeweiht worden: Hinter den Bergen, die im Südwesten das karibische Meer begrenzten, läge ein unermesslicher See. Alle Flüsse, die dorthinein mündeten, führten Gold mit sich. Mehr als man begehren könne.

Eine Landenge zwar, die dünnste Stelle des amerikanischen Doppelkontinents in seiner Mitte – und doch war es eine todbringende Etappe. 190 Mann trommelte Balboa zusammen für den Marsch durch das heutige Panama. Dreieinhalb Wochen durch seuchensatte Sümpfe, durch mörderische Moskitowolken. Immer im Gleichschritt mit dem Tod. Die Grausamkeit, mit der Balboa unterwegs gegen die Indianer vorging und gegen die eigenen Männer, gegen die Schwachen, die nicht mithalten konnten, die er deshalb erstach oder erschoss – all dies machte Pizarro gefühlsimmun.

Dann war er da, der große Moment, auf der letzten Anhöhe. Der erste Blick auf das Meer jenseits der Neuen Welt. Und weil die Küste in Panama von Ost nach West verläuft, er deshalb in dem Moment nach Süden blickte, nannte Balboa den entdeckten Pazifik »Mar del Sur« – die Südsee. Eine Erkenntnis, die Kolumbus nicht mehr zu nutzen vermochte: Die Südsee war das letzte Versatzstück, das noch fehlte auf den Karten, auf den neuen Globen, für den Weg westwärts in den Osten, zu den Gewürzinseln. Kolumbus suchte sie, Balboa hat sie »entdeckt«, Pizarro war dabei.

Und Pizarro hörte genau hin, als die Indianer, die an eben jenem Mar del Sur lebten, von einem sagenhaften Reich, die Küste hinunter, erzählten. »Weit im Süden wohnt ein Volk«, verriet ihm ein Kazike, »reich an Gold, mit Städten aus Stein«. Sein Name: »Biru« – Peru. Goldfieber kam auf, die Sehnsucht nach El Dorado, auch wenn der Begriff noch keine Rolle spielte. Doch der Zauber bestimmte Pizarros Handeln in den nächsten Jahren, auf all seinen Eroberungszügen. Diego Almagro, der Landsmann, war sein engster Kompagnon. Auf eigene Faust zunächst schlossen sie untereinander einen Entdeckervertrag ab, um Länder, Städte und Pfründe im Vorhinein aufzuteilen. Zügig wagten beide ihre ersten Vorstöße nach Süden, bei aller Ungewissheit, was sie erwartete. Doch sie

›
Francisco Pizarro.
Kupferstich, 1478.

kamen noch nicht allzu weit. Zu fern war es, zu wenige fuhren mit, zu viele starben unterwegs. Und zu unsicher waren den Spaniern dann doch ihre Grundlagen für das weitere Vordringen.

ANGRIFF ODER SKLAVEREI

1529 dann entschloss sich Pizarro, kurz nach Spanien zu segeln, um Rückendeckung vom König zu erhalten. Er bekam seinen Erfolg, kehrte zurück mit jenem Vertrag, der ihm alle Vollmachten und Erträge sicherte. Nicht ohne Belastung allerdings: Ungeheurer Erfolgsdruck plagte Pizarro fortan, wie Chronisten aus seinen Aufzeichnungen herauslasen. Weil er ahnte, auf was er sich da eingelassen hatte? El Dorado. Biru, das geheimnisvoll umwachte Reich. Bewacht von 80.000 Mann?

Der Druck wäre unerträglich gewesen, hätte Pizarro geahnt, welche Macht er da wirklich herauszufordern sich anschickte, als er von Panama aus 1531 zum letzten Mal die Segel gen Süden setzte. Den Staat der Inka. Die unbekannte Supermacht. Ihre Technik lag zwar entscheidend zurück. Rad und Eisen waren unbekannt, Pferde ebenso. Die Bewaffnung basierte auf Keule, Streitaxt, Speer und Schleuder. Doch die effiziente Verwaltung verglichen manche Historiker mit derjenigen von Rom zu dessen Blüte. Es war ein Staat, der mit seinen Stafettenläufern und einem befestigten Straßennetz von 40.000 Kilometern mit langen Hängebrücken über ein phantastisch schnelles Nachrichtensystem verfügte. Dessen mächtige Städte hohe Baukunst bezeugten, und dessen 12 Millionen Einwohner sich durch kunstvollen Terrassenfeldbau ernährten – eine Kultur, für die Spanier damals wie auf einem anderen Stern; ein Gemeinwesen, das sich in keinem Zusammenhang mit irgendeiner bekannten Zivilisation entwickelt hatte.

Dämmerte all dies Pizarro an jenem Abend, als sein Häufchen Elender, Zerrissener aus dem fernen Spanierland nun dem Heerlager des Inka gegenüberstand? Eines Abends, nach vielen Tagen und 150 Kilometer Aufstieg ins Hochgebirge, waren sie nämlich angekommen im Tal von Caxamalca. Schlagartig war da den Spaniern klar, warum man sie, die Fremdlinge, so lange hatte unbehelligt ziehen lassen. Alle Menschen waren hier. Tausende von Lagerfeuern loderten auf halber Höhe über dem Tal, rund um die Stadt und weiter hinauf zu den Gipfeln, ferne Punkte, als setzte sich der Sternenhimmel noch unterhalb des Horizontes fort. Wie viele Soldaten mochten es sein? Unangreifbar waren sie in jedem Fall.

Über die Macht des Imperiums nachzudenken, dafür war es nun zu spät für Pizarro. Die Spanier waren in die Höhle des Jaguar eingedrungen, sie mussten sich stellen, das wurde nach jedem Kontakt mit einem der Indios, die mitmarschiert waren, noch klarer. Längst war sein Marsch entdeckt, aus unterschiedlichen Quellen mussten die Dolmetscher vernehmen, dass sie alle zur Sklavenarbeit bestimmt waren. Nur noch der Coup, den ganzen Staat zu überrumpeln, zu übernehmen, blieb ihnen – oder die Sklaverei.

Die Feindschaft war latent, nicht offen, die Kontakte blieben ein Pokerspiel. Doch es gab keine gemeinsamen Regeln. Pizarro saß in Caxamalca, Atahualpa in seinem Lager weiter oben im Tal, hielt ein paar Tage dort Kur bei heißen Quellen. Treffen von Emissären beider sich so fremden Seiten fanden statt, verliefen in dem typischen Wechselspiel von Zeremoniellem, Drohungen, Misstrauen und plötzlichem Abtauchen der anderen Seite, wie es Entdecker in jener Ära so oft aufgezeichnet haben.

Der Spanier aber wollte es wissen, schickte eine Delegation zu Atahualpa, um ihn zu einem Gipfeltreffen einzuladen. Hernando de Soto war der Emissär. Er traf Atahualpa vor seinem Zelt, auf einem goldenen Stuhl, in sich gekehrt, schweigend. De Soto betrachtete dies als Affront. Er wählte eine drastische Methode, Aufmerksamkeit zu erheischen, setzte seinem Warmblut die Sporen und jagte ihn zum Inka. Unmittelbar vor ihm bäumte sich der stattliche Andalusier auf, stieg auf die Hinterbeine. Der Inka verzog noch immer keine Miene, starr blieb sein Gesicht.

Vorübergehend entspannte sich die Lage, als die Indianer Getränke auffuhren. Atahualpa trank dabei aus dem Totenschädel eines der Gegner im letzten Kampf um die Thronfolge. Mit Gold war der knöcherne Kelch ausgelegt. Es war eine Trinkrunde, die die Spanier in höchster Anspannung erduldeten, sie waren auf alles gefasst, unzählige Tode bereitete ihnen in Gedanken die Unberechenbarkeit der Situation. Nahezu unfassbar, dass weiter nichts geschah, bis man ohne Zeremonien auseinander ging, wortlos zurückzog, sich dabei aber wohlbedacht umsah. Die Einladung an Atahualpa in Pizarros Lager war ausgesprochen. Ein Treffen sollte es sein, in dem das Miteinander oder Gegeneinander, womöglich die Versklavung, geklärt werden sollte. Das Imperium und der Eindringling. Oder waren die Spanier göttlicher Besuch? Mancher Inka vermutete dies. Hatte nicht Atahualpa selbst solche Vermutungen geäußert?

Kaum rechneten die Spanier damit, dass er tatsächlich kommen würde, Furcht beherrschte sie. Und dann hallten am nächsten Tag doch die Muschelhörner durch die Gassen der leeren großen Stadt aus Quadersteinen, so gewaltigen, als seien sie von Riesen aufgetürmt. »Vor Sonnenuntergang erreichte die indianische Vorhut Caxamalca«, schrieb Celso Gargia, »nun sahen wir, dass mehrere hundert Diener den Weg säuberten. Sie sangen Siegeslieder, die in meinen Ohren wie Gesänge der Hölle klangen.« Mit der dramaturgischen Sicherheit des großen Moments fand die Kolonne ihren Weg zu dem Haus am großen Platz der Stadt, in dem Pizarro Quartier bezogen hatte.

Die vornehmsten Edelleute, schwer geschmückt mit Gold, trugen ihren Herrscher heran, »in einer Sänfte, in der sich ein Thron aus gediegenem Gold befand, mit Federn tropischer Vögel geschmückt«, notierte Gargia weiter. »Die Kleidung des Herrschers war noch viel reicher als am vergangenen Abend. Er trug ein Smaragdhalsband von außerordentlicher Schönheit. In seinem kurz geschnittenen Haar staken kostbare Edelsteine, um seine Schläfen wand sich eine Borla. Seine Haltung war die eines Menschen, der es gewohnt ist, Befehle zu erteilen, welchen sich niemand widersetzt. Auf der Plaza hielt der Zug an. Das Gefolge, etwa 6000 Mann, stellte sich links und rechts auf.«

‹ Trujillo, Geburtsort Pizarros in Südspanien.

Schließlich war der hohe Besuch angekommen, eigentlich hätte doch das Protokoll den Ablauf bestimmen müssen. Als die Trage abgestellt war, stieg der Inka herab. Doch was geschah? »Atahualpa verließ die Sänfte und fragte: ›Wo sind die Fremden?‹ Es war nämlich nur ein einziger Spanier zu sehen«, steht in Gargias Tagebuch.

DIE BIBEL IM ABENDSTAUB: DAS SIGNAL ZUM ÜBERFALL

Pizarro war im Innern seiner Halle geblieben, abwartend. Auch seine spärlichen Truppen hielt er tunlichst versteckt, teils bei sich, einige im Haus nebenan, schräg gegenüber der Kreuzung, und andere ein paar Meter die enge Gasse hinauf. Vicente de Valverde, der Feldprediger, war jener »einzige«, der nun den entscheidenden Moment im Zusammenprallen der beiden Welten einzuläuten hatte.

Valverde trat hervor aus dem Haus, hielt sich das Kruzifix vor den ausgestreckten Arm, rief laute Lobgesänge auf seinen Gott, in der anderen Hand die Bibel. Der Prediger erzählte mit kräftiger Stimme vom Papst, vom Heiland, davon, dass der Inka ihm nun zu huldigen und seinem Sonnengott abzuschwören habe. Und er sprach vom Kaiser und davon, dass Atahualpas Volk ihm nun zinspflichtig sei. Der aber antwortete nur, er sei keinem zinspflichtig, »ich bin der größte Fürst der Erde, niemand kommt mir gleich«, wie es Gargias überliefert.

Dann schob Vicente de Valverde dem Inka die Bibel hin, irgendwo zwischen seinen Kopf und seinen Schoß; versuchte, sie ihm zu überreichen. Doch er stieß auf Eis. Die Hand des Inka schloss sich nicht, als die Bibel gegen sie stieß, die Heilige Schrift fiel in den Staub der Hochanden-Stadt – das heilige Ledergebinde am Boden. Es war das Signal, auf das Pizarro, zehntausend Kilometer entfernt vom heimatlichen Christenlande, gewartet hatte. Die seiner Ansicht nach gottgegebene Lizenz zum massenhaften Töten. Er hatte sie sich selbst erteilt.

Mit dem Schlachtruf ihres Nationalheiligen Santiago, wie es die Landsleute auch gehalten hatten, als sie die ungläubigen Mauren aus dem Lande getrieben

›
Inka-Pfad in den Anden bei Cuzco.

hatten, strömten nun die paar Dutzend spanischen Kämpfer aus den umliegenden Häusern. Sofort feuerten sie aus ihren Büchsen und Kanonen und mit den Armbrüsten auf Atahualpas Leibgarde, bis ihre Mitglieder in ihren himmelblauen Gewändern am Boden reglos oder im Todeskampfe klagend lagen oder aus der Stadt flohen. Von nennenswerter Gegenwehr hat kein Chronist berichtet. Dies lag vor allem daran, dass Pizarro einen entscheidenden Schlag in psychologischer Kriegsführung setzte: die Gefangennahme Atahualpas, gleich zu Beginn des Gemetzels – für die Leibgarde des Inka das Zeichen, dass der Kampf vorbei war, auch um das Leben des Herrschers nicht zu gefährden. Man gab sich geschlagen und harrte der Anweisungen des Spaniers.

Am nächsten Morgen schickte Pizarro 30 Reiter los, versprengte Indianer einzufangen. Sie mussten die Toten fortschaffen und begraben. Es waren so viele Gefangene, dass einige Spanier schon vorschlugen, sie zu töten oder ihnen wenigstens die Hände abzuhacken, damit sie nicht mehr gefährlich würden. »Dies lehnte Pizarro als unmenschlich und auch unklug ab«, notierte Gargia, »er entließ im Gegenteil die meisten Gefangenen in ihre Heimat, nachdem er ihnen eingeschärft hatte, dass sie gevierteilt oder zu Tode gepeitscht würden, wenn sie sich den weißen Männern widersetzten. Diejenigen, die in Caxamalca zurückbleiben mussten, wurden als Diener verwendet. Ich nahm mir einen Diener, während manche gemeine Soldaten jetzt zehn Diener hatten.«

Das Wunder war geschehen. Eine Handvoll Spanier hatte das größte und stärkste Imperium der westlichen Hemisphäre entdeckt und sogleich bezwungen. Es gibt kein Anzeichen und keine Quelle dafür, dass die Spanier Truppen konkurrierender indianischer Stämme für den Kampf gegen Atahualpa hatten gewinnen können. Was einzig dafür spricht, ist die Unwahrscheinlichkeit, dass Pizarros Männer das Ungeheuerliche allein geschafft hätten. So oder so waren die Konquistadoren in einem günstigen Moment eingetroffen. Zwei Inkaherrscher hatte eine Epidemie kurz zuvor dahingerafft. Atahualpa hatte daraufhin seinen Bruder, den rechtmäßigen Thronerben, gestürzt und ihn verhaften lassen. Befriedet war das Land dadurch noch nicht.

DER INKA ALS GEISEL

Der Inka blieb in Haft in einem Haus am großen Platz von Caxamalca. Den Umständen entsprechend durfte er es sich gutgehen lassen. Seine drei Frauen blieben bei ihm, auch sein Hofstaat und seine Berater kamen oft, formal erteilte er nach wie vor Weisungen an sein Volk. Um das Fortbestehen seiner unumschränkten Macht zu beweisen, erließ er nun sogar den Befehl, Huascar, seinen Bruder und Thronrivalen, zu töten. Doch er wurde nicht befolgt, die Spanier nahmen Huascar lediglich gefangen. Das versetzte Atahualpa noch stärker in Furcht. Was, wenn sein Bruder die Wachen bestach, er freikomme, damit seine Kraft und Beziehungen zum Sonnengott beweise und in dessen Glanz den Thron erobere? Dies, so mag Atahualpa sich wohl gedacht haben, könnte er besser.

Pizarro besuchte seinen Gefangenen fast jeden Tag, man vertrieb sich die Zeit mit Brettspielen und tiefgründigen Gesprächen zwischen Alter und Neuer Welt. Fast könnte man, was zwischen beiden entstand, als Freundschaft bezeichnen. Der Inka lernte Lesen und Schreiben, auch Schach spielen. Da bot Atahualpa dem Spanier ein Geschäft an: Seine Untertanen könnten doch den Raum, in dem er gefangensaß, bis zur Decke mit Goldschätzen auffüllen, wenn er dafür in Freiheit käme. Die Spanier gingen darauf ein. Wenn sie schon niemals El Dorado fanden, jenen Ort oder sagenhaften Mann, bei dem sie den Quell allen Goldes vermuteten, so wollten sie sich all das Gold nun kommen lassen.

Wochenlang, ja über Monate brachten Indios Kronen und Armreifen, Figuren und Schiffchen, auch goldene Möbel und Lampen, Tag für Tag. Darunter Stücke, die fast einen Zentner wogen. Der Raum füllte sich, einen Meter hoch, zwei. Da spitzte sich die Situation zwischen Spaniern und Inka zu. Pizarro wurde selbst ungeduldig, aber vor allem trieben ihn seine Hauptleute zu Schritten gegen seine Geisel. Das Gold kam immer spärlicher, in erster Linie aber herrschte die Angst davor, dass Atahualpa auf geheimnisvollen Wegen die Macht zurückerlangen und die Spanier in Tod und Verderben stürzen könnte. Gerüchte kamen auf, im fernen Quito, wo Atahualpa geboren war, formiere sich eine hunderttausendköpfige Streitmacht gegen die Eroberer. Es ist nicht gesichert überliefert, inwieweit es auf Pizarros Willen oder gegen ihn geschah, dass Atahualpa mit fadenscheinigen Anklagen der Prozess gemacht wurde: Er selbst habe sich widerrechtlich den Thron gesichert und den Befehl gegeben, seinen Bruder zu ermorden; er habe sich des Götzendienstes schuldig gemacht, die Einkünfte des Reiches vergeudet – und er sei schuldig der Vielweiberei. Letzteres wenigstens haben die Spanier selbst gefördert durch die großzügigen Haftbedingungen.

Es war ein kurzer Prozess. Das Urteil lautete: Todesstrafe. Das einzige, was Pizarro seinem Gefangenen noch ermöglichen konnte, war der Verzicht, ihn wie im Richterspruch verkündet, auf den Scheiterhaufen zu stellen. Die Garotte sollte zum Einsatz kommen, eine Würgeschlinge, falls er sich zum Christenglauben bekehren ließe. »Pizarro war erschüttert. Er sprach später oft aus, dass das Urteil zu hart gewesen sei und dass er damals nicht die Macht besessen habe, sich dem Urteilsspruch zu widersetzen.« Das berichtete Celso Gargia, und fügte seine eigene Einschätzung bei: »Ich fand diesen Urteilsspruch nicht zu hart. Atahualpa verdiente schon wegen des von ihm begangenen Brudermordes den Tod.

Außerdem hatte er die vielen Greueltaten, denen er sich schuldig gemacht hatte, so die unmenschliche Ermordung aller seiner Verwandten, nie bereut. Er war grausam und einer der blutdürstigsten Herrscher der Geschichte.« Am Abend des 29. August wurde Atahualpa durch die Schlinge qualvoll erwürgt, nachdem er sich, wie ihm geheißen, zuvor hatte taufen lassen.

Die Spanier hatten sich das Gold bringen lassen, das eigentlich Atahualpas Freiheit einbringen sollte, und dennoch bekam er den Tod. Auf dem Höhepunkt der spanischen Konquista fand einer der hinterhältigsten Akte von Verrat und Raub statt. Was könnte die Eroberung Amerikas durch die Spanier besser symbolisieren? Die vielen Zentner kunstvollster Goldgeschmeide wurden zum allergrößten Teil noch an Ort und Stelle eingeschmolzen, um sie unter den Landsknechten Pizarros Platz sparend für allfällige Schiffspassagen aufteilen zu können. Irgendwo zwischen Caxamalca und der Iberischen Halbinsel muss der

Gefangennahme Atahualpas in Caxamalca.
Kupferstich von Theodor de Bry, 1596.

> Cuzco, die Hauptstadt des Inkareiches.

gewichtige Schatz dann dennoch verloren gegangen sein, denn die Goldbarren tauchten nie wieder auf.

PULSIERENDE METROPOLE IM HOCHGEBIRGE

Nach dem Tod Atahualpas bestimmte Pizarro den Inka-Prinzen Toparca zum neuen Herrscher, ein Vasall von des Spaniers Gnaden. Nun, da er sich die Bewachung Atahualpas, seines Hofstaates und der Berater sparen konnte, hatte er genügend Reserven für weitere Unternehmungen. Einige Monate zuvor schon war der Mitstreiter Pizarros, Diego de Almagro, der einen anderen Weg ins Inka-Reich genommen hatte, in Caxamalca eingetroffen – eine willkommene große Verstärkung für die so armselig bemannte Truppe. Nichts gab es also, was Pizarro nun noch hindern sollte, zum letzten Marsch aufzubrechen, auf der weit über tausend Kilometer langen gepflasterten Landstraße in die Hauptstadt

Cuzco. Trotz des ausgebauten Weges war es eine Strapaze für Mann und Pferd. 500 Fußsoldaten und 400 Reiter waren nun zusammen. Anfang September 1533 verließ der Zug Caxamalca. Mitte November, durchaus auch nach kleinen Scharmützeln unterwegs, waren die Spanier in jener Stadt angekommen, die noch wenige Monate zuvor das Machtzentrum dieses so fremden Landes gewesen war. Celso Gargia, Pizarros Chronist, war ergriffen. Die Hauptstadt einer neuen Welt tat sich da auf, die – etwas weit gegriffen – schon fast an spätere Metropolen Amerikas gemahnte, weiter oben, im Norden, die die Welt in späteren Jahrhunderten begeisterten. Gargia notierte:

»Es war eine Stadt, die jeden zur Bewunderung hinriss. Die Gebäude waren nahezu alle aus Stein, die Straßen regelmäßig angelegt. Wohin man blickte, zeigte sich Wohlstand, ja Luxus. Die Zahl der Bewohner betrug, wie ich später erfahren konnte, 200.000, und in den Vorstädten wohnten ebenso viele Menschen. Dies war verwunderlich und auch nicht verwunderlich, wenn man bedachte, dass Cuzco die Hauptstadt eines riesigen Reiches und der Sitz des Hofes und des Adels war.« Vor allem aber war es das urbane Leben, das für den Mann aus spanischer Provinz so eigentümlich sich gestaltete: »In allen indianischen Städten, in welchen ich mich bisher aufgehalten hatte, war sofort nach Sonnenuntergang Totenstille eingetreten. Hier herrschte die ganze Nacht hindurch ein ohrenbetäubender Lärm, so dass man kaum schlafen konnte. Die Indianer feierten Tag für Tag Feste und tanzten bis zum Morgengrauen. Das einfache Volk kümmerte sich wenig darum, dass Cuzco von Fremden erobert worden war.«

Gargia schwärmt über die Metropole noch einige Seiten lang. Aus seinen Worten kann noch heute jeder herauslesen, um welch hochstehende Kultur es sich bei den Inka handelte. 200.000 Einwohner, mit der Vorstadt 400.000 – dies sind Einwohnerzahlen, die damals kein Spanier kannte. Toledo, zu jener Zeit die Hauptstadt in der Heimat, kam nur auf einen Bruchteil davon, auch heute leben dort gerade mal 70.000 Menschen. Was mag in den Köpfen und Herzen der Eroberer vorgegangen sein, als sie durch die prachtvollen Straßen einmarschierten? Und was, als sie und ihre Nachfolger wenig später dort raubten, brandschatzten, mordeten? Im Bunde mit dem Zufall, der ihnen den kulturell zwar verschwindend kleinen, aber dennoch so entscheidenden Vorteil verschaffte: Sie hatten die besseren Waffen.

Francisco Serrao (um 1480–1521)

Das Wettrennen zu den Gewürzinseln

Warmer Nordwestwind umströmte die Insel, als zwei spanische Galeonen den Ankerplatz ansteuerten. Ein Hauch von Nelken, so behaupteten einige Offiziere an Bord, kam herübergeweht von dem Fleckchen Land, einem gleichförmigen, spitzen, aber kleinen Vulkankegel. Es war der 8. November 1521, nachmittags. Eigentlich schon der 9. November, aber das konnte, obwohl das Logbuch vollständig und korrekt geführt war, keiner aus der Mannschaft wissen. Auch nicht die Menschen auf der Insel, denn die lebten in ihrer eigenen Zeit. Als das Flaggschiff Salut schoss, schickten die dicht bewaldeten Bergwände, die in der Hitze flirrten, den Knall zurück. Sonst kam nichts von dort. Obwohl, von den Schiffen aus gut erkennbar, durchaus Umtriebigkeit herrschte an der Küste. Viele Menschen gingen dort ihren Geschäften nach.

Erst am nächsten Morgen näherte sich eine Prau, ein langes Boot mit hohem Drachenbug, schmuckvoll. Es ging längsseits, und unter dem Baldachin kam ein

› Ferdinand Magellan. Erster Europäer, der den Pazifik durchkreuzte; ein enger Freund Serraos.

Francisco Serrao

Der portugiesische Seefahrer Francisco Serrao (bisweilen auch Serrano genannt; nicht zu verwechseln mit Juan Serrano, einem spanischen Seefahrer und Teilnehmer von Magellans Weltfahrt) gilt als der Entdecker der nördlichen Molukken, der eigentlichen Gewürzinseln. Seine genaue Herkunft und sein Geburtsdatum sind ungeklärt. Francisco Serrao war ein guter Freund Magellans. Der Chronist von Magellans Reise, Antonio Pigafetta, schrieb sogar, er sei ein entfernter Verwandter Magellans. In Pigafettas Aufzeichnungen lesen wir auch, Serrao sei vom Sultan Tidores, Rivale des Herrschers von Ternate und Bündnisgenosse des Portugiesen, persönlich vergiftet worden. Er starb aller Wahrscheinlichkeit nach 1521 und hinterließ eine molukkische Ehefrau, einen Sohn und eine Tochter.

Würdenträger hervor, erhob sich an Bord, mit einer Art Zepter in der Hand. Al Mansur nannte er sich, und er heiße die Seeleute willkommen, rief er herüber in unbeholfenem Portugiesisch. Schon viel habe er von den Spaniern gehört, dem großen, so mächtigen und klugen Volk. Und er begehre, mit ihnen Handel zu treiben, vor allem aber Bündnisse zu schließen.

Dem Kommandanten der spanischen Schiffe, Juan Sebastian del Cano, war schnell klar, was al Mansur – oder Almanzor, wie man ihn fortan nannte – im Schilde führte. Er brauchte ihn dringend, seine Männer und seine Kanonen, um gegen den Herrscher der Nachbarinsel gewappnet zu sein. Sultane zweier Inselreiche standen sich da gegenüber. Und der zweite erfreute sich seit einigen Jahren der Unterstützung einer anderen abendländischen Macht, die dort angekommen war: Portugal. Auf einem ebenso winzigen, ebenso steilen und ebenso dicht bewaldeten Kegel – von dem ein ebensolcher Nelkengeruch übers Meer ging. Admiral Francisco Serrao, der Portugiese, hatte sich auf dem anderen Kegel bereits festgesetzt, wie die Spanier schon in Europa gehört hatten.

Tidore und Ternate, gerade mal eine knappe Seemeile voneinander entfernt, zwei Flecken Land am anderen Ende der Welt. Hier, etwas östlich des 127. Breitengrads Ost, begegneten sich an jenem Nachmittag die beiden europäischen Großmächte des 16. Jahrhunderts. Sie hatten den Globus in die Zange genommen: Die Portugiesen über den östlichen, die Spanier über den westlichen Seeweg. Es war ein Wettlauf rund um die Erde, und diese kleinen Inseln waren das Ziel. Teilnehmer waren unter anderem auch Christoph Kolumbus auf

spanischer und Vasco da Gama auf portugiesischer Seite. Sie waren nur unter den Startläufern. Zwei Jahrzehnte nach Kolumbus aber, am Bestimmungsort, musste es zum Knall kommen, genau hier, in der schmalen Passage zwischen Ternate und Tidore.

WO IST DAS ANDERE ENDE DER WELT?

»Im Anfang war das Gewürz«, so begann Stefan Zweig seine literarische Biografie Ferdinand Magellans, und er meinte damit: Die großen Ausfahrten der beginnenden Neuzeit nach Ost, West und Süd, sie alle wurden von der Suche nach den Gewürzinseln ausgelöst. Gewiss, auch Gold, Seide und andere Luxusgüter spielten eine Rolle, aber die Spezereien waren besonders begehrt. Und seit der wachsende Türkenstaat im 14. und 15. Jahrhundert die Handelswege durch das östliche Mittelmeer und die Levante nach und nach abriegelte, versiegte für die europäischen Handelshäuser in Venedig, Genua oder auch Augsburg der Nachschub. Die Ware war auf einmal unerschwinglich teuer. Die Bereitschaft, dafür weite Seewege in Kauf zu nehmen, wuchs. Vor allem die iberischen Seemächte waren willens zu immensen Investitionen, sie waren entschlossen, in die Bresche zu springen.

Irgendwo im fernen Orient sollten sie sein, die Inseln mit den kostbaren Gewächsen Muskat, Nelken und Zimt, auch Pfeffer. Die genaue Lage war keinem bekannt, der in Europa mit den Spezereien handelte. Abendländische Handelsdynastien hätten ein Vermögen für die Kenntnis ausgegeben. Heinrich der Seefahrer, der portugiesische Prinz, förderte nach Kräften seine Entdecker, die den Weg um Afrika suchten, um ohne arabische Zwischenhändler in den Indischen Ozean zu gelangen, über den die Gewürzladungen nach Europa gekommen waren. Cao, Diaz, da Gama – jeder kam ein Stückchen weiter herum um den schwarzen Kontinent, der letzte immerhin bis nach Indien: Vasco da Gama. Er schrieb in sein Logbuch: »Wir sind auf der Suche nach Christen und Gewürzen« – nebenbei nämlich auch hoffend, das legendäre Reich des Priesterkönigs Johannes zu finden.

In die andere Richtung, über den westlichen Seeweg, versuchte Kolumbus nach Fernost und damit zu den Inseln zu gelangen. Bei einem entscheidenden Treffen im Kloster La Rabida, nahe der spanischen Hafenstadt Huelva unweit der Grenze nach Portugal, an dem auch der Abt des Klosters, Fray Antonio de Marchena, teilnahm, ein Mann mit großem Einfluss auf das spanische Königshaus, warb Kolumbus für sein Vorhaben, indem er aus dem Buch Marco Polos über seine Reise vorlas. Von einem Archipel war darin die Rede, den noch nie ein Europäer betreten hatte: »Er ist reich an Pfeffer, Gewürznelken und vielen Spezereien, weshalb er von vielen Schiffen angesteuert wird, deren Ladungen den Eigentümern großen Gewinn bringen.«

Der große Gewinn, er machte Spanien und Portugal zu erbitterten Konkurrenten bei dem großen Wettrennen. Papst Alexander musste eingreifen. Im Jahr 1494, mit dem Vertrag von Tordesillas, teilte er die Welt längs durch den Atlantik, von Nord nach Süd, »dass keiner der beiden Teile in dem anderen Teil hiernach zufallenden Bereich künftig Schiffe entsenden, Länder oder Inseln entdecken und suchen oder dort in irgendeiner Weise Handel treiben, Sklaven kaufen oder Gebiet erwerben wird«. Den Spaniern blieb nur noch der Weg, den Kolumbus für sie zwei Jahre zuvor bereits eingeschlagen hatte: nach Westen, um Amerika herum. Den Portugiesen dagegen die östliche Richtung, um Afrika herum. Kolumbus war zwar längst in Amerika angekommen, als die Portugiesen 1498, sechs Jahre später, in Indien landeten. Doch Amerika blockierte seine Weiterfahrt, und Kolumbus wähnte sich noch bei seinem vierten Aufenthalt in der Karibik fälschlicherweise in ostasiatischen Gewässern. Während die Portugiesen zu Beginn des 16. Jahrhunderts vorstießen zu den Gewürzinseln, unaufhaltsam von Insel zu Insel, von Land zu Land, immer näher heran.

GEHEIMNISVOLLE INFORMATIONEN

Die Trennungslinie von Tordesillas, irgendwo zwischen den heutigen 46. und 29. westlichen Längengraden, hatte beiden Seemächten gegenläufige Richtungen für ihr Wettrennen vorgegeben. Aber wo verlief die Linie auf der anderen

Seite der Erdkugel weiter? Würden die Gewürzinseln, das Ziel beider, auf der portugiesischen Halbkugel liegen oder auf der spanischen? Wo hörte der Osten auf, wo begann wieder der Westen? Und umgekehrt? Krieg am anderen Ende der Welt war programmiert, denn dies waren die entscheidenden Fragen, und sie blieben zunächst unbeantwortet. Schließlich war kein Christenmensch bisher zu den Inseln vorgedrungen. Oder doch?

In Goa an der indischen Westküste spülte es eines Tages im Jahr 1507 einen Abenteurer aus Bologna an: Ludovico Varthema. Den Portugiesen, die den kleinen Ort als ihren Stützpunkt ausgebaut hatten, erzählte er von seinen jüngsten Reisen in noch fernere Welten des Ostens. Von unglaublichen Zuständen dort berichtete er, von grimmiger Kälte und von Orten, an denen die Sonne nur vier Stunden am Tag scheine. Die Erzählungen klangen damals schon wenig glaubhaft und die heutige Forschung geht davon aus, dass Varthema selbst nie über Malakka hinausgekommen war. Doch der Italiener nannte, offenbar vom Hörensagen, zum ersten Mal die Namen der sagenhaften Gewürzinseln, von denen die Malaien und Chinesen die kostbaren Früchte regelmäßig abholten. Die anschließend über die Handelszentren Malakka und Kalikut in Südwestindien in arabischen Händen landeten, die wiederum für den Weitertransport zum Abendland sorgten. Banda und Ambon, so berichtete Varthema, zählten zu den Gewürzinseln. Die weitaus wohlhabendsten aber sollten Ternate und Tidore sein, zwei kleine Sultans-Eilande, auf denen die Nelken gediehen. Seit dem Mittelalter zählten diese zu den begehrtesten Spezereien in Europa: zum Würzen, zum Konservieren. Ja, sogar schon die Ägypter hatten die kleinen Knospen zum Einbalsamieren von Toten verwendet.

Varthemas Erzählungen trieben die Portugiesen weiter an, weiter nach Osten, auch wenn es stets noch weiter war, als sie dachten. In Malakka an der Meerenge zwischen Sumatra und der Malaiischen Halbinsel, Drehkreuz des Handels und bis dato der äußerste portugiesische Posten, setzte sich schon wenig später ihr General Alfonso d' Albuquerque fest. Und er wollte von dort aus ohne Verzug zur letzten Etappe ausholen. Antonio d'Abreu und Francisco Serrao sollten seine Schiffsführer für den Zieleinlauf sein; insgesamt 120 Mann auf drei kleinen Caravellen lichteten Ende 1511 die Anker und setzten Segel gen Osten. Wahrscheinlich auch an Bord eines der Schiffe: Ferdinand Magellan, ein sehr enger Freund Serraos, dem jener bei einem Seegefecht mutig das Leben gerettet hatte. Bis nach Malakka kam Magellan zweifellos, seine Weiterfahrt gilt unter Historikern als wahrscheinlich, aber nicht gänzlich gesichert.

Banda hieß das erste Ziel. Zunächst durch die Meerenge zwischen Singapur und Sumatra hindurch, bei den unbekannten, so kleinteiligen und piratenbesetzten Inseln an der Südspitze der Malaiischen Halbinsel, hinein in den Archipel Pulau Seribu (»Tausend Inseln«) vor der Nordküste Javas, durch das Herz der Java-See. Auf Abreus Schiff befand sich ein einheimischer Lotse, »Kapitän« Ismail. Doch alle Kenntnis der Wasserwege konnte nicht verhindern, dass Serraos Schiff auf halbem Weg scheiterte, in einer Sturmbö, vor Ambon, der Hauptinsel in den Zentralmolukken. Kapitän und Mannschaft mussten auf die beiden anderen Segler aufgeteilt werden.

An der Südküste der Insel Ceram entlang ging es weiter nach Osten, zuletzt nach Südosten. Bis ihnen der gewaltige rauchende Gunung Api den Wind aus den Segeln nahm. Man war da. 650 Meter hoch stieg der aktive Vulkankegel steil aus der Banda-See, versteckte hinter sich Banda Besar (»Groß Banda« genannt) und auch das kleinere Neira, damals wie heute die Hauptinsel des kleinen Archipels, bekannt für Muskatnüsse. Jene fahlgelbe Frucht, die Serrao an den Pfirsich erinnerte, wie er notierte. Und die, auch in jenen Zeiten schon, so vielfältig verwendbar war: als Gewürz, als Ingredienz edler Düfte, als Wundermittel gegen manches Leid. Serrao spürte schon bald, dass zwar auf den Banda-Inseln noch keiner die Europäer gesehen hatte, dass dort aber schon viel von *Orang Barat*, den »Menschen aus dem Westen«, die Rede war. Die Bandanesen zeigten sich freundlich, waren glücklich, mit den Männern in den dicken und hohen Schiffen Handel zu treiben. Und füllten die Laderäume bis oben voll, bis der Tiefgang der Segler keinen weiteren Sack mehr zuließ. Serrao, Abreu und Magellan versprachen sich davon großen Profit daheim.

DER SCHIFFBRUCH, DER ZUM ZIEL FÜHRTE

Man war also angekommen; die Lusitanier waren die ersten der rivalisierenden europäischen Supermächte im Wettlauf zu den Gewürzinseln, zu denen Kolumbus strebte, Vasco da Gama, viele Abenteurer und Träumer des aufkommenden Entdeckungszeitalters, im Geiste auch manch abendländischer Monarch. Das Abendland hatte das andere Ende der Welt erreicht. Die Zielregion im weiteren Sinne war nun enthüllt, war dokumentiert und kartografiert. Wenn auch das Problem bei der Bestimmung des Längengrades erst zweihundertfünfzig Jahre später gelöst werden konnte – der Grund, weshalb Serrao dann doch letztlich keine Ahnung hatte, wie weit westlich oder östlich er sich befand. Diesseits der gedachten Fortsetzung der Linie von Tordesillas? Oder doch jenseits? Auf spanischem Gebiet gar? Spanische Schiffe waren weit und breit nicht zu sehen, vor oder hinter allen Horizonten, man war die alleinige Macht des christlichen Abendlands im irdischen Jenseits. Wenig später hieß es dennoch: Die freudigen Tage in der immer noch so unbekannten Inselwelt gingen zu Ende. Zeit zur

› Gewürznelken (links) und Muskatnuss (rechts), Ziel der Ausfahrten von Kolumbus und Magellan. Aus Bertuch's Bilderbuch, 1792.

Rückfahrt, die portugiesische Flagge über dem Fort von Malakka sollte nun das erste Ziel wieder heißen, vieltausendfachen Profit versprachen die Säcke unten im Schiffsbauch allemal.

Doch waren es wirklich die wichtigsten, die profitversprechendsten aller begehrten Gewürzinseln, jene Molukken von Banda, Banda Neira und Banda Besar? Es gab da noch ein weiteres Ziel, mindestens eines, das wahre. Die Nelkeninseln, wo waren die? Nicht mehr weit, gewiss. Aber wo? Wo waren die Bäume, an denen die kleinen »Nägelin« wuchsen, die so treffliche Würze für Wein und anderes mehr abgaben, die zum Konservieren von vielerlei Dingen geeignet, die in Europa seit vielen Jahrhunderten bekannt waren – im Gegensatz zu ihrem Herkunftsort? Die nun aber, Jahrzehnt um Jahrzehnt, immer unerschwinglicher wurden. Die Ware, die bei den Kontorverwaltern in Lissabon, Huelva oder Sevilla die Augen blitzen lassen würden.

Doch nun stand der Kurs auf Malakka, es gab keinen anderen, die Laderäume waren voll, keine Nägelin hätten mehr durch die Luken gepasst, und lägen die Nelkeninseln auch noch so direkt auf dem Weg. Auch Serrao durfte nun wieder ein Kommando führen. Die Portugiesen hatten für ihn eine chinesische

Dschunke im Gewürzhafen von Banda erstanden. Zurück ging es durch die Banda-See. Alle Schiffe kamen durch – allein Serrao scheiterte erneut. Auf dem Riff von Nusa Penju diesmal, einer unbewohnten Insel. Ein Schiffbruch, erneut ohne Personenschaden, ein glücklicher Umstand aber, der Serrao erst an sein wahres Ziel bringen sollte. Das Ziel, das ihn nie mehr entlassen, ihn in seinem Bann unausweichlich festhalten sollte.

Abreu, in dessen Kielwasser Serrao gesegelt war, war mit der restlichen Flotte hinter dem Horizont verschwunden. Nicht noch einmal wollte man sich von dem Pechvogel aufhalten lassen. Wohl auch Magellan war unter denen, die davonsegelten, der große Freund Serraos, der ihn noch auf Jahre beschäftigen, ja den er fast noch einmal treffen sollte. Fast.

Nusa Penju – eine kleine Inselgruppe, damals 150 Meilen entfernt von jeder bewohnten Insel, aber inmitten der Welt der Piraten. Ein gefahrvoller Ort für Schiffbrüchige; eine Not freilich, die Serrao in eine Tugend umwandelte: Er ließ das Wrack auf dem Riff hängen, platzierte deutlich sichtbar ein paar unglücklich überlebende Schiffbrüchige an der Küste. Und blieb mit seinen Musketenmännern im Hintergrund. Es dauerte nicht lange, bis Piraten auf ihrem Schiff draußen in der Lagune den Anker fallen ließen, mit ihrer Schaluppe an Land kamen – und in der Falle saßen. Serraos Männer überwältigten sie, nahmen ihre Dschunke und zwangen die Seeräuber auch noch zum Lotsendienst.

Erneut ging es nun nach Ambon, dem Herzen der Molukken. Die Häuptlinge Ambons hießen die wohlbewaffneten Portugiesen willkommen, denn sie befanden sich zu jener Zeit in wiederholten, äußerst lästigen Scharmützeln mit Völkern der Nachbarinsel Ceram. Serrao und seine Musketiere leisteten Waffenbrüderschaft, erfüllten alle Erwartungen, machten kurzen Prozess mit den Gegnern ihrer Gastgeber. Und die militärische Kraft der *Orang Barat* sprach sich herum, bis in die äußersten Enden des verwinkelten Archipels. Bis nach Ternate, und nach Tidore, die beiden rivalisierenden, im Streit liegenden Sultanate mit ihren winzigen Inseln, hoch im Norden der Molukken. Die Herrscher gleich beider Inseln schickten ihre Sendboten in Auslegerbooten über das Meer, nach Ambon zu den Portugiesen, um sie für sich zu gewinnen. Sultan Bolief von Ternate und al Mansur von Tidore, beide wollten sie Erster sein.

DAS PARADIES HOLT DIE ENTDECKER AB

Zehntausende Seemeilen, Jahre von der Heimat entfernt waren die Portugiesen nun, stets auf der Suche nach den Gewürzbäumen: Generationen von portugiesischen Seefahrern, Bartolomeo Diaz um das Kap, Vasco da Gama bis nach Indien, dann Albuquerque bis nach Malakka und Abreu nach Banda. Zuletzt nun

Serrao, ganz auf sich gestellt. Doch er musste nicht mehr weitersuchen. Auf ihn kam völlig unerwartet das große Ziel selbst zu, auf der letzten Etappe, im Wettlauf gar. Es holte ihn quasi ab, ins Paradies. Ihn, den eigentlich doch Schiffbrüchigen. Das Reich der Nelken, die wahren Gewürzinseln. Die Welt gehörte Francisco Serrao.

Prinz Juliba, der Bruder des Sultans von Ternate war der Schnellere, mit einer Flotte von neun *Kora-Kora*, mehrere Tonnen schweren Drachenbooten, kam er an. Jedes mit 100 Ruderern besetzt, die im Rhythmus von Gongs und Trommeln an Bord ihr Gefährt antrieben, bis unter die Hügel von Ambon. Der Thronfolger kam unter dem Baldachin hervor, stellte sich vor. Und unmittelbar darauf ging es zurück, die Europäer im Kielwasser, durch die Ceram-See zunächst, anschließend durch die Molukken-See. Es war später Frühling, und so konnte die Dschunke der Portugiesen im aufkommenden Südostmonsun mithalten mit den schnellen Kora-Kora, von denen die Taktmelodie über ein Wellental hier und da herüberklang. Als sie den Windschatten Leitimurs, der Südhalbinsel Ambons, verlassen hatten, sahen sie steuerbords, nahe der Küste, eine lockere Gruppe mehrerer Kora-Kora-Boote liegen. Die geschlagenen Ruderer von Tidore. Kein Auge für sie.

Ein Tag und eine Nacht vergingen, da lagen sie endlich vor ihnen, die zwei Vulkankegel. Im Südosten Ternates ging die Flotte vor Anker, unterhalb des Sultanspalastes. Gleich gegenüber von Tidore, als wollte man den dortigen Herrscher provozieren. Doch dessen Sitz befand sich auf der jenseitigen Küste, der Anblick blieb ihm erspart. Das Rennen, das »große Spiel« um das Gewürz, war endgültig gelaufen. Die Portugiesen standen im großen Ziel der Epoche, Serrao hatte als erster Europäer seinen Fuß darauf gesetzt, und Sultan Bolief von Ternate war fortan, dank der eisern gepanzerten und bewaffneten *Orang Barat* der mächtigere der beiden Potentaten jener Inseln.

Schon bald nach der Ankunft der Weißen setzte reger Handel ein zwischen Ternate und Malakka, dem Stützpunkt der Portugiesen auf der Malaiischen Halbinsel, mit Schiffsladungen von Nelken. Zunächst noch auf asiatischen Schiffen, doch bereits 1513 mit einer regelmäßigen Verbindung durch lusitanische Segler. Im selben Jahr eröffnete Antonio Azevedo, Kommandant der ersten ostindischen Flotte, auf Ternate einen eigenen kleinen Handelsposten, wenig später einen ebensolchen auf Batjan, einer Insel zwischen Ambon und Ternate. Aus Malakka entsandte Bautrupps errichteten erste befestigte Häuser, Vorläufer der später zahlreichen wehrhaften Forts. Auch den Nelkenhandel von Tidore, dies konnte Sultan al Mansur nicht verhindern, war nun mehr und mehr den Bedingungen der neuen europäisch-asiatischen Koalition unterworfen.

Serrao, dessen Aufenthalt auf Ternate anfangs jeglicher offizielle Auftrag der Admiralität fehlte, der als Desperado, als Schiffbrüchiger angekommen war, den seine Flotte verlassen hatte – er wurde wieder eingereiht in die Hierarchie. Er arrangierte sich mit dem edlen Leben neben dem Sultan, machte keine Anstalten zurückzukehren. Sein Dasein trug manchen Zug eines Aussteigers, geplagt von ein wenig Melancholie. Bald nach seiner Ankunft begann Serrao Briefe zu schreiben nach Malakka, an seinen Freund Ferdinand Magellan. Der weilte längst in Europa, wie Serrao den Antwortschreiben entnahm. Magellan, so lautete der Inhalt schon des ersten Briefes von Serrao, möge sich doch auf den Weg machen, ebenfalls nach Ternate, wo es den Europäern an nichts mangele. Ein wunderbares Leben könne man dort führen. Immer und immer wieder, mit jedem Nelkenschiff, ging ein Brief an den Freund.

Doch der lebte inzwischen in einer anderen Welt. Kurz nach seiner Rückkehr und nach der Trennung von Serraos Schiff in der Banda-See hatte sich Magellan mit Albuquerque, dem Kommandanten Malakkas, überworfen, war heimgekehrt, hatte nach einem Streit mit König Manuel anschließend sogar Portugal verlassen und im Jahr 1517 in Spanien auch noch seine Staatsbürgerschaft öffentlich widerrufen. Nun stand er auf der Seite der konkurrierenden Weltmacht, musste bei all seinen Ambitionen fortan in die andere Weltenrichtung denken – und bediente gleichwohl regelmäßig den Briefwechsel mit seinem Freund, dem portugiesischen Vertreter auf Ternate. Er schmiedete, durchaus beeindruckt von den Schilderungen Serraos, in der Tat Pläne, die Gewürzinseln aufzusuchen, aber nun für seinen neuen Landesherrn, König Karl I. Was Serrao nicht wusste: Mit vielerlei Schriften und Kartenmaterial ausgestattet, vertrat Magellan nun in der Hafenstadt Sevilla und am Hofe sogar die Lesart, Banda, ja auch Ternate und Tidore seien im spanischen, westlichen Bereich des Globus. Also sei es nur recht und billig, sie über den westlichen Seeweg aufzusuchen und für Kastilien und Aragon in Besitz zu nehmen.

Auf Ternate selbst wurde währenddessen die Lage für Serrao sowie auch für seinen Gönner, Sultan Bolief, langsam aber sicher schwieriger. In den ersten ein, zwei Jahren noch waren die Portugiesen von der Aura des Halbgöttlichen umhüllt gewesen, weil der Sultan früher immer wieder prophezeit hatte, es würden Männer in Eisen aus dem Westen erscheinen, die ihnen Heil und Segen brächten. Der Vorsprung schwand, als ihre weltliche Händlernatur, die allzu deutlich nach größtmöglichem Profit schielte, zu Tage trat. All dies schwächte auch die Person Boliefs. Intrigen gegen ihn wurden immer unverhüllter betrieben, die Rivalitäten mit der Nachbarinsel Tidore machten die Lage nicht einfacher, deren Sultan al Mansur mischte sich auch in Ternate ein.

^
Pulau Hiri, kleiner Nachbar der Gewürzinsel Ternate.

AUFBRUCH ZUM FEIND

1519 war es so weit. Magellan hatte von Karl I. das Plazet und die Gelder erhalten für seine große Fahrt. Was mochte er sich vorgenommen haben, für seine Begegnung mit dem Freund, dem heimlichen Herrscher jener Insel, die er selbst nun zu erobern trachtete? Es war eine globalstrategische und gleichzeitig eine zwischenmenschliche Konstellation, die Stoff hätte liefern können für ein Drama Schillers. Auch in nautischer Hinsicht war es ein unerhörtes Vorhaben: Das völlig unbekannte, das größte aller Weltmeere, den Pazifik, zu durchfahren – vor allem aber erst einmal die Neue Welt in westlicher Richtung hinter sich zu lassen. Mit fünf Schiffen stach er in See, fand Ende 1520 das, wonach alle europäischen Flotten zuvor vergeblich gesucht hatten: nämlich im stürmischen, äußersten Süden des Kontinents die Durchfahrt vom Atlantik zum Pazifik, die Magellanstraße. Die anschließenden 5000 Kilometer durch den Pazifik schafften die Besatzungen nur mit Mühe, stets am Rande des Verhungerns und des Wahnsinns. 1521 kamen sie an in Asien, über den westlichen Seeweg im Osten. Am Ziel von Kolumbus.

Doch die Stunde der Wahrheit, die Begegnung der beiden alten Freunde, die in ihren letzten Jahren getrennten Mächten dienten, der Show-down, konnte nicht mehr stattfinden. An jenem Nachmittag im November 1521, als die beiden spanischen Segler, reichlich heruntergekommen schon, vor dem Hafen von Tidore, vor der umtriebigen Küste unterhalb der dicht bewaldeten Bergwände im diffusen Licht ihre Anker herabließen und Salut schossen – da waren beide Männer bereits seit Monaten tot.

Magellan war zuvor bei einem Zwischenhalt auf den Philippinen – damals noch »St.-Lazarus-Inseln« genannt – von Einheimischen ermordet worden. Nur zwei der ursprünglich fünf Schiffe hatten die Gewürzinseln erreicht. Serrao war schon im Vorjahr verstorben, aller Wahrscheinlichkeit nach einem Giftanschlag von Gegnern Sultan Boliefs zum Opfer gefallen. Auch der Sultan lebte nicht mehr, mutmaßlich ebenfalls von Gift hingerafft.

Das andere Ende der Welt war, wie heute ein Blick in den Atlas offenbart, von der Tordesillas-Linie aus gesehen tatsächlich in den Gewässern um die Gewürzinseln, lässt diese nur knapp auf »portugiesischer« Seite liegen, was in jenen Jahren allerdings nicht auszumachen war. Das Scharmützel zwischen Serrao und Magellan blieb beiden erspart. Womöglich hätte es auch gar nicht stattgefunden, wären sie noch unter den Lebenden gewesen. Womöglich hätten beide alle anstehenden Probleme fern der Heimat friedlich und freundschaftlich gelöst. Immerhin: Einen Disput hätte es wohl gegeben – den über das Datum nämlich. Magellan hätte sich gewiss noch im 8. November gewähnt, ohne jede Ahnung davon, dass seine Galeonen die später durch den Pazifik gezogene Datumsgrenze von Ost nach West gekreuzt hatten.

Doch dies war kein Thema zwischen den Vertretern der beiden Mächte. Für die Spanier gab es ein bitteres Ende. Die Spannungen zwischen Ternate und Tidore, die Nähe zu den befestigten portugiesischen Stellungen – all dies trieb sie nach ihrer Ankunft zu Eile. Voll böser Ahnungen ließen sie sich ihre beiden Schiffe, »Trinidad« und »Victoria«, mit Nelken vollladen, um schleunigst in Richtung Heimat aufbrechen zu können. Die »Victoria« kam durch, auch wenn die Hälfte ihrer Besatzung unterwegs an Ruhr starb. Die Überlebenden gelten seither als die ersten Menschen, die die Welt umrundeten.

Die »Trinidad« aber, wurmzerfressen, morsch, seeuntüchtig musste gleich nach dem Ablegen wieder umkehren und zurückbleiben zur Überholung. Bevor sie wiederhergerichtet werden konnte, brachten die Portugiesen sie auf, nahmen die Besatzung gefangen. Jahrzehntelang lernten ihre Mitglieder nach und nach fast alle Gefängnisse, Kerker, Verließe und Folterkeller kennen, von Tidore bis Malakka. »Die Spanier sollen in Asien sterben, damit sie nicht die Herkunft der Gewürze verraten«, war die erklärte Absicht der Portugiesen. Zwanzig Jahre später, nach unvorstellbarer Odyssee, Freilassungen, Fluchten, erschlichenen Einschiffungen gelangten dennoch vier Mann der Besatzung der »Trinidad« zurück auf spanischen Boden. Es waren die letzten der ersten wirklichen Weltumsegler.

Magellan, der vielfach als erster Weltumfahrer gehandelt wird, führt diesen Ruf auf den ersten Blick zu Unrecht. Sein Tod auf den Philippinen ließ ihn auf halber Strecke scheitern. Oder war er etwa doch der Erste, der den Globus umfuhr, lange bevor die Victoria wieder Spanien erreichte? Womöglich war er ja dabei, als die portugiesische Flotte mit Serrao im Jahre 1511 Banda anlief. Dann hätte er zumindest den 126. Breitengrad zweimal gekreuzt, einmal auf seiner Ostasien-Fahrt und das zweite Mal – mit jahrelangem Zwischenhalt in Europa – bei seiner Pazifik-Überquerung. Oder war am Ende ein ganz anderer der erste Weltumsegler? Enrique nämlich, jener Sklave, den Magellan 1511 in Ostasien erstand und der ihn auf seiner Westfahrt um Amerika und über den Pazifik begleitete? Der also, ebenfalls nach langem Zwischenhalt in Europa, in seiner Heimat wieder ankam, nachdem er nur nach Westen unterwegs gewesen war. Der somit ebenso lange vor der Ankunft der »Victoria« das Rund des Globus vollendet hatte. Vieles spricht für ihn als Pionier!

ZWEIFELHAFTER NUTZEN

Auf die Dauer glücklich wurde keine der beiden iberischen Mächte mit ihren Erkenntnissen oder Eroberungen, was die Gewürzinseln angeht. Portugal war ein zu kleines, kapitalarmes Land, das die Handelsverbindungen über diese Entfernungen nicht halten konnte. Und Spaniens Herrscher hatten genug zu schaffen mit ihren Besitzungen in Südamerika. Als beide Länder im Jahr 1580 unter eine Herrschaft vereinigt wurden, hätte man die Kräfte bündeln können. Doch da neigte sich die Vorherrschaft des katholischen Südeuropa über die Welt – abgesehen von Lateinamerika – ohnedies längst dem Ende zu. Die protestantischen Staaten Nordwesteuropas, Britannien und die Niederlande, traten das Erbe an. Im 17. Jahrhundert übernahmen die »Pfeffersäcke«, die Herrscher der aufkommenden Kapitalgesellschaften in Amsterdam, mit ihrer »Vereinigten Ostindischen Companie« (VOC) die Macht über das fernöstliche Reich des Duftes. Nicht zufällig geht ihr Spottname auf ein Gewürz zurück.

Wie kostbar der Grund und Boden war, auf dem Duft und Geschmack heranwuchsen, zeigt im Übrigen ein denkwürdiger Tausch, der 1663 im Vertrag von Breda vereinbart wurde: Eine unscheinbare kleine Insel im Banda-Archipel, das Eiland Run, von dem heute kein Mensch mehr spricht, erhielten die Niederländer da im Zuge einer globalen Flurbereinigung von den Briten. Und gaben dafür eine Halbinsel, die mancher heute als das Zentrum der Welt ansieht: Neu-Amsterdam, auch bekannt als Manhattan.

James Cook (1728 – 1779)

Der Pazifik wird erforscht

Am 6. Dezember 1773 passierte der bauchige Dreimaster »Resolution« eine ganz besondere Position im Ozean. Er segelte über die gegenüberliegende Seite der Welt. Noch nie war dort ein europäisches Schiff hingelangt, schon gar nicht ein umgerüsteter Kohlenfrachter, gebaut für Transporte entlang der englischen Nordseeküste. Wahrscheinlich auch kein anderes Schiff. Es war eine Zeit, in der noch mancher in der fernen Heimat die Vorstellung hegte, jeder, der in diese Gegend komme, falle kopfüber hinab von der Erde, ins Nichts. Weil er mit den Füßen nach oben stehe, ein »Antipode« eben. 51° 33‘ südliche Breite, genau am 180. Längengrad, notierte James Cook, der Kapitän. Etwa 1000 Kilometer südlich von Neuseeland kreuzte er mit seiner »Resolution«. Bohrte man dort ein Loch durch den Globus, so erzählte einer der Offiziere dem Schiffskoch, käme man auf der anderen Seite ziemlich genau am Observatorium von Greenwich bei London heraus. Greenwich, wo damals die Zeit der Welt eingeteilt wurde,

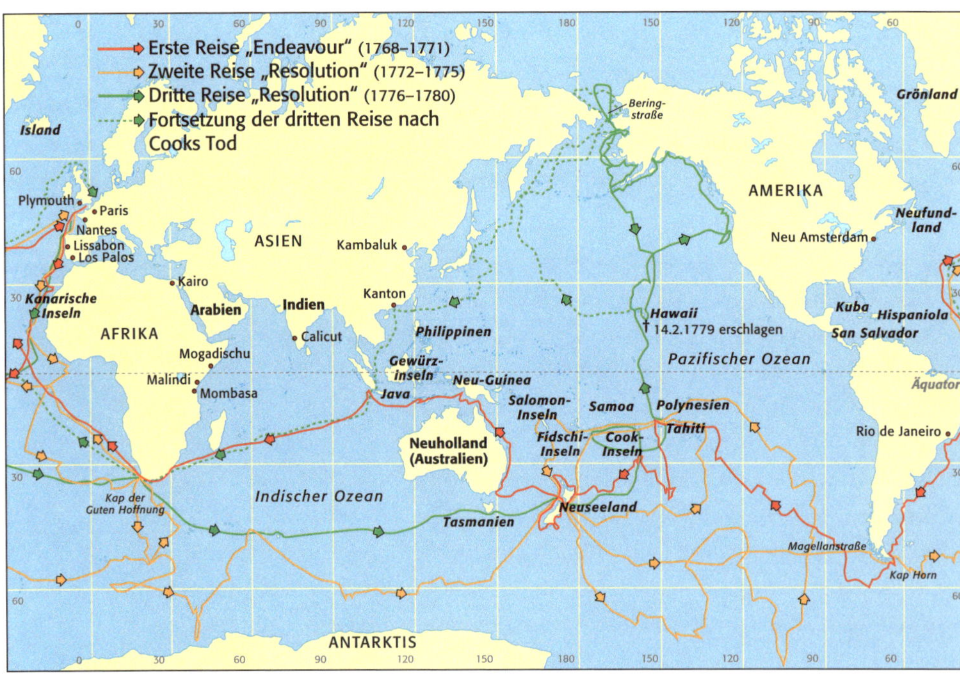

James Cook

James Cook wurde am 27. Oktober 1728 im mittelenglischen Marton in ärmliche Verhältnisse hineingeboren, als zweites von neun Kindern eines schottischen Tagelöhners. Der Arbeitgeber seines Vaters finanzierte ihm eine Schulbildung. Mit 17 wurde er Kaufmannsgehilfe.

Eineinhalb Jahre später wurde er Schiffsjunge auf einem Kohlefrachter und eignete sich im Selbststudium mathematische, hydrographische und navigatorische Kenntnisse an. 1755 wechselte er zur »Royal Navy«, für die er am Krieg gegen das französische Quebec teilnahm. Von 1760 bis 1767 war er als Deckoffizier an umfangreichen Vermessungsarbeiten der Nordostküste Amerikas beteiligt (Hudson-Mündung, Labrador, Neufundland).

1768 trat Cook als Kommandant der »Endeavour« seine erste von insgesamt drei ausgedehnten Forschungsreisen in den Pazifik an. Der Auftrag: den Durchgang der Venus am 3. Juni 1769 vom kurz zuvor entdeckten Tahiti aus zu beobachten und anschließend nach dem großen Südkontinent zu suchen, von dessen Existenz die Geografen damals ausgingen, weil sonst die Erde im Ungleichgewicht sei. 1771 kehrte die »Endeavour« nach ihrer Weltumrundung in westlicher Richtung zurück, während der Cook viele – auch schon bekannte – Inseln wie etwa Neuseeland genauer untersucht hatte.

Die zweite Weltumsegelung Cooks (1772–75) stand ganz im Zeichen der Suche nach dem Südkontinent. Abermals lief er Tahiti und Neuseeland an, zudem drang er – soweit bisher bekannt als Erster – bis zum 71. Breitengrad nach Süden vor. Auf der Rückreise entdeckte Cook im Südatlantik die südlichen Sandwich-Inseln und Südgeorgien.

Von 1776 bis 1779 war Cook das dritte Mal im Pazifik unterwegs, diesmal um nach einer Durchfahrt vom Atlantik in den Pazifik zu suchen, nach der »Nordwestpassage«. Diese Fahrt bescherte ihm seine größte Entdeckung: Die Hawaii-Inseln, die er nach dem Präsidenten der »Royal Society« »Sandwich-Inseln« nannte. Von Hawaii aus drang er durch die später so genannte Beringstraße ins arktische Nordmeer vor. Eis hinderte ihn jedoch am weiteren Fortkommen. Nach seiner Rückkehr nach Hawaii wurde Cook am 14. Februar 1779 bei Auseinandersetzungen mit Eingeborenen getötet. Ein weiterer Versuch der beiden Schiffe, die Nordwestpassage zu finden, scheiterte, und so kehrten sie 1780 nach England zurück.

wo die Fäden zusammenliefen, die die Welt auf ihren Karten und Globen umspannten.

Kapitän Cook und seine 90 Mann hatten keine Angst, vom Erdenrund herabzufallen, dort unten. Sie hatten ganz andere Sorgen. Der Koch amüsierte sich noch über den Witz des Offiziers. Er hatte gut lachen. Neben seinem Herdfeuer stehend war er der Einzige, der nicht höllisch fror wie alle anderen. Es war kalt geworden, wurde von Tag zu Tag kälter, weil es weiter nach Süden ging. »Das Wetter wurde neblig und mehrere größere Eisberge lagen auf unserem Weg, so dass wir uns bei dem einen dicht am Winde, beim nächsten vor dem Winde halten mussten«, notierte Cook in seinem Logbuch. »Einen hätten wir fast angerannt und wenn es geschehen wäre, so wäre dieser Vorfall nie berichtet worden.« Über den Polarkreis ging es, Richtung Antarktis.

Kälte, Nebel, Nässe, Gefahren. Die Farbe verschwand nach und nach aus dem Blick. Das Graue ersetzte die Horizonte, erdrückte alle an Bord, die Ausschau hielten. Meer und Himmel wurden eins. Noch tiefer fuhren sie hinein in eine von allen guten Geistern verlassene Meeresgegend, dorthin, wo die Welt verschlossener wurde. Wie sie alle fühlten, und wie es aber auch wirklich war. Denn bald waren es nicht mehr nur Eisberge. Packeis versperrte häufiger den Weg. Wieder und wieder musste die »Resolution« beidrehen. Nein, die Hölle war es nicht. Dafür war es zu kalt. Und zu still.

Dabei waren die Männer gerade erst aus dem Paradies abgefahren. Aus einem warmen Land, von Inseln der Fruchtbarkeit, der Liebe, der Lebensfreude. Aus Tahiti. Ein Mann von dort, Maheine hieß er, war mit an Bord. Viele Dutzend kleiner Hölzchen hatte er sich mitgenommen, sie ständig auf neue Weise zusammengebunden, die sich nur ihm erschloss. Zur Erinnerung an jede Insel, die die »Resolution« passiert hatte. Alle Inseln konnte er so ständig wie am Schnürchen aufsagen. So wollte er, später in der Heimat, seine Reisegeschichte erzählen. Mehr noch als die Inseln aber begeisterten Maheine die Naturerscheinungen, die er so gar nicht kannte. Weiße Steine, wie er sie nannte, die vom Himmel fielen, ihm in der Hand zerronnen, waren ein Wunder in seinen Augen. »Das heutige dicke Schneegestöber setzte ihn in noch größere Verwunderung«, lesen wir im Reisetagebuch von Georg Forster, der mit an Bord war und dem die Situation Vergnügen bereitete. »Und nachdem er auf seine Art die Schneeflocken lange betrachtet, sagte er endlich, er wolle es nach seiner Zurückkunft nach Tahiti weißen Regen nennen.« Das Eisfeld, das die Mannschaft am folgenden Tag erblickte, »machte ihm viel Freude, weil er es für Land hielt«.

Ein Land in diesen Breiten, das war es auch, wonach alle aus der Mannschaft tatsächlich Ausschau hielten. Soweit es der Nebel erlaubte. Deshalb waren sie hier. Sie waren auf der Suche nach dem großen Südkontinent, der die Erde im Gleichgewicht halten sollte, weil doch alle Landmassen sich sonst überwiegend nur im Norden befänden. Auf vielen Landkarten aus dem Mittelalter und der Neuzeit war er deshalb auch abgebildet, als *terra australis incognita*. Gesehen hatte ihn noch niemand, *nondum detecta*. Es war die zweite Weltreise des großen Seefahrers James Cook, auf der man nun unterwegs war. Sie sollte das Geheimnis lüften. So segelte Cook mit der »Resolution« von Neuseeland aus in Richtung Südspitze Südamerikas, mal nördlich, mal südlich des Polarkreises.

NACH TAHITI, UM DIE VENUS ZU BEOBACHTEN

Doch die »Resolution« und ihre Mannschaft befanden sich in bedrohlicher Situation. Zu lange schon waren die Männer ohne frische Nahrung. Der Kapitän war krank, todkrank. »Ich wurde von einem heftigen Nierenleiden befallen, das mich ans Bett fesselte. Es vergingen mehrere Tage, ehe die gefährlichsten Anzeichen meines Übels verschwanden.« Cook wurde gerettet. Der Hund des Botanikers Johann Reinhold Forster, Vater Georg Forsters, bewahrte ihm das Leben. Besser gesagt: Der Hund musste ihm seines dafür geben. Das Sauerkraut war aufgebraucht, die übrigen lebenden Tiere an Bord, Hühner, Schafe, alle erfroren, keine frische Nahrung weit und breit. James Cook, der Kapitän, der die Rettung vor der größten Geißel der frühneuzeitlichen Seefahrt, dem Skorbut, fand, indem er seinen Seeleuten Sauerkraut und andere vitaminreiche Kost regelrecht einprügeln ließ, er wäre zu jenem Jahreswechsel 1773/74 an Vitaminmangel gestorben, wenn ihm nicht aus dem Fleisch des Hundes eine Brühe bereitet worden wäre, die ihn wieder aufrichtete.

James Cook, der größte Entdecker des 18. Jahrhunderts – die Suche nach dem neuen Kontinent war sein Befehl. Doch Cook wollte diesen Kontinent eigentlich gar nicht entdecken. Er wollte vielmehr beweisen, dass es dieses Land nicht gab, dass es nur ein Hirngespinst von Köpfen in London war, die von ihren theoretischen Erwägungen besessen waren. Die Erde hielt sich auch ohne jenen Erdteil ganz passabel im Lot. Die Admiralität hatte ihn losgeschickt. Ihn, der die Existenz jenes Südkontinents offen bezweifelte. Und nicht seinen großen Konkurrenten daheim, Alexander Dalrymple, den schottischen Geografen mit den Attitüden eines Snobs, der Cook, den Mann von niederem Stand, mit links meinte ausstechen zu können. Doch er hatte sich verrechnet. Und deshalb dümpelte James Cook jetzt hier und nicht Dalrymple, in dem grauen Nichts des Südmeeres, auf seiner zweiten großen Weltenfahrt.

Schon als es um Cooks erste Reise um die Welt ging, sechs Jahre zuvor, hatte sich Dalrymple als neuer Kolumbus gewähnt, der jenen weiteren großen

Kontinent entdecken würde. Mit der »Royal Society« im Rücken, der Londoner Gesellschaft, die von König George III. mit 4000 Pfund bedacht worden war, um eine große Expedition auszurüsten. Es war Anfang des Jahres 1768, das Zeitalter der Aufklärung ging auf seinen Höhepunkt zu. Und die Strategen des Vereinigten Königreichs, das sich anschickte, die vornehmste Großmacht zu sein, wollten die Welt erforschen, um sie erobern zu können. Die Admiralität der »Royal Navy« hatte aber, wie alle anderen auch, Probleme bei der genauen Navigation. Besonders mit der Bestimmung der Längengrade haperte es noch. Da warf ein bedeutendes, hochwillkommenes Himmelsereignis seine Schatten voraus.

Welchen Durchmesser hatte die Erde wirklich, wie genau war der Lauf der Planeten, wie weit entfernt war die Sonne? Für die Beantwortung all dieser Fragen, die so wichtig waren für die Vermessung der Welt, sollte sich am 3. Juni 1769 eine Chance ergeben, die erst 105 Jahre später wiederkehren würde. Das hatten die Astronomen ihrer Majestät errechnet. An diesem Tag ziehe die Venus genau vor der Sonne entlang, zu sehen als winziger Ball vor der leuchtenden Scheibe des Zentralgestirns. An drei Stellen über den Globus verteilt sollten Himmelsfernrohre aufgestellt werden, um dieses Naturschauspiel beobachten, es zeitlich exakt erfassen und hinterher mathematische Vergleiche anstellen zu können. Am Nordkap, in der Hudson Bay und am besten noch auf irgendeiner Insel im weiten Pazifik. Es sollte das erste weltweit durchgeführte wissenschaftliche Experiment sein.

Welche Insel aber bot sich an im Pazifik, dem entferntesten Beobachtungspunkt? Unbekannt noch war dieses weite Meer, denn die europäischen Schiffs- oder Flottenführer, die es erfolgreich durchsegelt hatten, waren fast an einer Hand abzuzählen: Magellan, Drake, Mendana, allesamt waren sie rund 200 Jahre zuvor unterwegs gewesen, und dann war da noch John Byron, Großvater des berühmten Schriftstellers, der wenige Jahre zuvor um die Welt gesegelt war, mit seiner »Dolphin«, einer kleinen Fregatte, die inzwischen schon wieder auf Weltreise war. Eilande hatten sie alle kaum entdeckt, unbedeutende Atolle lediglich. Zu sehr hatten sie sich im Stillen Ozean an die Strecke der schnellen Ost-West-Winde gehalten und der Strömungen, die in dieselbe Richtung strebten. Knapp nördlich des Äquators, fernab der unzähligen noch unentdeckten Inselreiche. Zu wenig auch wussten die Admiräle über die Entdeckungen des Niederländers Abel Tasman, der die weiten Gewässer um Australien und Neuseeland erkundet hatte, bis nach Tonga und Fidschi hinauf, rund 100 Jahre zuvor.

Da traf am 20. Mai 1768 in Portsmouth, einem der beiden großen Häfen der britischen Marine, ein recht mitgenommenes Schiff ein, der Rumpf zerfressen,

›
James Cook in Marineuniform.
Gemälde von 1776.

die halbe Mannschaft niedergeworfen von Skorbut: die »Dolphin«, nach ihrer zweiten Weltumsegelung, diesmal mit dem Kapitän Samuel Wallis. Schnell war klar: Diesmal hatte sie eine ergiebige Pazifik-Überquerung vollzogen. Weite, hohe Inseln hatten sie entdeckt, mit großartigen Völkern darauf, wunderschönen Menschen. Ja, besonders von den wunderschönen Frauen wussten die Seeleute zu berichten. Auch davon, dass sie sich den Männern gegenüber offenherzig gaben, hingaben. Auf eine Insel kam Wallis immer wieder zu sprechen: Otaheite, das heutige Tahiti. Häuptlinge mit zahlreichen Untergebenen wohnten dort, oder waren es Könige? Vielfältige Früchte wuchsen auf der Erde und an den Bäumen. Welche Seefahrer auch immer dort ankamen, wie lange sie auch unterwegs gewesen sein mögen – dort beginne für sie das Leben im Paradies. »King Georges Land« hatte Wallis seine Entdeckung genannt. Tahiti würde es also sein, das neue Land, von wo aus der Durchgang der Venus beobachtet werden sollte. Der Entschluss war gefasst, bei der Marineführung, bei der »Royal Society«, schließlich willigte auch King George ein, der damals nicht viel zu sagen hatte in der Seefahrt seines Volkes. Und James Cook sollte ihr Befehlshaber sein, nicht Dalrymple. Cook, der sich in der Kohlenschiffahrt hochgedient

Ein Wissenschaftler auf Reisen

Auch wenn die allermeisten Inselgruppen, die Cook im Pazifik anlief, zuvor bereits von anderen Europäern gesichtet oder auch besucht worden waren, so gilt er doch als der mit Abstand größte Entdecker dieses Ozeans, weil er sowohl kartographisch, als auch was die Ethnologie, Fauna und Flora angeht, bedeutendes Wissen nach Europa mitbrachte. Überhaupt hatte kein Entdecker vor und auch lange Jahre nach ihm einen derart umfassenden und akribischen wissenschaftlichen Anspruch auf seinen Reisen gepflegt. Cook erbrachte auch den Beweis, dass es den Südkontinent – nicht zu verwechseln mit Australien – nicht gibt.

hatte, später zur »Royal Navy« gegangen war, Bewährung erhielt als hervorragender Seefahrer, Menschenführer und Landvermesser im nordwestlichen Atlantik. Er war der Richtige.

Das Zeitalter der europäischen Romantik, das schon bald das der Vernunft, der Aufklärung begleiten sollte, war noch nicht angebrochen. Seine ersten Vorboten aber wehten vom Kontinent, vor allem von Frankreich herüber auf die Insel. Seit der Renaissance war auch die antike Idee von Arkadien, dem sorgenfreien Leben im Paradies, in Literatur und Malerei wieder präsent. Es war die Zeit, die für Jean-Jacques Rousseaus Vorstellung vom »edlen Wilden« und der unschuldigen Natur den Boden fruchtbar machte, auch für Diderots Exotismus.

Arkadien. James Cook sollte aufbrechen, den Durchgang des Planeten Venus auf Tahiti zu beobachten. Zwei Jahre später würde er zurückkehren mit dem Bericht von der fleischgewordenen Venus, regelrecht schaumgeboren in der Lagune von Tahiti, die irdische Liebesgöttin. So jedenfalls boten sich die Erzählungen seiner Mannschaft nach der Rückkunft dar. Cooks Expedition war es, die die exotische Erotik nach Europa brachte, das Südseebild überhaupt, die den Beginn des Mythos markierte. Mit an Bord war eine intellektuelle Kompetenz wie bei keiner Weltumsegelung zuvor. Astronomen, Landschaftsmaler, Pflanzenzeichner waren dabei; und der Botaniker, Sir Joseph Banks, ein vermögender Erbe und durchaus gebildeter Dandy, der die Reise in die Südsee quasi als eine ausgedehnte *grand tour* zur eigenen Erbauung ansah, viel Geld dafür bezahlte, selbstverständlich auch seinen ganz persönlichen Durchgang der Venus auf der Insel der Liebe erlebte. Befremdet war er bei der Abfahrt, als Cook ihn mit Mühe davon abhielt, mit einem halben Hofstaat samt zwei ausladenden Windhunden auf dem Schiff Quartier zu nehmen. Nur wenige Diener gestatte er ihm. Cook und Banks wurden dennoch Freunde.

Noch aber war man nicht auf Tahiti, ein weiter, rauher Weg stand bevor. Eile war geboten, nicht nur wegen des Termins für den Venus-Durchgang. Samuel Wallis hatte nämlich noch etwas ganz anderes erzählt nach seiner Rückkehr. Mitten im Atlantik war er von einem Schiff überholt worden. Ein Franzose. Kurz hatte man sich ausgetauscht, woher, wohin, welcher Auftrag. Dabei stellte sich heraus, dass das Schiff, die »Boudeuse«, mit ihrem Kapitän Louis-Antoine Bougainville ebenfalls in Tahiti war, kurz nach Wallis. Bougainville war zwar seit vielen Jahren Mitglied auch der Londoner »Royal Society«, doch die Beziehungen zwischen beiden Ländern hatten sich seither nicht zum Besten entwickelt. Sollte man sich nun im Pazifik, dem noch friedlichen Ozean, ins Gehege kommen? Man musste schnell sein.

SAUERKRAUT ODER PEITSCHE

Auch bei seiner ersten Reise setzte Cook auf einen umgebauten Kohlefrachter aus der alten, bewährten Werft von Whitby, umgetauft in »Endeavour«. Eine Wahl, die ihm bei seinen hochwohlgeborenen Widersachern manch gequältes Lachen einbrachte. Doch er war der Sieger, er sollte fahren, für Britannien den Globus umschließen. Und er hatte gleich zu Beginn ein festes Konzept für den Erfolg, war gewillt, es durchzusetzen, gegen die Mannschaft, zum Wohl der Mannschaft. Um die Geißel Skorbut zu bekämpfen, bis dato die tödliche Gefahr aller Fernreisen mit Mangel an frischer Nahrung, hatte Cook Dutzende Fässer Sauerkraut bunkern lassen. Durchaus auch mit dem Einsatz der neunschwänzigen Katze prügelte er der Mannschaft die Pflicht zur gesunden, vitaminhaltigen Kost ein. Nicht nur zum Sauerkraut: »Bestrafte den Seesoldaten Henry Stevens und den Matrosen Dunster mit je 12 Schlägen, weil sie sich weigerten, ihre Ration frischen Rindfleischs zu nehmen«, heißt es im Logbuch. Vor allem aber zwang Cook seine Offiziere gnadenlos, vorbildhaft zu speisen. Mit Erfolg, bis zur Rückkehr war kein Mann an Skorbut gestorben – ein Novum.

Am 27. Mai 1768 legte die »Endeavour« ab. In Brasilien, der ersten Station in Übersee, verweigerte der Gouverneur jegliche Hilfe, er verdächtigte Cook des Schmuggels. In Feuerland legten sie an, hatten aber nur Schlechtes zu berichten von den Patagoniern und ihren erbärmlichen Lebensumständen in Wind und Wetter. »Sie sind vielleicht ein so bemitleidenswerter Menschenschlag, wie es heut auf der Erde einen geben mag«, schrieb Cook. Botaniker Banks zeigte erste Zügellosigkeiten beim Landgang, mit Folgen. »Banks und zwei seiner Begleiter waren am Abend nicht, wie ich erwartet hatte, zurückgekommen, und ich war sehr beunruhigt, da sie nicht für einen Aufenthalt im Freien während der Nacht vorbereitet waren. Indessen kamen sie gegen Mittag in wenig vorteilhafter Verfassung zurück, und was noch schlimmer war, zwei Schwarze, Diener des Herrn Banks, waren in der Nacht erfroren.«

Bei Kap Horn dann rollten dem Kohleschiffchen die Elemente, Wind und Strömung, so gewaltig gegen den Bug, wie es Dutzende Generationen von Seglern auf ihrer Westfahrt immer wieder erleben mussten. »Es kam uns die Flut

‹ Cooks »Discovery« als Längsschnitt zur Ansicht und vor Hawaii. Illustration von 1803.

Tahiti. Malerei aus dem Jahre 1773 von William Hodges, der Cook in die Südsee begleitete.

heftig entgegen und der Wind ließ nicht nach.« Doch die Südspitze Südamerikas war bald bezwungen, die Südsee erreicht. »Mar del Sur«, wie sie seit Vasco Núñez de Balboa hieß, der sie gut 250 Jahre zuvor mit Francisco Pizarro von Panama aus erblickt hatte. Einige wenige Atolle noch lagen backbord oder steuerbord, und am 11. April 1769 war es soweit. »Um sechs Uhr früh sah ich die King-Georges-Insel, sie erschien sehr hoch und gebirgig.« Noch war die Insel nur am Horizont. Für Cook war es höchste Zeit. Gut eineinhalb Monate blieben ihm für die Vorbereitungen zum Venus-Tag am dritten Juni, dem Anlass für die weite Reise. Es sollten Wochen werden, deren Widerhall später in der Heimat die Romantik so sehr beflügeln würde.

Grün schienen an jenem Morgen von fern schon die Berge herüber, wie von einem Teppich überzogen, ausgelegt bis auf 2000 Meter steile Wände hinauf. Flirrend von Licht war die Atmosphäre, voll Wärme und ausladender Fauna, steil emporragend, ergreifend. Die »Endeavour« strich ein Segel nach dem anderen, lavierte in der wellenlosen Lagune hinter dem Riff, lautlos, umschiffte ruhig die Korallenbänke. Kurz kamen ab und zu die Kommandos vom Bug zum Steuermann hinten. An der Reling herrschte Spannung. Immer näher kamen sie dem unbekannten Leben voll tropischer Energie. Langsam hörten und rochen sie es. Schreiende Papageien auf den Palmen, rasende Ferkel auf den Wiesen hinter dem Strand, quirlende Kinderscharen zwischen Hütten aus Bambusstangen, mit Dächern aus geflochtenem Blattwerk, in den Gärten dampfende Erdöfen, glimmende Feuer hier und dort, der Duft von Sandelholz.

Und das Leben kam ihnen entgegen, auf den letzten Metern. Kanus voller Menschen. Männer sprangen von den Bordwänden, kaum bekleidete Frauen standen auf, in Bewegungen, die vordergründig nur das Gleichgewicht im Kanu suchten, die aber auch, fast zufällig, viel Einladendes vermittelten. Einige von ihnen wollten schon aufentern. Es waren die letzten Meter bis zum schwarzen Sand. Dann hob man den Anker von Bord, er grub sich ein in den Grund. Langsam drehte sich das Schiff in den Wind.

Sie waren in der Matavai-Bay angekommen. Wo auch Wallis gelegen hatte, und Bougainville. Als das erste Kommando an Land ging, Banks ließ es sich nicht nehmen, dabei zu sein, waren die Männer bereits einer unbändigen Neugier der Menschen ausgesetzt. Wie auch sonst? Fremde waren in ihr Land gekommen, wieder von sehr weit her, mit hohen Schiffen und vielen *Fales*, Häusern, darauf. Keiner aus der Mannschaft konnte unbehelligt durch die Insel streifen, doch gerade dies führte in den ersten Tagen zu illustren Begegnungen. Cook erledigte den diplomatischen Verkehr mit der – landesüblich dickleibigen – Königin Oberea und die kartografische Aufnahme der Insel. Er musste sie dafür in einer Pinasse wochenlang umrunden und durchwandern, wunderschöne Pläne waren das Ergebnis. John Gore dolmetschte, der Mann, der mit Wallis und Byron zuvor bereits zweimal die Welt umrundet hatte, Tahiti kannte.

DAS EROTISCHE PARADIES IN DER SÜDSEE

Die Seeleute kamen der Bevölkerung auf ganz andere Weise näher. Die Zugewandtheit der Polynesierinnen ließ bald manche Liaison zwischen ihnen und den Matrosen entstehen. Oder auch nur das kurze Rendezvous. Hier für einen eisernen Schiffsnagel, der auf der eisenlosen Insel hoch im Kurs stand, da für gar nichts. Ein Phänomen, das in den Folgejahren fest im Südseebild Europas eingraviert war. Das freilich von allzu nüchternen Zeitgenossen – damals wie heute – als romantische Verklärung abgetan wurde und wird. Zu Unrecht. Zu umfassend und einheitlich waren die Berichte der unterschiedlichsten Seeleute dieser Expedition, aber auch vieler anderer Fahrten durch Polynesiens Völker seit dem späten 18. Jahrhundert. Nicht nur von Sir Joseph Banks, dem Casanova der Expedition.

Leichtlebigkeit und Dolce Vita ließen die Männer ihre Mission nicht vergessen. Gleich neben der Bucht, auf einer flachen Halbinsel, dem heutigen Point Venus, zäunten sie sich mit Genehmigung ihrer Majestät ein Areal ab. Sie bauten Zelte auf, Palisaden, ein veritables Fort, trugen ihre Fernrohre und andere astronomischen Geräte herbei für den großen Tag, den dritten Juni. Bald war das Observatorium komplett. Fast, denn es gab Zwischenfälle, Diebereien. Kleinere und größere, hier ein Rock oder eine Hose beim Schwimmen, da eine Flinte beim Tête-à-Tête. Und unverzeihliche: Der Quadrant für die Beobachtung des astronomischen Weltereignisses war gestohlen. Die Aufregung war groß. Doch durch Druck auf die Einwohner kam das meiste wieder zurück. Im Falle des Quadranten befahl Cook sogar die Geiselnahme der Königin, die ihm doch so wohlgesonnen und nahe gekommen war. Mit Erfolg: Auch der Quadrant kehrte zurück. Bei Diebstählen wurden Tahitianer auf der Flucht getötet, doch der Langmut der Einheimischen ließ sie alles ertragen. Auch ließ Cook Männer aus seiner Mannschaft bestrafen, mit zwei Dutzend Peitschenhieben, wenn sie der Bevölkerung Gewalt angetan hatten.

Der große Tag kam, und er ging vorüber. Das Wetter war durchwachsen, nicht immer waren Sonne und Venus im Fokus des Teleskops auszumachen. Die anwesenden Wissenschaftler machten hinterher widersprüchliche Angaben über Zeitpunkt und Dauer des Venus-Durchgangs. Vollends verwirrt war später die Admiralität, als sie die Ergebnisse der anderen beiden Beobachtungsstationen daneben hielt. Die Aktion Venus-Durchgang war ein Fehlschlag.

Am 13. Juli ging es weiter. Die letzten Tage zuvor hatte die Schiffsführung erneut Bewährungsproben zu bestehen. Ein Phänomen, das später fast alle Tahiti-Expeditionen belastete: die Desertionen von Matrosen vor der Abfahrt. Mit brachialen Mitteln sorgte Cook dafür, dass alle Verschwundenen wieder an Bord kamen. Erneut nahm er Tahitianer als Geiseln. So lange bis ihre Landsleute ihnen die Engländer auslieferten. Prügelstrafen für diese gab es später an Bord.

Neuseeland, wo er die Cook-Straße zwischen der Nord- und der Südinsel entdeckte, und Australien, wo er die Ostküste kartografierte, hießen die weiteren Stationen. Ängstliche Tage erlebte die Mannschaft, nachdem die »Endeavour« auf das Große Barriere-Riff an der Nordostküste des fünften Kontinents auflief und am Strand aufwändig und monatelang repariert werden musste. Es gelang, und man fand anschließend sogar die Cook-Passage durch das Riff, den Zugang zum fünften Kontinent. Sowie die Endeavour-Straße, den südlichen Teil der Torres-Straße zwischen Australien und Neuguinea. Batavia lief man noch an (das heutige Jakarta in Indonesien), Kapstadt, und am 13. Juli betrat Cook wieder britischen Boden in Woolwich.

Die Auswertungen seiner Reise waren noch lange nicht beendet, vor allem der Weltmann Banks war ständig unterwegs auf Lesereise über die große Fahrt, da war bereits die Rede von der zweiten Reise. Das Rätsel um *terra australis incognita nondum detecta* sollte nun endlich gelöst werden. Cook musste sich nicht lange bitten lassen. Erneut versuchte Dalrymple gegen ihn zu intrigieren, sich als den Experten des Südkontinents hinzustellen. Doch die Admiralität setzte sich abermals durch: Cook und nicht Dalrymple. Einer allerdings war diesmal nicht mehr an Bord: Sir Joseph Banks. Zu groß waren seine Ansprüche an Raum für sich und die Diener und den Komfort überhaupt. Musiker wollte er mitnehmen, um die Langeweile an Bord zu beseitigen. Der Earl of Sandwich, Präsident der »Royal Society«, war sogar auf seiner Seite. Fast hätte Banks Anspruch erhoben, selbst die Leitung der Expedition zu übernehmen, wollte zumindest aber durchsetzen, mit einem doppelt so großen Schiff aufzubrechen. Erneut zahlte er schließlich einen gehörigen Teil der Reisekosten. Cook bekam sein gewünschtes Schiff, die »Resolution«, ein umgebauter Kohlefrachter wie die »Endeavour«, und noch einen zweiten dazu als Eskorte, die »Adventure«.

Als Botaniker fuhren deshalb bei der zweiten Reise die beiden Deutschen, Johann Reinhold Forster mit Sohn und Gehilfen Georg mit. Abfahrt 13. Juli 1772. Diesmal nicht um Kap Horn, sondern um das passablere Südafrika herum, durch den Indischen Ozean in den Pazifik. Erneut ging es nach Tahiti, mit allen gehabten guten und schlechten Begleiterscheinungen, die Freundschafts-Inseln (heute Tonga), die Hervey-(heute Cook-)Inseln, Neuseeland, Neukaledonien – alle Eilande waren wieder Station. Schließlich hinunter in den Süden, Nebel, Eis, Erfrierungen und die beinahe tödliche Krankheit Cooks, hinein in den »weißen Regen« des Tahitianers Mahaine. Kein Land fanden sie, nichts. Obwohl sie über Breitengrade kreuzten, die 50 Jahre später erst wieder von Schiffen erreicht wurden. Ihre Begleitung, die »Adventure«, hatten sie da längst verloren. Erneut Tahiti, erneut Neuseeland, erneut in den Süden, wieder nichts.

DIE OSTERINSEL, EIN MYSTERIUM

Zwischendurch erreichten sie die Osterinsel, 50 Jahre zuvor von dem Niederländer Jakob Roggeveen entdeckt. Sie war wohl das mysteriöseste Land in der weiten Südsee, ein Dorado damals schon für Legenden und Mythen. Eine Insel, deren Bewohner nahe am Hungertod fristeten. Kaum etwas wuchs auf dem Hochplateau, ein wenig Gras, Dürre, depressive Atmosphäre. »Das Land erschien unfruchtbar und unbewaldet«, notierte Cook. Und doch muss dort einst eine blühende Hochkultur geherrscht haben, die technisch Unglaubliches vollbracht hatte: Fünf Meter hohe, zwei Meter breite und tonnenschwere Standbilder, die über gewisse Strecken transportiert worden sein mussten. Was hatte es damit auf sich? Was für Völker herrschten einst hier, welche Kulturen, welche Götzen? »Kein sicherer Ankerplatz, kein Brennholz, kein frisches Wasser, das es an Bord zu nehmen lohnte«, schrieb Cook enttäuscht in sein Logbuch, »etwas zahmes Federvieh, auch gibt es Ratten, die sie, wie es scheint, verzehren«.

Der Südkontinent konnte nicht gefunden werden. Fleißig kartografierte Cook unterwegs, um die Reise dennoch als großen Erfolg verbuchen zu dürfen. Um das Kap Horn ging es – diesmal nach Osten mit der Strömung und vor dem

^
Moai, Kolossalfiguren auf der Osterinsel.

Wind – zurück nach England. Es war die erste Weltumsegelung in dieser Richtung. Der Maler William Hodges, der nun mit an Bord war, verlieh dem Südseebild in der Heimat mit seinen Meisterwerken in Öl eine weitere Dimension, eine noch gewaltigere, noch farbigere.

Zweimal hatte James Cook die Welt umrundet, die Mannschaften ohne große Probleme wieder heimgeführt. Nicht zuletzt seine Persönlichkeit, sein fester, aber einfühlender und flexibler Charakter hatte den Erfolg sichergestellt. Er wurde als Mitglied in die »Royal Society« aufgenommen, bekam das Angebot für eine höchst lukrative Stellung am Greenwich Hospital, einem Heim für mittellose Veteranen der »Royal Navy« bei London. Er sagte zu. Seine Frau, inzwischen Mutter eines Sohnes und mehrerer früh verstorbener weiterer Kinder, seine Elisabeth, die den Mann so lange hatte entbehren müssen, war glücklich über die Entscheidung. Doch zu sehr hatte sich James' eigenes Leben verändert, war er auf die Weltumsegelung disponiert, brauchte letztlich doch nur wieder einen kleinen Anstoß von der Admiralität, erneut ins Boot zu kommen: ein kleines Zwiegespräch mit deren Abgesandten, die von ihm eigentlich nur eine Empfehlung haben wollten, wer denn wohl am besten geeignet sei für die nächste Weltumsegelung der britischen Marine. Natürlich fiel den versammelten Herren niemand ein außer Cook selbst, auch ihm nicht – und da war es um ihn, den 48-Jährigen, geschehen. Um das Wohl und den Frieden in seiner Familie ebenfalls.

Erneut ging es um die Suche nach einem geografischen Phänomen, das es letztlich doch nicht geben sollte, auch wenn später über Jahrhunderte weiter danach geforscht wurde: die Nordwestpassage, der Seeweg nördlich von Amerika zum schnellen Durchstoß nach Ostasien, zu den Gewürzinseln. Nach China, dem Seidenland. Vom Atlantik aus oft und vergeblich gesucht, sollte es nun vom Nordpazifik aus gefunden werden. Das Frachtaufkommen zwischen Ostasien und Europa war enorm angewachsen, und damit die Wichtigkeit einer kürzeren und von Kriegen unberührten Passage. Ob Cook auch deshalb zusagte, weil für das Auffinden der Passage eine Belohnung von 20.000 Pfund ausgesetzt war? Es wurde seine letzte Reise. Cook war inzwischen ein anderer Mensch geworden. Das war seinen Mitfahrern spätestens klar, als am 12. Juli 1776 in Portsmouth wieder mal die Anker gelichtet wurden. Schneller wurde dieses Mal bestraft, geprügelt, die Großmütigkeit vergangener Tage fehlte, Cook war gereizter. War es das schlechte Gewissen gegenüber seiner Familie?

Maler waren wieder dabei, auch der spätere Entdecker George Vancouver, der Schriftsteller Heinrich Zimmermann. Und: Omai, ein Polynesier, den Cook auf der zweiten Reise mitgenommen hatte und nun in seine Heimat zurückbrachte. Er war in den Clubs und Gesellschaften Londons herumgezeigt worden, als Prototyp des »edlen Wilden«. Der Exot. Daheim bekam er allerdings Probleme, sich anschließend wieder in seine Gesellschaft einzufügen. Auch war ein junger Leutnant mit an Bord, der später noch als umstrittener Kapitän von sich reden machte: William Bligh, am 12. April 1889 von Teilen seiner Mannschaft auf hoher See im Südpazifik ausgesetzt. Er war das Opfer der Meuterei auf der »Bounty«.

Eine große Entdeckung wartete dieses Mal auf Cooks Schiffe, die »Resolution« und die »Discovery«. Seine bedeutendste Entdeckung überhaupt, die ihm auch den Tod bringen sollte: die Hawaii-Inseln, von Cook nach dem Präsidenten der »Royal Society« »Sandwich-Inseln« genannt. Wieder ging es über die Ostroute, um das Kap der Guten Hoffnung herum, durch den Indischen Ozean, mit

Zwischenstation auf den auch zuvor angelaufenen Inseln. Nach dem ersten Kontakt mit Hawaii ging es in den hohen Norden. Voller Hoffnung zunächst, als man die Beringstraße zwischen Alaska und Sibirien durchfahren hatte und die Weite des Nordmeeres dahinter entdeckte. Doch sowohl in westlicher als auch in östlicher Richtung war bald der Weg vom Packeis versperrt. Es gab keine Abkürzung in die Heimat, keinen schnellen Weg, den die dritte Dimension der Erdkugel ja theoretisch bereithielt. Nicht zu Cooks Zeiten, und nicht in den nächsten 100 Jahren.

Zurückgekehrt nach Hawaii war man schon beginnenden Spannungen ausgesetzt. Die Mannschaften mussten länger als sie wollten auf der Insel bleiben. Die Schiffe waren in einem denkbar schlechten Zustand, korrupte Handwerker im Heimathafen Portsmouth waren Schuld, gerade William Bligh hatte dies früh angemahnt. Die Bewohner der Inseln hatten Probleme, ausreichend Nahrung für sich zu produzieren, konnten den Besuchern nicht viel bieten. Dennoch erhobene Ansprüche der Mannschaften sorgten für erste Spannungen. Diebstähle heizten die Stimmung auf, Tabubrüche der Engländer auf heiligem Land gaben das Ihre. Das diplomatische Geschick, das auf früheren Fahrten auch ein Garant des Erfolges bei den fernen, doch so unbekannten Völkern war – es hatte nun den großen Kapitän verlassen. Mit Not konnte man die Konflikte im Zaum halten bis zur Abfahrt. Kaum wieder unterwegs, brach bald ein Mast. Mit äußerst unguten Gefühlen kehrte die »Resolution« mit Cook zurück. Ein erneuter Diebstahl von Einheimischen, und wieder der Versuch Cooks, durch Geiselnahme des Königs das Eigentum zurückzuholen. Doch was in all den Jahren auf Tahiti glücklich ausgegangen war, besiegelte auf Hawaii das Schicksal Cooks. Am Strand kam es zu einem Kampf zwischen den mit Speeren bewaffneten Einheimischen und einigen wenigen Seeleuten, unter ihnen Cook.

Cook und vier Marineinfanteristen schafften es nicht mehr rechtzeitig aufs Boot, wohl auch, weil sein realistischer Blick für tödliche Gefahren, für Kräfteverhältnisse, für Befindlichkeiten getrübt war. Hinterrücks wurde er erstochen, fiel vornüber mit dem Gesicht in sanfte Dünung des Pazifiks. Der bis dahin größte Seefahrer Europas sollte seine dritte Weltreise nicht mehr beenden, die Fahrt musste ohne ihn weitergehen. Seine Leistungen als Südseeforscher aber sind bis heute unerreicht.

Alexander von Humboldt (1769–1859)

Universalgelehrter und Weltreisender

Es ist eine Begebenheit aus der hohen Zeit der Aufklärung, eine Szene aber auch, die manchen Geist der Spätmoderne an einen phantastischen Film erinnern könnte. Ein Schiff wird über Land gewuchtet, von einem Fluss zum anderen, hier ein bisschen getragen, da geschoben, gerollt, gezogen. Tropischer Regenwald mitten in Südamerika, Land der vielen Gewässer. Dickicht, lähmende Hitze und Moskitos, die die Männer zur Verzweiflung bringen. Doch was in *Fitzcarraldo*,

Alexander von Humboldt

Alexander von Humboldt wurde am 14. September 1769 in Berlin geboren als Sohn des preußischen Offiziers Alexander Georg sowie dessen Frau Maria Elizabeth von Humboldt, aus erster Ehe verwitwete von Holwede, geborene Colomb. Sie war Tochter einer eingewanderten wohlhabenden Hugenottenfamilie. Alexander war der jüngere Bruder von Wilhelm (geb. 1767 ebenfalls in Berlin), der seinerseits Berühmtheit erlangte als namhafter Wissenschaftler, Sprachforscher und Mitbegründer der Berliner Universität, die heute den Namen der Familie trägt.

Alexander von Humboldt studierte an den Universitäten Frankfurt (Oder), Göttingen und der Bergbau-Hochschule Freiberg (Sachsen) und unternahm anschließend ausgedehnte Reisen, freundete sich mit Goethe, Schiller, Schelling und Fichte an. Humboldt startete sehr aussichtsreich in seinen Beruf als Bergbauingenieur, stieg jedoch nach dem Tod seiner Mutter (sein Vater war bereits früh verstorben) aus und bereitete sich mit Hilfe seiner reichen Erbschaft systematisch auf seine Forschungsreise nach Südamerika vor – auch durch ausgedehnte Fahrten durch Europa, bei denen er nicht nur intellektuelle Köpfe wie den Weltreisenden Georg Forster oder Politiker wie Napoleon kennen lernte, sondern auch seinen späteren Reisebegleiter Aimé Bonpland.

Seine Reise nach Südamerika (1799–1804) war ein voller Erfolg, machte ihn zum weltbekannten Star der Berliner Wissenschaft und Gesellschaft. In den Jahren danach, während der wissenschaftlichen Auswertung seiner Reise, pendelte er zwischen Berlin und Paris. Ungern hielt er sich in Berlin auf, weit lieber in der französischen Metropole. Auch weil er, obwohl von adliger Herkunft, die Ideale der Französischen Revolution hochhielt. Die Veröffentlichung seiner Bücher über seine große Expedition ließ auf sich warten. Noch bevor sie fertig gestellt waren, unternahm er nach mehreren Anläufen 1829 auf Einladung des Zaren Nikolaus I. eine Expedition, die ihn von Russland bis nach Sibirien führte, wo er mittlerweile seinen 60. Geburtstag feiern konnte. Nach Fertigstellung seiner Südamerika-Bücher 1834–30, Jahre nach seiner Rückkehr, verfasste er noch seinen *Kosmos*, eine Beschreibung der Welt und ihrer Naturgesetze. Dem fünfbändigen Werk maß er selbst wohl die größte Bedeutung seines Schaffens bei, er betrachtete es als sein Lebenswerk. Am 6. Mai 1859 starb er in Berlin, nachdem er fast sein ganzes Vermögen in den Dienst seiner Wissenschaft gesteckt hatte.

jenem Filmklassiker mit Klaus Kinski, nur dramaturgischer Effekt war – war damals, Anfang Mai des Jahres 1800, der Kampf ums Fortkommen im Dienste der Wissenschaft. Viele hundert Meilen jenseits der Zivilisation, im tiefen Dschungel, war ein deutscher Freiherr dabei, einen Mythos über diesen Ort zu zerstören, einen anderen dafür als wahr zu bestätigen. Und dafür musste die Piroge, die auf dem großen Fluss zuvor fünfzehn Männer und eine illustre Menagerie von lebenden und toten Urwaldtieren getragen hatte, über den Berg.

Alexander von Humboldt, jener Freiherr, musste sich derweil, während starke Indios sein Schiff tagelang über Land verfrachteten, einer peinlichen Behandlung unterziehen. Kleine Tierchen hatten sich in einer Unzahl unter seine Haut und die seines Begleiters, Aimé Bonpland, gegraben. Eine Urwaldbewohnerin nahm sich ihrer an. »Sie versprach uns, die Insekten, die uns so schreckliches Jucken verursachten, eines um das andere herauszuholen«, schrieb Humboldt in sein Tagebuch. »Sie erhitzte an der Lampe die Spitze eines kleinen Splitters sehr harten Holzes und bohrte damit in die Furchen, die auf der Haut sichtbar waren.« Die Prozedur raubte dem Freiherrn in der darauf folgenden Nacht den Schlaf, »doch am anderen Tag heilte uns ein Indianer radikal und überraschend schnell«. Mit einem »kalten Aufguss aus den Blättern eines Strauches, der bläulich aussah und wie Süßholz schmeckte und geschlagen starken Schaum gab«. So befreite er sie von allem Ungemach.

NACHTS BRÜLLTE DER TIGER

Es war nur eine von vielen unsäglichen Strapazen, eines von vielen Opfern während der zweieinhalb Monate, in denen Humboldt etwa 2250 Kilometer weit auf großen Strömen und reißenden Flüssen durch den südamerikanischen Urwald zurücklegte. Es regnete jeden Tag, ständige tropische Wolkenbrüche zermürbten die Forscher aus den gemäßigten Breiten, selten wurden ihre Gehröcke trocken. Piranhas und Krokodile nebenan im Wasser, dichte Moskitowolken am Himmel, Nattern und Jaguare an Land. Alligatorenfett, Ameisen, Affenfleisch gaben die Nahrung. Ein enger Platz auf dem langen, schmalen Einbaum war der Aufenthalt für den ganzen Tag, Erdgruben unter vierzig Meter hohen Urwaldriesen waren die Lagerstatt für die Nacht, von nahen und fernen Geräuschen der unergründlichen Tierwelt durchdrungen. »Nachts erhob sich im Wald ein so furchtbarer Lärm, dass man beinahe kein Auge schließen konnte. Unter den vielen Stimmen wilder Tiere, die zusammen schrien, erkannten unsere Indianer nur diejenigen, die sich auch einzeln hören ließen, namentlich die leisen Flötentöne der Sapaju, die Seufzer der Aluaten, das Brüllen des Tigers (damals noch eine Bezeichnung auch für andere Großkatzen, U. K.) und des Kuguars oder amerikanischen Löwen ohne Mähne (Puma), das Geschrei des Bisamschweins, des Faultiers, des Hocco, des Parraqua und einiger hühnerartiger Vögel. Wenn die Jaguare dem Waldrand sich näherten, so fing unser Hund, der bis dahin fortwährend gebellt hatte, an zu heulen und suchte Schutz unter den Hängematten. Zuweilen, nachdem es lange geschwiegen, erscholl das Brüllen der Tiger von den Bäumen herunter, und dann folgte darauf das anhaltende schrille Pfeifen der Affen, die sich wohl bei der drohenden Gefahr auf und davon machten.«

Trotz aller Qualen und Gefahren, oder sogar wegen ihnen: wann immer Humboldt, der erste wissenschaftliche Reisende in der neuen Welt, auf seinen Reisen an zivilisierte Orte kam, von denen er Post in die Heimat senden konnte, verfasste er detaillierte Briefe über alles Entdeckte, »damit, in dem sehr wahrscheinlichen Falle meines Todes auf dieser Expedition, jene, die meine Arbeiten auswerten, wissen, wie viel Vertrauen sie meinen Arbeiten schenken dürfen«, merkte er einmal am Ende eines Schreibens an.

Humboldt war an der Stelle angekommen, wo sich, im heutigen Grenzgebiet zwischen Venezuela, Kolumbien und Brasilien, nach Meinung vieler Gelehrter damals eigentlich ein See befinden sollte. Wo der Rio Negro vom Bach zum Strom wird, der schließlich in den Amazonas, den größten Fluss der Erde, mündet, von wo aber auch die Wasser des Orinoko, des achtgrößten Flusses der Erde, ihren Lauf beginnen und in eine ganz andere Richtung streben. Es ist der Ort, über den frühe Entdecker und Eroberer Amerikas so Unglaubliches erfahren haben wollten: Jeder Herrscher des dort wohnenden Volkes sollte zum Antritt seiner Regentschaft am Ufer des Sees von Kopf bis Fuß mit Goldstaub eingeschmiert worden sein, anschließend aber auf einem Floß abgelegt haben, um sich fernab von seinen Untertanen, hinter den Wellen, das glänzende Pulver abzuwaschen. El Dorado sollte das sein, »der Vergoldete«, am legendären See Parima, der Laguna de Oro, an deren Ufer Manoa, die ebenso legendäre Hauptstadt El Dorados, liegen sollte. Der Fluchtpunkt aller Projektionen vom Goldlande in den Köpfen der Konquistadoren, ein Traum, der die Bewohner Amerikas so viel Blut und Tränen kostete. Viele Trupps von Abenteurern und bewaffneter Desperados seit Franzisco Pizarro haben die Stelle gesucht, aber niemand war bis dorthin vorgedrungen. Humboldt, der nach eingehendem Karten- und Literaturstudium vor seiner Abreise bereits große Zweifel an der Wirklichkeit El Dorados hatte, war nun der Totengräber dieses großen Traumes aller goldgierigen Europäer. Was übrig blieb, war ein Mythos – auch wenn heute noch hier und da Forscher im Gebiet des oberen Rio Negro aus dem Sediment manches Seegrundes übernatürlich hohe Goldgehalte extrahiert haben wollen.

Humboldts Weg war längst für ihn selbst auch zur psychischen Herausforderung geworden. Die Einsamkeit, die Welt, deren ungeheure Vielfalt, deren märchenhafter, wuchernder Reichtum nichts, gar nichts mehr mit dem Menschen zu tun hatte, deren Rhythmus unfassbar war, sie wurde anstrengend für den Dreißigjährigen. Eine Woche schon lag es zurück, dass der Pater von Uruna, der letzten Station westlicher Zivilisation am mittleren Orinoko, ihn mit den Worten verabschiedet hatte: »Von meiner Mission an werdet Ihr reisen wie Stumme.« So war es.

Keiner der wenigen Menschen am weiteren Oberlauf verstand mehr die Sprache der mitreisenden Indianer-Dolmetscher, geschweige denn Spanisch.

^
Stromschnellen des Orinoko.

Alexander von Humboldt. Gemälde von Joseph Stieler, 1843.

Wie sollte Humboldt nach dem Weg fragen? Sogar die geballte Fauna und Flora, eigentlich ja der Hauptgrund für die weite Reise über den Ozean, setzte ihm inzwischen zu: »Der Boden ist dicht bedeckt mit Gewächsen, und ihre freie Entwicklung findet nirgends ein Hindernis. Eine mächtige Schicht Dammerde weist darauf hin, dass die organischen Kräfte hier ohne Unterbrechung fort und fort gewaltet haben. Krokodile und Boas sind die Herren des Stroms; der Jaguar, der Pekari, der Tapir und die Affen streifen durch den Wald ohne Furcht und ohne Gefahr; sie hausen hier wie auf ihrem angestammten Erbe. Dieser Anblick der lebendigen Natur, in der der Mensch nichts ist, hat etwas Befremdendes und Niederschlagendes. Hier, in einem fruchtbaren Lande, geschmückt mit unvergänglichem Grün, sieht man sich umsonst nach einer Spur von der Wirksamkeit des Menschen um; man glaubt sich in eine andere Welt versetzt, als die uns geboren.«

DER TOTENGRÄBER DES MYTHOS VON EL DORADO

Und doch schimmert in den Schriften Humboldts, bei aller Depression eine gehörige Portion Romantik durch, bei ihm, der als Jugendlicher gleichermaßen Daniel Defoes Roman über Robinson Crusoe und Georg Forsters Reisebeschreibungen der Südsee mit sehnsüchtiger Begeisterung gelesen hatte, der sich als erster Reisender wenige Jahre nach Jean-Jacques Rousseau (»Zurück zur Natur«) ganz bewusst die Wildnis, die unausweichliche Natur zum Ziel gesetzt hatte: »Dichter Nebel schwebt ewig über dem Wasserspiegel. Durch die dampfende Schaumwolke dringen Gipfel der hohen Palmen. Farbige Bögen verschwinden und kehren wieder. Ein Spiel der Lüfte, schwankt das ätherische Bild.« Eine traumhafte Reise.

El Dorado war gewiss nicht Humboldts Beweggrund, bis zu jener Stelle vorzudringen, wo die Boote getragen wurden, viele Tagesreisen oberhalb von Uruna. Hatte er doch selbst nie so recht an ihn geglaubt. Etwas anderes interessierte ihn mehr. Um den Oberlauf des Orinoko, viele Tagesreisen von der Missionsstation Uruna entfernt, rankte sich noch ein zweites bedeutsames Gerücht, dem der junge Wissenschaftler auf den Grund gehen wollte. Eine geografische Einzigartigkeit: Die beiden großen Urwaldströme Orinoko und Amazonas, die sich durch ihre Deltas 2000 Kilometer voneinander in den Atlantik ergießen, sollten hier oben, unweit ihres Quellgebietes, mitten im Dschungel, eine Kanalverbindung haben. Konnte es so ein Naturwunder geben? Der Plan von Humboldt sah vor, vom Orinoko-Gebiet zunächst über Land in den Rio Negro, den Nebenfluss des Amazonas, umzusetzen, anschließend jenen Kanal aufzusuchen, um durch ihn in den Orinoko zurückzukehren.

Seit Walter Raleigh im 16. Jahrhundert auf der Suche nach El Dorado den Orinoko befahren hatte, sprach man über das Gerücht von der Kanalverbindung. Spanische Händler, die entlang der Ströme Eier von Schildkröten sammelten, wollten von ihr wissen, obwohl sie selbst den Kanal nie befahren hatten. Gerüchte gingen um von portugiesischen Sklavenhändlern, die von »ihrem«, vom brasilianischen Amazonas aus in das andere, das spanische Stromgebiet eingedrungen seien, um dort dem Geschäft des Menschenraubes nachzugehen. Auch in Europa sprach man von der Verbindung, selbst berufene Experten hielten so etwas aber für unmöglich: Der französische Geograf und Kartenzeichner Philippe Buache hatte erst ein Jahr vor Humboldts Abreise aus Europa allein die Idee davon als eine »geografische Ungeheuerlichkeit« bezeichnet. Um das zu untermauern zeichnete er kurzerhand eine Kette hohen Gebirges zwischen beide Ströme. Doch die Missionare am Unterlauf waren sich der Existenz der Abzweigung des Orinoko sicher, machten Humboldt Mut, sie aufzusuchen.

Fünf Tage dauerte es, bis die Piroge, der lange Einbaum, über die Wasserscheide getragen war. Die Reisegesellschaft – zu der neben Humboldt und Bonplant sowie den indianischen Helfern auch Papageien, Affen, einem Hund aus der letzten Missionsstation und viele Insekten gehörten – konnte ihren Weg zu

Wasser fortsetzen. Inzwischen war man ja im Gebiet der schwarzen Flüsse angekommen, am Rio Negro. Der Hinweg über die Wasserscheide war also auf klassische Art genommen, über die Hügel, durch den Wald. Sollte er den Rückweg zu Wasser finden, durch den sagenhaften Kanal? Als Humboldt das Boot wieder bestieg, war sein Unternehmen jedenfalls auf dem ersten Höhepunkt, sein Abenteuer, das ihm schon sehr bald unsterblichen Ruhm bringen sollte, ja ihn zum Star machte.

Unter einem besonderen Stern stand seine Geburt sowieso, und zwar in mehrfacher Hinsicht. Der Messeier'sche Komet zog über Berlin, Humboldts Geburtsstadt, an jenem 14. September 1769, entdeckt von Charles Messier, der einst nach Paris gezogen war, weil es ihm in seiner Provinz zu eng geworden war. Wie später Humboldt selbst, der Weltsüchtige. Sein Vater, ein preußischer Offizier, der nach seinen Verdiensten im Siebenjährigen Krieg zum Kammerherrn der Kronprinzessin ernannt worden war, durfte sich noch in Alexanders Geburtsjahr als Frühpensionär auf sein Schloss Tegel bei Berlin zurückziehen, weil die Ehe des Kronprinzen geschieden wurde. Günstigere Konstellationen waren nun kaum denkbar für die beiden Brüder, Alexander und Wilhelm, die durch die vorherige Tätigkeit des Vaters ein besonderes Verhältnis zum Königshaus hatten: Nach seiner Frühpensionierung konnte dieser sein Augenmerk auf die bestmögliche Erziehung legen. Als Mitglied der Freimaurerloge bemühte er sich um Hauslehrer, die dem aufklärerischen Denken nahe standen. Der von Rousseau inspirierte Joachim Heinrich Campe war es, der das Interesse für Robinson Crusoe weckte, er gab den Brüdern seinen Sinn für Exotik mit auf den Weg, brachte ihnen die Berichte der gerade abgeschlossenen Weltumsegelungen von James Cook nah. Als Alexander zehn Jahre alt war, starb sein Vater. Die Mutter, einer Hugenottenfamilie entstammend – und mit dem Geburtsnamen Colomb wie Kolumbus ausgestattet – ließ weiterhin die Sehnsüchte der Kleinen pflegen. »Ich bin für die Tropen geboren«, schrieb Humboldt schon als Heranwachsender in sein Tagebuch. Der Familiensitz galt für ihn nur noch als »Schloss Langeweil«.

Alexander von Humboldt begann zu studieren, zunächst Kameralwissenschaften in Frankfurt an der Oder, dann in Göttingen Ökonomie, Physik, Chemie, schließlich Bergbau im sächsischen Freiberg. Doch seine Reisefreude hatte ihn schon während der Hochschulzeit in die Welt gelockt, es war ihm ein Leichtes, Bekanntschaft zu schließen mit Goethe und Schiller – der von ihm zwar wenig hielt, Goethe dafür um so mehr. Alle beide jedenfalls bestärkten ihn im stürmischen Drang nach draußen. Mit dem Weltumsegler Georg Forster schloss er gar Freundschaft, brach 1990 sogleich mit ihm zu einer mehrmonatigen Reise über Brüssel nach London auf. Auf dem Rückweg ließen sich beide in Paris von der eben ausgebrochenen revolutionären Stimmung begeistern. Dabei konnte der Schwarmgeist – und die Menschheit nach ihm – dankbar sein, dass der Traum der Umstürzler, Erbschaften abzuschaffen, nicht um sich gegriffen hatte. Humboldts Unternehmungen, seine Entdeckungen, alle seine Errungenschaften und wissenschaftlichen Arbeiten, die ihn zum Vorbild für seither acht oder zehn Generationen in der Alten und Neuen Welt machten, wären womöglich im Keim erstickt, wäre er – aus Geldmangel – weiterhin nur für die Lehre des Untertagebaus zuständig geblieben.

Als Bergbau-Experte machte er nach Studium und Reise mit Georg Forster schnell eine aussichtsreiche Karriere im preußischen Staatsdienst, gehörte zu den Kreisen um seine Adelskollegen Stein und Hardenberg, damals bereits mit Einfluss bei Hofe. Doch nach dem Tod der Mutter, sobald Humboldt über seinen Erbteil frei verfügen konnte, hielt ihn nichts mehr im Staatsdienst. Frei von wirtschaftlichen Zwängen, vermögend für wissenschaftliche Träumereien, nahm er sich Großes vor. Nicht allein um den Globus zu fahren, nein, ihn auch zu erfassen, und noch vieles mehr. Eine *physique du monde* sollte es werden, die Darstellung des gesamten physikalisch-geografischen Wissens seiner Zeit wollte er erarbeiten. Ein Vorhaben, das er letztlich in späteren Jahren auch verwirklichte, in seinem vierbändigen Werk *Kosmos*, das vom Erdinnern über die dünne Schicht der irdischen Biosphäre bis hinaus in den Weltraum und den Sternenhimmel alles erfasste – eines der ersten enzyklopädischen Standardwerke der Weltwissenschaft. Doch dafür war noch genug Zeit, später. Vorerst ging es darum, die Welt in Augenschein zu nehmen.

Keine Kavalierstour, keine ästhetische Bildungsreise durch Europa sollte es sein, nicht die *grande tour*, zu der andere vermögende Sprösslinge aus gutem Hause zu jener Zeit aufbrachen; überall mal hineinschnuppern zwischen Athen, Paris, London oder Kairo, um in den Salons mitreden zu können. Nein, es sollte die große Forschungsreise werden, eine Reise in die Neue Welt, ein Unternehmen, das vor ihm noch niemand begonnen hatte. 1796 schrieb er in einem Brief: »Meine Reise ist unerschütterlich gewiss. Ich präparire mich noch einige Jahre und sammle Instrumente, ein bis eineinhalb Jahre bleibe ich in Italien, um mich mit Vulkanen genau bekannt zu machen, dann geht es über Paris nach England, wo ich leicht auch wieder ein Jahr bleiben könnte, und dann mit englischen Schiffen nach Westindien.«

Humboldt durfte seine Reise, den großen Sprung für die Wissenschaft im Zeitalter der Aufklärung, akribisch vorbereiten. Eine begnadete Situation für einen jungen Menschen: Gesellschaftliche Stellung, Ehrgeiz, geistiges und finanzielles Vermögen verschafften ihm Zugang zu den führenden Zoologen, Botanikern und Astronomen seiner Zeit; neue Messinstrumente erprobte er bei Reisen in die Alpen; eigens für seine persönliche Vorbereitung entwickelte er mal eben eine neue, bleibende Schriftzeichensprache, die die geografischen Erscheinungen durch Buchstaben, Pfeile, Symbole und Abkürzungen für Gesteine und Formationen festhielt und die in Teilen Einzug in die Kartografie hielt.

LIZENZ ZUM UNBEGRENZTEN ERWERB VON WISSEN

Im Mai 1798 reiste Humboldt erneut nach Paris, diesmal bereits mit einem beachtlichen Ruf als Wissenschaftler ausgestattet, reüssierte mit blendenden Vorträgen und vervollständigte seine Sammlung für die Bestimmung, Bemessung und Erfassung von Gesteinen, Sternen, geografischen Daten sowie Pflanzen und Tieren. In der damaligen Wissenschaftsmetropole der Welt lernte er auch Aimé Bonpland kennen, seinen späteren Reisebegleiter.

Vorbereitungsreisen, zur Erprobung von Mensch und Messinstrumenten, standen auf dem Trainingsprogramm. Große Würfe waren geplant, manches

^
Humboldt vor dem Chimborazo, den er fast bis zum Gipfel erklomm. Gemälde von Friedrich Georg Weitsch, 1810.

zerschlug sich. Die militärischen Züge Napoleon Bonapartes durch Europa, die zu jener Zeit begannen, machten ihm einen Strich durch die Rechnung. 1798 wollte Humboldt gar nach Afrika übersetzen, um sich der ägyptischen Expedition des französischen Feldherrn anzuschließen, doch der Plan scheiterte. Schließlich machte er sich auf zum spanischen Hof, mit seinem gesamten mobilen Laboratorium. Er wollte die spanische Krone um Unterstützung für seine Forschungsaufgaben in ihren Kolonien bitten. Humboldt bekam sie, die Lizenz zum unbegrenzten Erwerb von Wissen. Eine Symbiose half ihm. Spaniens Karl IV. erwartete neue Erkenntnisse über Bodenschätze in seinen Besitzungen durch den Bergbauexperten. Humboldt erwartete die ganze Welt.

Am 5. Juni 1799 war er an Bord, als eine Fregatte von La Coruna aus in See stach und bald Kurs Westsüdwest nahm, zur Karibik. »Pizarro« hieß das Schiff, benannt nach einem jener Konquistadoren, die auch Südamerika eroberten, aber auf so gänzlich andere Art als Humboldt, ja auf eine von ihm verabscheute Art. Beim Zwischenaufenthalt auf Teneriffa ließ es sich Humboldt nicht nehmen, noch schnell den Pico del Teide, den höchsten Berg des Kanaren-Archipels, zu besteigen und seinen Vulkanismus zu untersuchen. Die weitere Überfahrt bot dann den beiden Forschungsreisenden Himmel und Hölle: Glänzende Sternenhimmel für den Forscher mit kosmischen Ansprüchen, aber auch schwerste Krankheiten, Typhus und Todesfälle an Bord. Doch auch daraus zog Humboldt ein positives Vorzeichen für seine Reise. Wo immer er war, ob in sumpfigen Niederungen oder schwindelnden Höhen, seine Natur war meist stärker als die seiner Mitreisenden. Selbst Epidemien schienen ihm nichts anhaben zu können. Sein weltliches Glück schien von oben unterstützt.

Cumana und Caracas im Vizekönigreich Neu-Granada waren seine ersten Aufenthalte in Südamerika. Im Februar 1800 brach er zu seiner monatelangen Flussfahrt nach Süden auf. Zunächst über die Berge, dann in dem gewaltigen Einbaum auf dem Apure-Fluss abwärts bis zu seiner Mündung in den Orinoko, von da ab stromaufwärts. Neben dem indianischen Steuermann und seinen Ruderknechten sowie einem Dolmetscher zwängte sich noch Pater Bernardo Zea in die so lange, aber doch enge Piroge – einer der führenden Missionare im Vizekönigreich Neu-Granada. Für Humboldt, von Herkunft her dem wohlhabenden, komfortablen Leben zugehörig, begann eine opferreiche Odyssee durch die tropischen Gewässer. Dramen spielten sich ab: Der Hund, ein treuer Reisebegleiter, wurde nachts von Jaguaren zerrissen. Unglaubliches kam ihm zu Ohren: Ein Dschungelbewohner erzählte ihm, wie er seine Frau mästete, um sie anschließend zu verspeisen. Sein Tagebuch führt Groteskes an: Er wohnte bei nackten Indianern, die ihm in stolzem, gebrochenem Spanisch erklärten, sie seien von iberischem Adel. Humboldt erforschte die Zitteraale mit ihrer tödlichen Stromstärke, er lernte die scharfen Gebisse der Pyranhas kennen.

Auch hier wieder: Um ihn herum wurden die Indios an Bord krank, sieben mussten krankheitshalber aussteigen, ersetzt werden. Humboldt – wie sein Begleiter – blieben gesund. War es die große Aufgabe, die ihn resistent machte? Die Dichte der Biosphäre, die Größe der Natur, ein unermessliches Schürfgebiet, eine Forschungsgrube für den gewandelten Bergbauexperten, für ihn ganz allein? Hatte er in der Linken einen neuen Käfer, griff seine Rechte schon nach der unbekannten Orchidee, und er hätte doch noch viel mehr Hände gebraucht. Eine Situation, die ihn abwechselnd in Verzückung und Verzweiflung brachte. Nach seiner Rückkehr vier Jahre später sollte in Europa die Aufrechnung die Runde machen, Humboldt und sein Botanikerfreund Bonpland hätten auf ihrer Reise sechs Prozent der damals bekannten Arten entdeckt.

Und sie entdeckten den Kanal. Das Naturwunder, das die Schwarzwasser-Welt der Amazonas-Zuflüsse mit dem Oberlauf der hellen Orinoko-Wasser verbindet. Wenige Tage schon nach dem Übersetzen der Piroge durch seine indianischen Träger bogen sie vom Rio Negro aus in das Verbindungsstück ein. Dank seiner Vermessungsgeräte konnte Humboldt das Naturwunder genauestens kartografieren. Alle Zweifel waren damit beseitigt. Je nach Stand des Wassers in beiden Flusssystemen strömte und strömt es darin vom Amazonas-Gebiet zum Orinoko oder umgekehrt. Ein natürlicher Kanal, gewiss der einzige der Welt mit einer Länge von 300 Kilometern. Humboldt, der Visionär, sah darin schon das Herzstück einer Handelsstraße zu Wasser, quer durch den Kontinent, die den spanischen Teil mit dem portugiesischen verbinde, um beiden Nationen Handel und Wohlstand zu bescheren. Hätte er erfahren, dass die Portugiesen in Brasilien, die von seiner Anwesenheit im spanischen Neu-Granada mittlerweile wussten, im Grenzgebiet schon Jagd auf ihn, den Spanierfreund, machen wollten, um ihn nach Europa, nach Lissabon auszuweisen – seine Schwärmerei hätte sicher einen Dämpfer erhalten. Doch seine Vision entsprach seinem Weltgeist. Humboldt, der spätere »Kosmologe«, dachte immer schon in globalen Verbindungslinien. So versuchte er bei einem Abstecher auf seiner Reise, in Washington, den US-Präsidenten Thomas Jefferson für die Idee eines Panamakanals zu erwärmen, zur Erschließung der Hemisphäre jenseits von Amerika. Zu früh, er war seiner Zeit zu weit voraus. Über 100 Jahre später erfolgte der Durchstich.

Glücklich gelangte die Gesellschaft – in Begleitung ihres kleinen Zoos – in ihrer Piroge über den Casiqiuare-Kanal zurück in den Orinoko. Stromab ging es nun zügiger, bald kamen die ersten Missionsstationen, die Zivilisation nahm sie Etappe um Etappe wieder in Empfang. Humboldt hatte das große Geheimnis gelöst und war mit einer beispiellosen Ausbeute aus dem Urwald zurückgekommen, einem Großteil jener 6200 neuen Tier- und Pflanzenarten, die er nach seiner Heimkehr in Paris dem Jardin des Plantes wissenschaftlich geordnet übergeben konnte. Es war die ergiebigste Reise aller Zeiten durch einen Dschungel und ist es bis zum heutigen Tag geblieben. Der Rekord dürfte nie mehr eingeholt werden.

Noch viele Stationen steuerte Humboldt auf seiner Fahrt an, nach einem Aufenthalt in Kuba kehrte er zurück nach Neu-Granada. Hin und her gerissen schien seine Planung. Hier erfuhr er, dass er sich womöglich der Weltumsegelungsexpedition des Franzosen Nicolas Baudin anschließen könnte, doch dann ließ er sich begeistern von der lange gehegten Idee der Erforschung der Anden. Die Welt stand dem Freiherrn offen. Fast überall wurde er mit ausgebreiteten Armen empfangen. Nicht nur in Europa, auch in Amerika erfreute sich Humboldt, der Stern der Aufklärung, schon unterwegs einer gehörigen Ausstrahlung – was sich bis zum heutigen Tag nicht ändern sollte. Auch wenn vielerorts profane Ansinnen an ihn herangetragen wurden – Landbesitzer, Beamte des Vizekönigs, Glücksritter bestürmten den ausgebildeten Oberbergrat, er möge ihnen Expertisen über Bodenschätze erstellen; auch wenn El Dorado vor dem immer stärkeren Licht der Erkenntnis langsam aber sicher verblasste: für viele war der Traum vom Edelmetall noch lange nicht zu Ende. Und so hätte Humboldt mit einschlägigen Tipps und Hinweisen sicher ein Vermögen verdienen können. Allein für den Vizekönig erarbeitete er ein Gutachten über die Silber- und Goldgruben, doch Humboldt hatte eine andere Bestimmung, wollte höher hinaus. Die Hinwendung zu den Anden ab Mitte 1801 brachte ihm schließlich den wahren Höhepunkt seiner großen Fahrt: die Besteigung des Chimborazzo. Die Bergwelt der Kordilleren im Westen Südamerikas war elementar für Humboldts universellen Anspruch, den Grund dessen zu suchen, was die Welt im Innersten zusammenhält. Vulkanismus, Gesteinsschichten, Sedimente, das Wachstum der Berge. Aber auch die Luftverhältnisse weit oben und ihre Verträglichkeit, die Wolkenbildung – die Anden übten eine gewaltige Anziehungskraft auf den preußischen Aufklärer aus. Sie galten zu seiner Zeit als das höchste Gebirge auf dem Erdenrund, und der Chimborazzo als ihr höchster Gipfel. Der Italiener Girolamo Benzoni, der ihn 1565 als erster Europäer sah, schätzte seine Höhe gar auf 40 Meilen.

IN GEHROCK UND AUSGEHSCHUHEN AUF DEN GIPFEL

Fast könnte man meinen, Humboldt hätte angesichts dieses Zieles alle Vorsicht, allen Respekt vor der Herausforderung beiseite gelegt. Unfassbar ist es jedenfalls, mit welcher Chuzpe der Preuße den tatsächlich 6310 Meter hohen

Wissenschaftliche Aufnahme des Chimborazo von Alexander von Humboldt, 1810.

Anden-Riesen anstürmte. In einer Zeit, da in den Alpen, den Anden oder im Himalaya noch niemand auf die Idee kam, ohne Not einen Berg zu besteigen. »Der Tag war düster«, notierte er über den 23. Juni 1802, als es losging, in Begleitung Bonplands und des Mestizen Carlos Montufar, Sohn des Provinzgouverneurs. »Wir sahen den Gipfel nur gelegentlich, in der Nacht zuvor hatte es gründlich geschneit. Im eleganten Stadtrock schritten die beiden voran, unerschrocken in Stiefeln mit glatter Ledersohle, die beim ersten Neuschnee auf dem ebenen Trottoire in der Stadt bereits die Standfestigkeit rauben konnten. Der Nebel verfolgte sie weiter hinan. Bei gut 4000 Meter Höhe blieben die Maultiere zurück, bei 5000 machten die Indios kehrt. »Sie sagten dass wir sie töten wollten.«

Der Grat zum Gipfel wurde schmal und schmaler, bis sie nur noch auf allen Vieren wagten voranzumarschieren, nur selten machte ein Loch im dichten Dunst den Blick nach oben frei. Und nach unten. »Traurigste Schreckbilder. Ein Winternebel umhüllte uns, woraus nur von Zeit zu Zeit die grauenvollsten Abgründe in unserer Nähe hervorschimmerten.« Humboldt und Bonpland hatten dieses Mal mit dem anderen Extrem zu kämpfen. Keine überladene Biosphäre mehr, kein erdrückend verdichtetes Leben, das Gegenteil. Nur mehr Minerale, starres Gestein, kristallene Kälte. »Kein beseeltes Wesen, nicht einmal der Kondor, gab der Luft ein Leben.« Am eigenen Leib mussten sie die Lebensfeindlichkeit spüren, die Höhenkrankheit holte sie ein: Schwindel und Brechreiz, Blutungen aus Lippen und Zahnfleisch. Irgendwann ging es nicht mehr weiter. Ein unüberwindlicher Abgrund tat sich unversehens auf zwischen ihnen und dem Gipfel. Ende des Abenteuers, aber Zeit, natürlich, für ein Experiment. Humboldt holte das Thermometer und einen Topf aus seinem Sack, brachte etwas Wasser zum Kochen. Anhand des Siedepunktes berechnete er die erreichte Höhe. 5880 Meter über dem Meer lautete sein Ergebnis. Heutige Rekonstruktionen seiner Strecke – der Bergsteiger Reinhold Messner scheiterte genau an derselben Stelle – deuten auf einen geringeren Umkehrpunkt Humboldts. Messner geht von 5600 Metern aus.

Der Chimborazzo ist nicht der höchste Punkt der Erde, wie sich Jahre später herausstellte, und Humboldt hatte den Gipfel nicht erreicht. Dennoch sind Superlative berechtigt. Zum einen war vor Humboldt kein Mensch auf Erden jemals so hoch gestiegen, jedenfalls gibt es keinen Hinweis darauf. Den Rekord hielt er noch über 50 Jahre, bis 1855 die Gebrüder Schlagintweit am Kamet im Himalaya es bis auf 6785 Meter Höhe schafften. Im Jahr 1828 drückte Humboldt in einem Brief sein Bedauern über die Erkenntnis aus, dass es überhaupt höhere Berge als seinen Chimborazzo gab: »Ich habe mir mein Lebelang etwas darauf eingebildet, unter den Sterblichen derjenige zu sein, der am höchsten in der Welt gestiegen ist und bin stolz gewesen auf meine Aszension! Mit einem gewissen Gefühl von Neid habe ich darum auf die Enthüllungen geblickt, welche Webb und seine Konsorten von den Bergen in Indien gegeben.« Und dennoch: Unter einem bestimmten Blickwinkel ist der Chimborazzo sogar immer noch der höchste Gipfel, denn durch die Abplattung unseres Planeten am Äquator ist sein Gipfel derjenige irdische Punkt, der am weitesten vom Erdmittelpunkt entfernt ist.

Noch fast drei Jahre blieb Humboldt auf Reisen in Amerika. Seine Erkenntnisse für die Wissenschaft zeichnen sich nicht nur durch ihre Fülle aus, sondern auch durch ihre Vielfältigkeit. Hier bestimmte er bei der Gelegenheit des Durchgangs des Merkur durch die Sonne die genauen Koordinaten von Orten neu, da studierte er die Düngeeigenschaften von Guano, was dessen Einfuhr nach Europa in die Wege leitete, oder er beschenkte Mexiko mit einem kompletten Höhenquerschnittsprofil seiner Topografie. Und er engagierte sich ganz besonders in Beschreibungen der politischen, sozialen und wirtschaftlichen Bedingungen, unter denen die Indios lebten, klagte im besten humanistischen Sinne Zwangsarbeit und Unterdrückung an; er schlug US-Präsident Jefferson nicht nur Kanalprojekte vor, sondern verfasste auch ein Buch mit kritischem Impetus gegen die Sklaverei in den Vereinigten Staaten, so dass der Präsident das Werk – bei allem persönlichen Respekt gegen Humboldt – für sein Land auf den Index setzte.

Nur einen Traum konnten sich Humboldt und Bonpland nicht erfüllen. Von den Geschichten seines Hauslehrers Campe war dem Edelmann noch das Abenteuer Núñez Balboas in Erinnerung, der, von einer Höhe in Panama aus als erster Europäer das »Meer des Südens« erblickte, den Pazifik. Auch dieses – in ihren Augen vor allem sinnliche – Erlebnis des in Wirklichkeit so nüchternen und goldgierigen Konquistadoren wollten die beiden Reisenden natürlich noch übertreffen. Am liebsten, so hatten sie es sich vorgestellt, würden sie von einem verschneiten Andenpass auf die hitzeflimmernde Südsee herabschauen. Sie suchten ihn, doch sie fanden den Pass nicht. Da waren die Entfernungen doch zu weit vom Berg zum Meer, war die Welt noch größer, als es selbst Humboldt überblicken konnte. Zum Pazifik wanderten sie dennoch hinab. Und machten die Welt so ganz nebenbei auf eine der bedeutendsten Meeresströmungen aufmerksam: den Humboldtstrom.

So lange dauerte die Expedition der beiden, dass sie in Europa schon totgesagt waren, als sie schließlich, am 3. August 1804, in Bordeaux wieder europäischen Boden betraten. Umso größer war der Jubel in den Zeitungen und Salons. Das Vermögen Humboldts, der die gesamte Expedition und die umfangreichen Vorbereitungen aus eigener Tasche bezahlt hatte, war nun stark angegriffen, doch er konnte es sich leisten. Er konnte sich noch viel mehr leisten: 30 Jahre sollte es dauern, bis er sein Reisewerk vorlegte – das größte je erschienene private überhaupt. Man stelle sich heute, im Zeitalter des sich immer schneller drehenden Wissenschaftszirkus, vor: Ein riesiger weißer Fleck auf dem Globus wird getilgt, großartige geowissenschaftliche, botanische und zoologische Entdeckungen werden getätigt – und mehr als eine Menschengeneration später werden die Berichte darüber veröffentlicht. Doch niemand nahm es Humboldt übel, im Gegenteil. Er war und blieb im Olymp der Berliner Geistesgesellschaft.

Seine Reiseauswertung bewältigte er, bei aller Kraft, die er in der Ruhe fand, glänzend. Er konnte auch noch seinen *Kosmos* vorlegen, sein ererbtes Vermögen ermöglichte es ihm, in seinem selbstbestimmten Forschungsauftrag aufzugehen. Bei seinem Tod 1859 war das Geld verbraucht. Und doch hinterließ er ungleich mehr, als er von seinen Eltern einst auf den Weg mitbekommen hatte.

Meriwether Lewis (1774 – 1809) und William Clark (1770 – 1838)

Die Entdeckung des Wilden Westens

Denkwürdige Umstände waren es schon für eine Geburt, am 11. Februar 1805, an dem Jean Baptiste Charbonneau auf die Welt kam. Viele Wochen westlich des Mississippi, mitten in der weiten Wildnis Nordamerikas, dem weißen Mann noch unbekannt. In einem Blockhaus war es, das im Nadelwald stand, nach außen gut bewacht, denn Fährnisse lauerten viele draußen. Außer der Mutter Sacajawea, eine kaum 15 Jahre alte, tapfere Indianerin vom Stamme der Shoshonen, waren nur raue Gesellen zugegen.

Da war der Vater Toussaint Charbonneau, Franzose, Waldläufer, Fallensteller; in die fernen Jagdgründe gelockt vom Handel mit Biberpelzen. Er war fast doppelt so alt wie seine Frau, die junge Mutter. In einem Indianerdorf hatte er

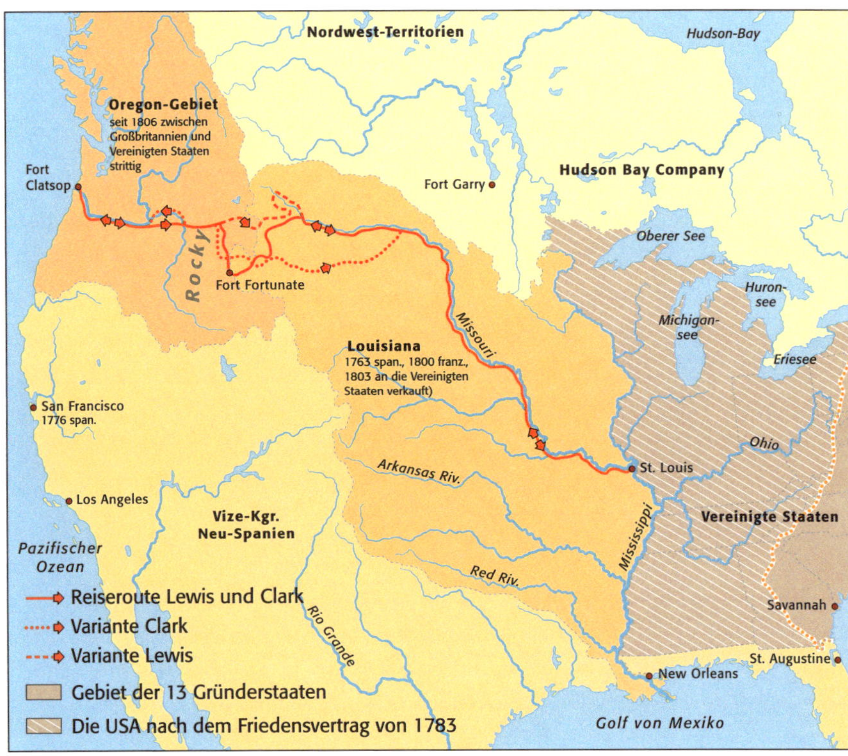

Moderne Zeiten

Die Expedition führte quer über den nordamerikanischen Kontinent, verlief den Missouri und den Beaverhead-Fluss hinauf zum Beaverhead-Gebirge, über den Lost-Trail-Pass zur Bitterroot Range, der Wasserscheide, und auf der anderen Seite nacheinander auf den Flüssen Clearwater, Snake und Columbia zum Pazifik hinab. Viele der Wege und Lagerplätze, damals Monate von der Zivilisation entfernt, sind heute Orte des modernen Amerika. Exakt an der Stelle, an der Lewis und Clark am 26. Juni 1804 mitten in der Prärie anlegen ließen, um zwei Tage lang Reparaturen durchführen, Wäsche waschen, die Tagebücher vervollständigen zu können, landen heute die Jets auf dem Downtown Airport von Kansas City, brummen die LKW über der »Route 70«.

sie von den Hidatsa abgekauft, denen sie als Shoshonen-Kind beim Raubzug in die Hände gefallen war. Da war ein Schwarzer, ein Sklave mit dem Namen York, der praktisch die Hebamme spielte, als wäre es sein Beruf. Und da war ein Haufen von rund 50 Männern, die eine schon sehr weite Reise hinter sich hatten und noch unermesslich weit ziehen mussten: einmal den Kontinent Nordamerika durchqueren, von Ost nach West, zunächst auf dem Missouri, später auf irgendeinem Fluss, der sie an den Pazifik tragen würde. Ein Vorhaben, das sie Jahre in Anspruch nehmen sollte.

Ein Vorhaben, das in gewisser Weise angelegt war wie das des Kolumbus. An ihrem Ziel, der Westküste, waren die Weißen von der nordamerikanischen Ostküste aus schließlich schon angekommen, nämlich um das Kap Horn herum, genauso wie das Abendland lange vor Kolumbus schon Kontakte gepflegt hatte über den östlichen Weg nach Indien. Doch nun ging es um den direkten Weg. Wie damals 1492 über die vermeintlich kürzere Strecke nach Westen, um Fernost zu erreichen, so kam nun die Idee auf, einen neuen Weg zu gehen, diesmal über Land zum Pazifik, an dem spanische, französische, britische und auch US-amerikanische Segler längst vor Anker gegangen waren.

Einen Unterschied gab es zu Kolumbus, der damals die Einfachheit seines Weges pries: Auch wenn sich die Admiralität sicher war, dass der Weg über Land kürzer war – dass er komfortabler war, meinte diesmal niemand. Zu Recht, wie sich am Ende der viele tausend Kilometer währenden Expedition herausstellen sollte. Nahe dem Flecken Saint Louis, heute eine Millionenstadt an der Einmündung des Missouri in den Mississippi, hatten die Männer ein Jahr zuvor, im

Frühling 1804, zum Aufbruch geblasen, ins Herz des unbekannten Erdteils. Jetzt, im Februar 1805, nach knapp 2000 Kilometer Flussfahrt, hatten sie ihren ersten Winter hinter sich gebracht, im Fort Mandan, etwas südlich der Stelle, an der der Missouri auf seinem langen Weg von Westen abknickt nach Südost.

Meriwether Lewis und William Clark hießen die Anführer des verwegenen Trupps. Auftraggeber war der dritte Präsident der Vereinigten Staaten von Amerika, Thomas Jefferson. Es war sein lange Jahre gehegter Traum. Die Zeit war reif für das Unternehmen, für das der noch so junge US-Kongress bereitwillig 2500 Dollar zur Verfügung gestellt hatte. Niemand beklagte sich darüber, dass die Kosten auf 40.000 Dollar angewachsen waren, als die beiden Anführer gegen Ende des Jahres 1806 nach ihrer Rückkehr in Washington Bericht erstatteten. 9000 Kilometer hatten sie zurückgelegt, zu Wasser, zu Land, über die Prärie, über das Gebirge. 50 Mann, eine junge Frau und ein Baby, das alle bezaubernd fanden und das als Säugling die legendärste Expedition quer durch die Vereinigten Staaten begleitete, als es die noch gar nicht gab. Und das bei der Rückkehr als kleiner Junge alles glücklich überstanden hatte, über gefährliche Kaskaden des großen Stromes, über kontinentale Wasserscheiden, durch feindliches und freundliches Indianerland. Jean Baptist war der jüngste Teilnehmer einer Reise, die zum Gründungsmythos der Vereinigten Staaten gehört.

JEFFERSONS TRAUM

Vier Mächte konkurrierten in jenen Tagen um das Herzland Nordamerikas: Spanien, Frankreich, Großbritannien und die USA. Die abtrünnige Kolonie Londons hatte sich an der Ostküste Nordamerikas etabliert, eben in Neu-England, nach harten Kämpfen gegen das Mutterland. Doch in Washington, der aus dem Indianerland gestampften Hauptstadt, dachte man schon weit hinter den Horizont. Thomas Jefferson hatte soeben von den Franzosen deren gesamtes Land westlich des Mississippi, wie weit es auch gehen mochte, für 15 Millionen Dollar gekauft. Ein Areal, das heute ein gutes Dutzend Bundesstaaten umfasst. Doch das Eigentumsrecht allein genügte ihm nicht. Jefferson drängte, das Land auch in Besitz zu nehmen, das niemand kannte, dessen Weite unermesslich war, von dessen Schätzen bislang nur Träume erlaubt waren. Schon Ohio, Kentucky und die anderen etwas von der atlantischen Küste abgelegenen US-Staaten waren eine andere, eine ferne Welt. Der Präsident wollte aber den ganzen Kontinent. Er war getrieben, seit Jahrzehnten.

Schon als Kongressabgeordneter im Jahr 1783 – die USA hatten sich sieben Jahre zuvor von London losgesagt – wandte er sich an den General und Kriegshelden Rogers Clark, ob der nicht eine Expedition auf dem Landweg zur West-

Wozu all die Strapazen?

Die Durchquerung des nordamerikanischen Kontinents auf dem Gebiet der heutigen Vereinigten Staaten gilt als ein Anstoß dafür, dass die USA vom Atlantik bis zum Pazifik reichen, auch wenn die Westküste erst – nach dem großen Goldrausch in Kalifornien 1848/49 – ab der zweiten Hälfte des 19. Jahrhunderts in die Union aufgenommen wurde. Lewis und Clark samt ihren Männern nahmen nicht nur die Topografie des amerikanischen Westens auf und tilgten große weiße Flecken auf der Landkarte zwischen den Ozeanen, sondern entdeckten für die Weißen eine Vielzahl neuer Arten von Insekten, Säugetieren und Vögeln. Der eigentliche Hauptzweck der Expedition blieb dabei unerreicht: einen Weg von Küste zu Küste zu finden, der mit Schiffen zu befahren und an der Wasserscheide nur ein, zwei Tagesetappen weit auf dem Landweg zu überbrücken wäre. Seit die Entdecker nach Kolumbus feststellen mussten, dass Amerika eine Barriere darstellte auf dem Weg nach Ostasien, war die Suche nach einer Passage eröffnet. Magellan fand sie 1520 erst weit im Süden, im 19. Jahrhundert verstärkte sich die Suche im Norden. Alexander Mackenzie, der 1793 in Kanada zur Westküste vorstieß, fand keinen schiffbaren Durchgang, viele Expeditionen, darunter die berühmte von John Franklin, scheiterten an der Aufgabe im Nordmeer. Erst Roald Amundsen erzwang die Durchfahrt 1903–06 mit zwei Überwinterungen. Sie erwies sich als zu schwierig, um wirtschaftlich zu sein.

küste führen wolle, die keine zehn Jahre zuvor von James Cook auf dessen dritter Weltumsegelung erkundet worden war. Sein Hintersinn: der befürchteten britischen Ansiedlung in Kalifornien zuvorzukommen. Clark lehnte ab. Drei Jahre später, Jefferson war inzwischen Botschafter in Frankreich, überredete er in Paris seinen Landsmann John Ledyard, über die Ostroute, quer durch Russland, zur amerikanischen Westküste vorzustoßen und sie in Besitz zu nehmen. Ledyard machte sich auf den Weg, doch Agenten der Zarin Katharina stoppten ihn in Sibirien und schickten ihn zurück. Wiederum sechs Jahre später, Jefferson war inzwischen Außenminister, lockte er einen Arzt und Botaniker mit einer hohen Belohnung, den Landweg durch den amerikanischen Kontinent nach Westen zu suchen. Die Expedition kam nie zustande.

Jefferson sah seine Felle davonschwimmen. 1792 durchquerte Alexander Mackenzie im hohen Norden das heutige Kanada, auf der Suche nach einem Seeweg vom Atlantik zum Pazifik, der legendären Nordwest-Passage. Vergeblich, noch. 1793 bereiste der britische Kapitän George Vancouver – um das Kap Horn herum – die nördliche Westküste, fuhr den Columbia River 100 Meilen landeinwärts hinauf. Die Sache kam in Bewegung, Sondierungen stachen immer weiter ins Landesinnere vor. Im selben Jahr startete im Auftrag Jeffersons der Franzose André Michaux zum Missouri, um von dort aus den langen Weg über die Rocky Mountains an die Westküste einzuschlagen. Doch er machte kurz darauf kehrt auf Befehl Frankreichs – das im Jahre 1800 das Gebiet nördlich von New Orleans annektierte, das eigentlich von den Spaniern beanspruchte »Lousiana-Gebiet«.

Im folgenden Jahr, 1801, änderten sich für Jefferson die Voraussetzungen, er wurde Präsident. Umgehend begann er, seinen Traum vom Westen zu verwirklichen. Er wollte den Durchstoß – bis zum jenseitigen Ozean. Als Erstes kaufte er den Franzosen das Lousiana-Gebiet ab, als Zweites stellte er Meriwether Lewis, der sich schon für die Michaux-Expedition beworben hatte, als seinen Privatsekretär ein. Und als Drittes schlug er dem Kongress eine Forschungsexpedition durch den Westen zum Pazifik vor: »Ein intelligenter Offizier, mit zehn oder zwölf ausgesuchten Männern, könnte die ganze Frontlinie erforschen, wohl gar bis zum westlichen Weltmeere, mit den Eingeborenen über den Gegenstand kommerziellen Verkehrs konferieren, von ihnen die Einwilligung zum Zugang unserer Händler erhalten, und im Verlaufe zweier Sommer mit den angesammelten Informationen zurückkehren.«

Da war er, der US-amerikanische Beweggrund: Nicht nur um die Erforschung des Weges zum Westen ging es, auch nicht nur um die Sicherung der Besitzansprüche, letztlich der Hegemonie in der westlichen Hemisphäre, sondern immer auch um die Sondierung der Möglichkeiten zum Handel. Natürlich war es auch das Anliegen, die Besitzrechte nun wahrzunehmen, nachdem man sie erworben hatte. Den Briten, Franzosen und Spaniern zuvorzukommen, die nach wie vor ein Auge auf den Westen geworfen hatten – Nationen, deren Schiffe bereits die Westküste besegelt hatten.

Einige wenige Versprengte aus mancher Herren Länder hatten sich schon vorgewagt in jene Sphären, die Jeffersons Expedition ergründen sollte: weiße Fallensteller, Trapper, meist als Angehörige von westlichen Handelskompanien, die mit ihren Stützpunkten schon weit in die Wildnis gekommen waren. Doch einige Pioniere – Waldläufer, Desperados und weit blickende Abenteurer – gingen auf eigene Faust noch weiter, legten sich viele hundert Meilen tief im Indianerland Depots an, verbrüderten sich mit den Rothäuten, feilschten und kämpften mit ihnen.

›
William Clark, als Gouverneur des Missouri-Territoriums. Ölgemälde, Anfang 19. Jahrhundert.

ES GEHT LOS

Lewis, Jeffersons einstiger Privatsekretär, wurde nun, mit 30 Jahren, der Kommandant der Expedition, die endlich die Wünsche des Präsidenten erfüllen sollte. In einem ausgeklügelten Rekrutierungsverfahren hatte er seine Männer zusammengestellt, hatte seinen alten Freund, den in Auseinandersetzungen mit Indianern erfahrenen Offizier William Clark, 34, zum gleichberechtigten Führer gewonnen, als sich der Trupp im Herbst 1803 ein paar Meilen entfernt vom Städtchen St. Louis eingefunden hatte.

Noch konnte und wollte man nicht aufbrechen. Ein harter Winter stand bevor, zum Training, zum Zusammenwachsen. Eisschollen schlossen nach und nach den Missouri. Man baute das Lager Dubois und richtete sich ein. Lewis und Clark wollten sehen, wer von den Männern geeignet wäre und wer nicht. Obwohl beide Anführer Einfühlsamkeit besaßen, konnten sie nicht auf militärischen Drill verzichten, ließen Prügelstrafen exekutieren. Die Truppe übte das Leben in der Wildnis, ganz auf sich gestellt. Waldläufer aus der Umgebung, die sich ein wenig im Westen auskannten, wurden angeheuert, auch als Dolmetscher. Darunter legendäre Köpfe wie John Colter. Von anderen holte man so viele Informationen ein, wie man bekommen konnte: Wie kalt würde es werden, wie hoch waren die Berge im fernen Westen, wie gefährlich waren die

Die Anführer der Expedition

Meriwether Lewis (1774–1809) studierte Mathematik und Latein, war Milizsoldat bei den Kämpfen gegen die Indianer in Ohio und ab 1801 Privatsekretär von Präsident Jefferson. Nach der Reise wurde er mit einem Vermögen und Ländereien beschenkt, 1807 zum Gouverneur des oberen Louisiana ernannt. Die Umstände seines Todes im Jahr 1809 sind ungeklärt, er soll bei einer Schießerei umgekommen sein.
William Clark (1770–1838) genoss nur eine bescheidene Schulbildung, erlangte aber als Autodidakt große Fähigkeiten im Kartenzeichnen. Beim Militär lernte er den Freund und Mitstreiter Meriwether Lewis kennen, der ihm 1803 das Mitkommando an der Expedition antrug. Nach der Expedition wurde Clark mit dem Posten des Indianer-Beauftragten (»Super-Intendent of Indian Affairs«) und des Gouverneurs des Missouri-Territoriums bedacht. Neben vielen anderen Tätigkeiten verbrachte er viel Zeit mit der Auswertung der auf der Reise gesammelten Informationen.

Indianer und die unheimlichen Riesenbären, von denen manche gehört haben wollten?

Noch mitten im Winter, im März 1803, verabschiedeten sich Lewis und Clark für drei Tage von der Mannschaft, nach St. Louis, zur feierlichen Übergabe des Lousiana-Gebietes an die Vereinigten Staaten. An ihnen und ihren Männern sollte es nun liegen zu ergründen, was für ein Land man da erworben hatte – und was dahinter lag.

Gut zwei Monate später war es so weit. Der Missouri war wieder aufgetaut. Die Truppe stand bereit: 49 Männer in einem Kielboot und zwei Pirogen, Soldaten, Schmiede, Zimmerleute, ein Arzt; auch York, der schwarze Sklave Clarks – die Mannschaft, die für Washington DC ganz Amerika erobern sollte. Im Gepäck ein Eisenrahmen für ein zusätzliches, 40 Fuß langes Faltboot, Navigationsbestecke, 150 Waffen, 600 Pfund Munition, Tonnen an Ausstattung für Feldlager, Trockenverpflegung, Unmengen Perlen, Spiegel und anderer Tand, aber auch Fässer mit Hochprozentigem für die Indianer, 30 Pfund Medikamente.

Am 14. Mai waren die Leinen los, endlich ging es den Missouri aufwärts. Tag für Tag verabschiedeten sich die Flussschiffer ein Stück mehr aus den Sphären ihrer Zivilisation. Je nach Wind und Strömung schafften sie mal 10 Meilen, mal 20; mal konnten sie segeln, mal mussten die Männer rudern, mal am Ufer schleppen. Am 25. Mai notierte Clark in seinem Tagebuch die Stichworte: »Zu einem kleinen französischen Dorf namens la Charette, von bloß fünf Familien, dies ist die letzte Siedlung von Weißen, gegenüber eine Insel.« In einem Haus dieser Siedlung stießen Lewis und Clark auf eine Figur, die später in die Weltliteratur einging: Daniel Boone, ein menschenscheuer Alter, der sie durch das Fenster seiner Hütte anblickte. Er wurde das Vorbild für den Titelhelden in Fenimoore Coopers *Lederstrumpf*, den Waldläufer im großen Roman des frühen Westens.

Das Wetter schien sich gegen die Männer verschworen zu haben. Es regnete oft und viel, morgens war der Fluss von Nebel überquollen. Die Nässe ließ viele von den Lebensmitteln vergammeln, machte die Zugseile für das Treideln mürbe. Sie rissen häufig und brachten die Boote in Turbulenzen. Noch klappte wenigstens eines: die Nahrungsversorgung durch Frischfleisch in den Wäldern und Prärien. Steuerbords und backbords waren die Jagdgründe der Indianer unerschöpflich: Büffel, Biber, Bären, auch Hirsche. Nahezu den ganzen Weg verlief die Expedition auf zwei Parallelstrecken: zu Wasser und zu Land. Die Tagebücher verzeichnen hier ein Strafgericht, fünfzig Hiebe auf den Rücken wegen unerlaubten Whiskytrinkens, da einen Schlangenbiss mit Schwellungen, die mit Baumrinde behandelt wurden, alltägliche Probleme. Die Franzosen in der Mannschaft begannen irgendwann zu murren, weil es nicht vier, fünf oder gar sechs Mahlzeiten am Tag gab, wie sie es gewohnt waren.

Viele Gespräche im Lager Dubois bei St. Louis vor der Abfahrt hatten sich um Informationen vom Hörensagen gedreht: Wie man wohl von den Indianern aufgenommen würde, welche Stämme gefährlich werden könnten, welche friedlich seien, und wer da gegen wen sich auf dem Kriegspfad befinde? Der größte Respekt der Truppe gebührte den Sioux. Am 9. Juli – zwei Monate war es am Ufer friedlich geblieben, backbords wie steuerbords– schrieb Clark in sein Tagebuch: »Sahen ein Feuer steuerbords. Schickten eine Piroge zu unseren Aufklärern an Land. Kehrten zurück und teilten mit: als sie sich dem Feuer näherten, sei es gelöscht worden. Dieser Bericht veranlasste uns, auf der Hut zu sein. Vermutlich eine Gruppe Sioux auf dem Kriegspfad; feuerten das Buggeschütz ab, um die Leute zu alarmieren.«

Die Expedition kam langsamer voran, als bei der Planung vorgesehen. Doch abgesehen davon verlief das erste Jahr insgesamt undramatisch. Zunächst waren nur Spuren von Indianern zu sehen, hier und da entdeckten die Männer am Ufer die Vertreter verschiedener Stämme. Zumeist zogen sie sich zurück, wenn das Kielboot und die Pirogen auf sie zuhielten. Ab und zu wagte sich einer von ihnen zu den Lagerplätzen. Aus einer solchen Situation heraus ließ Lewis im August über einen Dolmetscher Vertreter vom Stamme der Missouri und Oto auf das Schiff einladen. Unter dem Schutzdach des Großsegels fand eine regelrecht formale diplomatische Begegnung statt – jedenfalls sahen die Weißen das Treffen so, die sich als Sendboten der »neuen Väter der Indianer aus dem fernen Washington« betrachteten. Clark notierte: »In Gegenwart unserer paradierenden Truppe hielten wir ihnen eine lange Ansprache über unsere Reise und das Wirken unserer Regierung. Wir gaben ihnen einige Ratschläge und Maßregeln, wie sie sich benehmen sollten.« Die verschiedenen Häuptlinge erhielten Medaillen zweiter und dritter Klasse. Und ein paar Geschenke, einschließlich einer Flasche Whiskey. »Die Häuptlinge hielten alle eine Rede, sie billigten unsere und versprachen, die Ratschläge und Maßregeln zu befolgen und sagten, sie seien glücklich über die neuen Väter und darüber, dass sie sich auf sie verlassen könnten.« Die große Attraktion für alle Indianer auf der langen Strecke: Clarks Sklave York. Nie zuvor hatten die Rothäute einen Schwarzen gesehen.

ANGST VOR DEN SIOUX

Am 14. August kamen sie einer Siedlung der Mahar-Indianer – einer »Stadt« wie Clark schrieb – auf die Spur, in der kürzlich 300 Menschen den Pocken zum Opfer gefallen waren, die über Zwischenstationen von Europäern zu ihnen gedrungen waren. Eine Woche später starb Charles Floyd als einziger auf der langen Reise, vermutlich an Blinddarm-Durchbruch. Er wurde auf dem Steilufer eines Nebenflusses begraben, der Fluss selbst nach ihm benannt.

Wiederum acht Tage weiter fuhren der Gesellschaft auf dem Missouri zwei Flöße entgegen, mit Pelzen schwer beladen. Hinter beiden Fellbergen kam jeweils, am Ruder stehend, ein Weißer zum Vorschein, Pierre Dorion, ein Missouri-Trapper, und sein Sohn. Dorion vermochte es nicht nur, mit den Sioux auszukommen, er hatte auch eine Sioux-Squaw zur Frau – neben anderen in der Weite des Westens. Er verkaufte den Amerikanern 300 Pfund Büffelfett zum Einreiben, als Mittel gegen die unerträglichen Mücken. Auch er bekam Whiskey, trank Unmengen davon – blieb gleichwohl nüchtern, erzählte aber eine ganze Nacht lang aufregende Geschichten über das Leben in der Wildnis. Tage später tauchte am Ufer ein anderer Fallensteller auf, Jean Valle, Angehöriger einer reichen französischen Pelzhändlerfamilie in St. Louis. Auch er berichtete Unglaubliches: dass er den letzten Winter zehn Tagesreisen westlich, an den Ausläufern hoher Berge verbracht und dort von Cheyenne-Indianern erfahren habe, dass weiter gegen Sonnenuntergang sprudelndes Wasser aus der Erde hoch in die Luft spritze.

Am 23. September machte sich für ein paar Tage dann doch noch die Angst vor den Sioux breit. Die Männer sahen Rauchzeichen am Horizont, nach über-

^
Das Tal des Yellowstone River im gleichnamigen Nationalpark.

einstimmender Auffassung ihrer Übersetzer die eindeutige Mitteilung eines Indianerstammes. Eine Warnung, nicht weiter vorzudringen? Bei Kontakten mit anderen Stämmen wiederum boten die Frauen ihre Liebesdienste an, bisweilen auch vermittelt durch ihre Männer. Im Tagebucheintrag Clarks am 15. Oktober ist zu lesen: »Ihre Frauen mögen es sehr, unsere Männer zu streicheln.« Viele Teilnehmer der Reise steckten sich mit Geschlechtskrankheiten an, verbreiteten sie auch den Missouri hinauf bei anderen Stämmen und auf der anderen Seite den Columbia hinab.

Am 1. November, fünf Tage, nachdem man das erste Dorf der Mandanen-Indianer passiert hatte, war die große Reise für dieses Jahr beendet. An einer ausgedehnten bewaldeten Landspitze legten die Männer an und steckten am nächsten Morgen das Terrain ab für ein Fort, in dem sie die nahenden Wintermonate verbringen wollten. Am Nachmittag schon fällten sie die ersten Bäume für die Blockhäuser. Über die Mandanen und die Hidatsas, ihre neuen Nachbarn, hatten sie erfahren, dass sie ihnen freundlich gesonnen waren: zwei Stämme mit rund 300 Hütten, verteilt auf eine Handvoll Dörfer mit insgesamt 4500 Menschen. Den weißen Mann hießen sie willkommen, auch weil sie sich Geschäfte mit ihm versprachen.

‹
Meriwether Lewis in Trapperkleidung. Aquarell, 1807.

Der Winter verlief ohne größere Aufregungen. Schnell machten die Männer die Erfahrung, dass die Kunde ihrer Überwinterung weit ins Land hinausgedrungen war. Über weite Wege durch die Prärie kamen Weiße aus den Tiefen des Landes. Franzosen meist, Fallensteller, Händler, die nun ihrerseits in der Wintersaison ihre Dienste anboten, als Dolmetscher, als Vermittler mit der Wildnis. Manche gar von hoch im Norden, der den Franzosen geblieben war. Franzosen, Leute von der »Hudson Bay Company«, aus dem Fort Assiniboine, die wie Zugvögel im Winter sich nach Süden wandten.

Bald schon, als die Blockhäuser fertig waren, stand auch Toussaint Charbonneau vor der grob gezimmerten Tür, mit seiner 15-jährigen, hochschwangeren Squaw Sacajawea. »Das ist eine Shoshonen-Prinzessin«, sagt er. Er pries an, wie gut sie die Sprache ihres Stammes spreche, eines Volkes, das am schweren Aufstieg zum großen Gebirgszug wohne, auf deren Unterstützung man gewiss noch angewiesen sein werde. Ein Hinweis, dessen Gewicht Lewis durchaus klar war und der sich bewahrheiten sollte. Der Winter wurde lang, wenn auch selten bitter kalt.

Vorbereitungen für die Weiterfahrt wurden getroffen, neue Einbäume gezimmert. Das viele Wild, was im November noch geschossen wurde, fütterte die Männer durch, und nun auch die junge Frau. Am 11. Februar kam sie nieder, Jean Baptiste war da, der kleine Mestize. Ein Baby, das bald die Herzen aller rauen Männer erweichen sollte. Lewis und Clark beschlossen, die junge Familie mitzunehmen. Zuvor allerdings wurde ein Teil der Mannschaft auf dem Kielboot zurückgeschickt. Sie brachten die ersten wissenschaftlichen Auswertungen der Reise nach St. Louis und nach Washington: Tagebücher, Funde von Skeletten, Pflanzen, Gesteinsproben, Felle. Und fünf lebende Tiere. Darunter auch eine Elster, ein bislang völlig unbekannter, aufdringlicher Vogel.

DER ERSTE GRIZZLY

Am 7. April gingen 31 Männer, eine Shoshonen-Squaw und ein Säugling auf Reisen, weiter nach Westen, in zwei Pirogen und sechs Einbaumkanus. »Wir machten uns nun auf, um in ein Land von wenigstens zweitausend Meilen Breite einzudringen, welches der Fuß zivilisierter Menschen noch niemals betreten.« Warm wurde es zunächst und eigentlich bequem. Genug Wild lief den Entdeckern in der ersten Zeit wie von allein vor die Flinte, außer Büffeln und Bibern nun auch Wildgänse, Schneehasen.

Bald aber zeigte sich, dass das zweite Jahr der Reise harte Prüfungen bereithielt. Es sollte anders verlaufen als 1804. Ende April begegneten sie dem ersten Grizzly-Bären, einem bislang unbekannten Ungeheuer. Angeschossen nahm es noch die Verfolgung der Männer auf. Lewis schrieb im Tagebuch: »Es ist ein sehr viel grimmigeres und Ehrfurcht gebietenderes Tier, und wird den Jäger, welcher es verwundet, häufig verfolgen. Es ist erstaunlich, welche Wunden es auf sich nehmen kann, bevor der Tod eintritt.« Mehrfach im Laufe des Jahres entgingen die Jäger der Mannschaft nur knapp dem Tod, konnten erst in letzter Sekunde nachladen, Aug in Aug mit einem angeschossenen Bär.

Es war nun auch die Streckenführung, die große Probleme bereitete. Barrieren taten sich auf wie die Great Falls, ein immenser Katarakt, der in wochenlangen Anstiegen umwandert, mit den Schiffen umklettert werden musste. Eingeplant dafür war ein halber Tag, doch es dauerte einen Monat. Mehrfach war bei Einmündungen von Flüssen unklar, bei welchem es sich um den Missouri handelte, welcher zum Ziel führte. Viele Tage und Meilen mussten sich da die Männer trennen, um die unterschiedlichen Optionen auszuloten. Doch immer wieder waren sie überwältigt von den landschaftlichen Eindrücken der Canyons, der Sandsteinklippen, der Gewaltigkeit des Westens: »Szenen der visionären Verzauberung ohne Ende«.

Sie selbst wähnten sich langsam im Kielwasser großer Entdecker: »Diese kleine Flotte, wiewohl nicht ganz so respektabel wie diejenigen von Kolumbus oder Cook, wurde doch von uns mit ebensolcher Freude angesehen wie diese verdientermaßen ruhmreichen Abenteurer jemals ihre betrachteten.« Und ähnlich wie Kolumbus kurz vor Amerika schwammen nun auch Lewis und Clark inmitten jenes Kontinents hier und da aufschlussreiche Spuren von Zivilisationen entgegen: »Fanden heute einen neuen indianischen Wigwampfahl, vom Fluss hinab getrieben, er war am Ende abgenutzt, als sei er von Hunden oder Pferden geschleppt worden, außerdem einen Fußball, und noch etliche weitere Gegenstände wurden gefunden.«

Die Mannschaft gewann an Höhe, es ging auf die Berge zu, die kontinentale Wasserscheide nahte. Das Wild wurde spärlicher rechts und links des Stromes, der schmaler wurde, dessen Tal sich zu einem hohen, steilen Canyon verengte. Auch die Indianer machten sich rar. Nur noch Spuren von ihnen, Indianerstraßen, aber kein Verkehr darauf. Es war schon August, als Sacajawea nach dreimonatiger Reise plötzlich auf bekannte Landmarken stieß: »Die Indianerfrau erkennt den Vorsprung einer Hochebene zur Rechten wieder, welcher, wie sie sagt, nicht sehr weit vom sommerlichen Rückzugsort ihres Volkes ist«, schrieb Lewis.

VORBOTEN VOM PAZIFIK

Kurz darauf trafen sie auf den ersten Krieger der Shoshonen, hoch zu Ross. Pferde – eine Errungenschaft, die auf die Spanier zurückging und die sich, lange bevor die ersten Weißen ihn durchdrangen, quer durch den Kontinent verbreitet hatte. Und dennoch war dies nun eine Begegnung zweier Welten. Weder der Indianer noch die Weißen konnten wissen, welche Absichten die andere Seite hegte, welche Signale auszusenden waren, um den Frieden zu bewahren. Doch eines wusste Lewis in dem Moment, da das Hochgebirge bereits am Horizont stand: Er würde schon bald auf Pferde als Transportmittel angewiesen sein, über die seine Expedition nicht verfügte, die sie irgendwo einhandeln mussten. Die Schiffe würden die Männer nicht weitertragen, im Gegenteil, sie würden sich zur schweren Last wandeln.

Viele lange Minuten tasteten Lewis und der Shoshone sprachlos ihre gegenseitigen Gedanken ab, Sacajawea war in dem Moment nicht zugegen. Schließlich sprengte der Indianer auf seinem Pferd davon und hinterließ einen verzweifelten Lewis. Doch sie trafen erneut auf Indianer. Und noch lange, bevor sie den Gebirgskamm erreichten, bekam Lewis von einem Häuptling Muscheln geschenkt, die er ihm ins Haar band. Muscheln, die sie als pazifische erkannten:

^
Ein Dreivierteljahrhundert später: Siedlertreck auf dem Oregon Trail. Gemälde von Alfred Bierstadt, 1869.

die ersten handfesten Signale vom Ziel ihrer großen Reise. Am 17. August, der Trupp Weißer hielt sich gerade in einem Shoshonen-Dorf auf, wurden die Männer Zeugen einer denkwürdigen Begegnung. Sacajawea, die Shoshonen-Frau Charbonneaus, eilte aus der Mitte der Männer heraus auf einen Indianer zu, den Häuptling Cameahawait, und lutschte vor ihm an ihrem Daumen. Ein Zeichen, dass es sich um einen Verwandten handelte. Cameahwait war ihr Bruder.

Cameahwaits Volk besiedelte jenes Gebiet, das sich als entscheidende Etappe der Expedition herausstellte. Es verhielt sich nämlich keineswegs so wie Lewis und Clark es anfangs vermutet hatten: dass sich die Missouri-Quelle gleichsam in Nachbarschaft zum Ursprung eines Flusses befinde, der sie zur Pazifik-Küste tragen würde. Schluchten, hohe Gebirge, Weglosigkeit, die Kontinentalscheide war eine fast unüberwindliche Hürde. Anfangs konnten sie von den Shoshonen billig ein paar Pferde erstehen, doch sie brauchten viele und sie wurden schnell unermesslich teuer. Ein Krieger des Stammes führte sie, aber die Strecke wurde nahezu unpassierbar. Der erste Schnee kam, das Wild verschwand im hohen Gebirge, der Hunger wurde unerträglich. Auch die letzte Trockensuppe ging zur Neige, sie mussten Pferde schlachten, um zu überleben, was ihren Mägen überhaupt nicht bekam. Wiederholt stürzten Mensch und Tier tief hinab, wie durch ein Wunder ohne lebensgefährliche Verletzungen. Verzweiflung machte sich breit. Mit die höchste Moral legte noch Sacajawea an den Tag, ihr Kleinkind auf dem Rücken. Sie durfte freilich weite Strecken reiten – so weit dies die Strecke dem Pferd erlaubte.

Fast ganz oben, kurz unterhalb des Passes erfuhren sie von vorbeiziehenden Indianern, dass sie nach den Great Falls einen falschen Weg eingeschlagen hatten. Es gab einen kurzen, bequemen Weg, der in nur vier Tagen zu bewältigen war, während sie sich 53 Tage lang an der Grenze von Leben und Tod schinden mussten. Ein Tiefschlag auf die Moral der Truppe, doch gottlob war man nun über den Berg.

Ende September waren sie auf der anderen Seite, sie erreichten ein Dorf der Nez-Percés-Indianer, wurden von ihnen wieder aufgerichtet und gefüttert, mit Wurzelgemüse – und mit Lachs, dem Beweis, dass die pazifische Seite erreicht war. Auch entdeckten sie in den Dörfern Schmuck, der sichtlich von weißer Hand gefertigt war und offenbar von Handelsstationen der Spanier unten am Meer stammte. Die Männer erreichten über mehrere Flüsse hinab schließlich den Columbia River. Genügend Wild lief ihnen wieder vor die Flinte, der Fluss gab ebenfalls überreichlich Nahrung. Wochen vor der Küste schon bemerkten sie das regelmäßige Auf und Ab von Ebbe und Flut, der Ozean kam näher. Ohne weitere Probleme erreichten sie im November die Mündung des Columbia in den Pazifik und überwinterten an der Küste, bei Dauerregen.

Eine Hoffnung erfüllte sich nicht: die auf weiße Händler zu stoßen oder gar auf ein Schiff, das sie vielleicht mit zurücknehmen konnte, zur Ostküste. Die Indianer erzählten ihnen nur, dass oft Menschen übers Meer kämen, die dieselbe Sprache wie die Expeditionsteilnehmer sprachen. Auch sie selbst hatten bereits viele Worte von ihnen gelernt: Schießpulver, Schuss, Messer – auch Hurensohn. Viel später stellte sich heraus, dass die amerikanische Brigg »Lydia« zur selben Zeit nahe der Columbia-Mündung vor Anker lag, sie war auf dem Weg nach China. Lewis und Clark hörten nichts davon.

So machten sich die Männer im März 1806 wieder auf über die Rocky Mountains nach Osten. Dabei ging die Expedition streckenweise getrennte Wege. Clark erforschte den Yellowstone River, Lewis nahm jene Abkürzung zu den Great Falls, von denen die Indianer am Pass erzählt hatten. Flussabwärts ging es zügig und ohne besondere Vorkommnisse zurück, im September bereits war St. Louis wieder erreicht. Die Rückkehr der beiden Anführer und ihre Ankunft in Washington wurden zu einem großen Triumph. Auch wenn die Nordwest-Passage, der Schiffahrtsweg vom Atlantik zum Pazifik, auch hier nicht gefunden wurde: Jeffersons Traum von der Durchquerung seines Kontinents hatte sich erfüllt.

Heinrich Barth (1821–1865)

Durch die Sahara ins sagenumwobene Timbuktu

Schwere Wolken hingen am Himmel über der Wüste, von Sand gesättigte Luft. Es war Mittwoch, der 7. September 1853, als die dunklen Mauern der Stadt auftauchten. Ein sagenhafter Ort lag vor Heinrich Barth, etwa um die Mittagsstunde. Timbuktu. Barth war im Begriff, als erster Ungläubiger den Schleier, der über diesem Ort lag, zu heben. Und plötzlich hatte er es eilig, sehr eilig. Wehe ihm, wenn es Allah beliebt hätte, ihn, der als Muselmane verkleidet in die Stadt der Tuareg ritt, als Christenmenschen zu enttarnen. Schon kamen Bewohner aus der Stadt, mehr und mehr, um die Ankömmlinge zu beschauen. Laute Menschen, voll ungestümer Neugier.

»Indem ich mein Pferd in Galopp setzte«, schrieb der große Afrika-Forscher aus Hamburg in sein Tagebuch, »sprengte ich, meine Flinte zur Hand, vor meinen Begleitern voraus, um die Entgegenkommenden zu bewillkommnen«. Wer in Timbuktu aber wollte bei solchem Schneid schon einen Ungläubigen unter dem Tuch vermuten? »Ich ward mit vielen Salams empfangen«, schrieb Barth. Gleichwohl trieb er umgehend sein Pferd an, eilte sicherer Herberge zu. Und dennoch: »Ein Gottesleugner ist in der Stadt«. Schon bald nach seiner Ankunft kam Barth zu Ohren, dass solches Gerücht von Lehmwand zu Lehmwand durch die engen Gassen schwirrte. Während all der sieben Monate, die er in Timbuktu lebte, sollte es nicht verstummen. Genauso wenig wie die Aufforderung: »Tötet ihn!«

Einer Fata Morgana gleich schwebte die alte Stadt über den Afrika-Berichten und Wüsten-Bildern, die die Europäer erreichten. Gab es sie überhaupt? Gewiss doch! Oder doch nicht?

Auch nachdem erste Reisende vom Hörensagen von ihrer Existenz berichtet hatten, lebte ihr Mythos fort, selbst als die ersten in ihren Mauern geweilt hatten. Eigentlich sogar bis heute. Der Name, besser: der Begriff Timbuktu verselbständigte sich von den Gemäuern und ihren Bewohnern. Er stand und steht für das Entfernte, für den Fluchtpunkt am Ende der Welt. Die Dschinns von Timbuktu vermögen es eben, die Besucher gleich mit unter ihre Tarnkappe zu nehmen – für das perfekte Verstecken der perfekte Ort, weil er das Verschwimmen verkörpert zwischen Realem und Irrealem, wohin man anschließend gleich weiterreisen kann. Die Ehre, dieses Konzept Timbuktu in unseren Tagen auf die Spitze getrieben zu haben, gebührt der populärsten Comic-Figur der Welt:

Donald Duck, der Ente, die stets das Gute will und dann doch nur Unfug anstellt – und deshalb immer wieder fliehen muss ans Ende der Welt. Nach Timbuktu. Der Ort wäre sicher der erste Kandidat, beabsichtigte irgendjemand neben dem Nord- und Südpol noch einen abgelegenen Ost- oder Westpol auf der Erde zu installieren. Und als Edgar Allan Poe einmal eine besonders abstruse Idee anführen wollte, fiel ihm nichts Trefflicheres ein als eine regelmäßige Postballonverbindung zwischen London und Timbuktu.

Seit Ende des 16. Jahrhunderts hatten über 40 Europäer versucht, nach Timbuktu zu gelangen – für lange Zeit vergebens. Mungo Park gelangte 1805 immerhin bis zum viele Kilometer weit entfernten Flusshafen am Niger, kam aber im weiteren Verlauf seiner Reise um. Alexander Laing kam in Timbuktu 1826 an, wurde jedoch wenig später ermordet. Auch René Caillié weilte tatsächlich im Jahr 1828 ein paar Tage in den Mauern der Stadt – traute sich aber aus Angst

Heinrich Barth

Heinrich Barth wurde am 16. Februar 1821 in Hamburg geboren. Als Sohn eines Thüringers, der als Metzgerlehrling nach Hamburg gekommen war und dort als Überseekaufmann ein Vermögen gemacht hatte, sowie einer Schuhmachertochter aus Hannover. Ohne kindliches Vergnügen wuchs der frühreife Junge vor allem mit Lektüre und Studien heran. Parallel zur Schule widmete er sich den römischen und griechischen Klassikern, erlernte schnell die englische, später – heimlich – die arabische Sprache. Als Student und Doktorand ging er, vom Vater großzügig mit Reisegeldern unterstützt, zunächst der Erforschung des Mittelmeers nach. Intensiv bereiste er dabei die afrikanischen Küstenländer. 1848 habilitierte Barth sich mit seiner Schrift *Wanderungen durch die Küstenländer des Mittelmeeres*, begann anschließend mit Vorlesungen an der Berliner Universität. Sie wurden jedoch derart schwach besucht, dass er sein Kolleg über die »Geographie des nördlichen Afrika« enttäuscht abbrach und sich bald darauf Richardsons Afrika-Expedition anschloss – fünfeinhalb Jahre, die ihn als Entdecker und Erforscher Afrikas später berühmt machten. Die Ergebnisse seiner Reise, seine vielfältigen geografischen Entdeckungen, seine teils neuartigen, Maßstäbe setzenden soziografischen Erhebungen ließen Alexander von Humboldt urteilen: »Er hat eine neue Welt eröffnet.«

Der inzwischen renommierte Afrika-Forscher erlebt in der Folge herbe Enttäuschungen. Weder erfolgte nach seiner Rückkehr nach Berlin 1859 seine vorgeschlagene Wahl zum ordentlichen Mitglied der »Preußischen Akademie der Wissenschaften«, noch berief man ihn auf das in Aussicht gestellte Ordinariat für Geografie an der Berliner Universität. Erst zweieinhalb Jahre vor seinem Tod, im Mai 1863, erhielt er eine außerordentliche, unbesoldete Professur an der Universität Berlin.

Nebenbei durfte er sich als zweiter Vorsitzender der »Gesellschaft für Erdkunde zu Berlin« wieder der Förderung der Afrika-Forschung widmen. Unterdessen wandte er sich erneut der wissenschaftlichen Arbeit über das Mittelmeer zu und unternahm noch insgesamt sechs Reisen in diese Region.

Barth zeichnete, vor allem im Alter, eine schroffe Art aus. In Afrika war sie sicher förderlich, um nicht den Depressionen seiner Vorläufer zu verfallen. In der Heimat hat sie ihm sichtlich zu viele Gegner verschafft.

Heirich Barth verstarb 1865 an einem Magendurchbruch, der möglicherweise Spätfolge einer Schussverletzung war, die ihm 1847 während seiner ersten Afrika-Reise beigebracht worden war.

kaum aus seiner Kammer heraus. Entsprechend mager fiel die landeskundliche und wissenschaftliche Ausbeute seiner Berichte aus.

TIMBUKTU – UNIVERSITÄTSSTADT IN DER WÜSTE

Ungefähres nur war also im Abendland bekannt über die alte Stadt nahe des nördlichen Niger-Bogens. Umso legendärer waren ihr Ruf und vor allem ihre sagenumwobene Vergangenheit. Timbuktu – Tin boktu, »Die Frau mit dem großen Nabel«, wie die Tuareg sie im 12. Jahrhundert nannten, nach einer schwarzen Sklavin, die die Stapelgüter an einer wichtigen Karawanenkreuzung im Lande des Nomadenvolkes bewachen sollte. Der Tuareg Imashagan hatte seine Güter hier Jahr für Jahr zur Regenzeit abgestellt, um die Kamele den Weidegründen zuzuführen. Bald schon blühte der Handel: Gold kam von Süden, aus den Minen von Boure und Banbuk, Salz aus dem Norden, aus den Minen von Tegaza und Taoudenit. Nicht nur Karawanenstraßen schnitten sich an der Stelle, Timbuktu wurde schnell bekannt als jener Ort, »wo das Kamel das Kanu traf«. Er lag günstig nahe der nördlichsten Schleife des Niger-Flusses, der für viele Handelsware schon seit Jahrhunderten ein treffliches Transportband darstellte. Und mit dem Salz und dem Gold kamen Informationen über die Welt an den Marktplatz, vom Mittelmeer, von sagenhaften Reichen im Süden, von Allah und den Pilgerstätten, von neuen Techniken und Wissenschaften. Und es kamen Bücher. Schon wenige Jahrzehnte, nachdem die schwarze Frau Iamashagans Stapelware bewacht hatte, blühte an der Stelle ein zukunftsträchtiges Handwerk: das Kopieren von Büchern.

Ein Markstein in der Entwicklung der Stadt war ihre Eroberung durch den Muslim Ahmad Baba im 14. Jahrhundert. Er soll so wohlhabend gewesen sein, dass er auf einer Reise nach Mekka, 12 Tonnen Gold im Gepäck und 60.000 Mann als Begleitung, bei einem Zwischenstopp in Ägypten die dortige Währung zum Zusammenbruch brachte. Im Land der Pyramiden fand der Herrscher den ägyptischen Architekten Abu Es Haq Es Saheli, der ihm für 200 Kilo Gold die Jingaray-Universität baute sowie seinen Palast. Ein Architekt aus Granada lieferte Ahmad Baba die Entwürfe. Für die Jengerebir-Moschee, eine kulturelle Landmarke in der Sahara, die heute noch steht.

Schon gut einhundert Jahre nach ihrer Gründung hatte die Stadt alles, was zu einer Unglaublichkeit gehörte hinter dem großen Wüstenland: 250.000 Einwohner, 25.000 Studenten, die auf 400.000 Bücher Zugriff hatten – während es in Europa seinerzeit keine Bibliothek auf mehr als 1000 Bände brachte. 180 Koranschulen, Wohnhochhäuser aus Lehm, die im Heiligen Römischen Reich ihresgleichen suchten. Reich beschickte Märkte, Warenmagazine für Edelsteine,

›
Heinrich Barth. Holzstich, um 1860.

edles Tuch, kostbare Gewürze und Sklaven, Karavansereien – all dies sorgte für geradezu metropolitane Urbanität. Ein Zauber hinter dem Horizont, wie ihn zuletzt wohl nur die Konquistadoren zu Beginn der Neuzeit in den glänzenden Städten Zentral- und Südamerikas vorgefunden hatten.

Sollte der Reichtum noch vorhanden sein, Mitte des 19. Jahrhunderts, in Timbuktu? Über dreieinhalb Jahre war Heinrich Barth, wenig erfolgreicher Privatdozent für Geografie in Berlin, bereits durch die Wüsten Afrikas gereist, als er vor der Stadt seinem Pferd die Sporen gab. Karl Ritter und August Petermann, die führenden Geografen Deutschlands, hatten sich 1849 dafür eingesetzt, dass Barth an einer großen britischen, von James Richardson geplanten Expedition nach Zentralafrika teilnehme. Barth sagte zu. Unter der Bedingung, »dass der Erforschung des Innern Afrikas eine größere Bedeutung und Ausdehnung gegeben würde, während ursprünglich die Abschließung von Handelsbündnissen mit den Häuptlingen der Wüsten den fast alleinigen Gesichtspunkt bildete«, wie er selbst schrieb.

DER AUFBRUCH IN DIE SAHARA

Im Januar 1850 war Barth mit seinem Begleiter, dem Naturforscher Adolf Overweg, wie Barth aus Hamburg stammend, im Hafen des damals türkischen Tripolis angekommen, dem Ausgangsort ihrer Reise durch das zu jener Zeit noch unbekannte Innere des schwarzen Kontinents. Ende März traten sie ihren langen Marsch nach Süden an. Expeditionsleiter Richardson war noch nicht dabei, er musste ihnen später nacheilen, stieß erst in der Wüstenstadt Mursuk zur Gruppe.

Den schmalen Streifen der bewohnbaren Welt am Mittelmeer hatten sie bald hinter sich. Hier und da tauchten auf den ersten paar Dutzend Kilometern aus dem Sandmeer, wie verrostete Seezeichen, noch verlorene Reste römischer Meilensteine und Grabmäler auf. Doch bald schon lag – für sie als Europäer – geografisches Neuland vor ihnen. Die knapp 400 Kilometer weite, vollkommen wasserlose Hammada el-Homra hatte vor ihnen noch kein Abendländer durchwandert, auch wenn dort Karawanen des Weges zogen. Hier trafen sie auf eine mit einer Ladung Elfenbein, dort auf eine mit einer Frau, »welche, in ihrem kleinen Käfig sitzend, sich ziemlich behaglich zu fühlen schien«, wie Barth beobachtet haben wollte.

Und stets war die Reisegruppe auf wissenschaftliche Arbeit bedacht: »Ich will hier ein für allemal erwähnen«, so heißt es im Tagebuch des Geografen, »dass Overweg und ich wiederholentlich die Schnelligkeit unseres jedesmaligen Marsches vermittels einer Kette maßen, was eben keine angenehme Beschäftigung bei starkem Sonnenbrand und auf oft rauem Terrain war. Auch tat diese Arbeit unserem Ansehen in den Augen unserer Leute einen Eintrag.«

Immer tiefer drangen sie ein ins unbekannte Reich des trockenen, flüchtigen Bodens. Reichlich Entschädigung gab es für die Opfer im Dienste der Forschung, besonders im bizarren Hochland von Asgar, bis dato noch Teil des großen weißen Fleckenteppichs auf der Karte Afrikas: »Phantastische, unheimlich schwarze Sandsteinfelsen mit in Pfeilern gegliederten Formen«, notierte Overweg begeistert. Und nicht nur Naturwunder erregten ihre Aufmerksamkeit. Das Tal Telí-ssarhe, kurz vor Ghat an der heutigen Grenze von Libyen und Algerien, eingeschlossen von steilen, hohen Felswänden und bewachsen von Talha-Bäumen, öffnete sich den Reisenden als ein Ort virtuoser Kunstwerke. Tausend Kilometer südlich der Küste entdeckten Barth, Overweg und Richardson Sandsteinskulpturen und Felszeichnungen. »Und zwar bestanden sie nicht aus Kritzeleien, sondern, obwohl keine vollendeten Skulpturen, waren sie doch mit fester und ruhiger Hand, welche wohlgeübt in solcher Arbeit gewesen, in tiefen Umrissen eingegraben und trugen durchaus einen von allem, was sonst in diesem Landstriche gefunden wird, verschiedenen Charakter.« Barth schreibt vom Abbild einer menschenähnlichen Figur mit dem Kopfe einer eigenartigen Antilope oder eines Bullen. Das Ensemble gemahnte ihn an ägyptische Darstellun-

^
Barth kurz vor seinem Einzug nach Timbuktu. Lithografie von Eberhard Emminger (1808–1885), nach einer Skizze von Heinrich Barth.

gen, allein es fehlte ihm an Kenntnis und Gerät, das Alter der Kunstwerke zu bestimmen, er konnte lediglich Affinitäten zu altägyptischen Werken ausmachen. Hier, im Bergland des Messak Settafet, wurde aus Barth mit seinen Berichten und Deutungen der Begründer der Sahara-Archäologie. Heute wissen wir, dass jemand die Skulpturen und Zeichnungen vor etwa fünftausend Jahren schuf, zu Zeiten vergangener Kulturen, als die Sahara noch alles andere als eine Wüste war.

Wenig blieb Heinrich Barth erspart auf seinem weiteren Weg über die vier Jahre bis zu seinem Ziel Timbuktu: Einsames Umherirren bis zur vollständigen Erschöpfung auf kargen Steingebirgen, als er sich zur Erforschung derselben für Tage von seiner Gruppe löste und nur noch, wie er seinem Tagebuch anvertraute, überleben konnte, indem er sich die Adern aufschlitzte, um sich am eigenen Blut zu laben. Mehrere Überfälle, mal ging es um hohe Summen oder Ausrüstung, mal forderten die Wüstensöhne ultimativ, die Fremdlinge sollten dem Christentum abschwören und sich zum Islam bekennen, wenn sie mit dem Leben davonkommen wollten. Begleitung des Scheichs Omar bei der Sklavenjagd, 3000 Männer wurden erbeutet. Nicht zuletzt aber auch die bedrängende, gleich vielköpfige weibliche Versuchung im gastlichen Hause eines Sultans, als dieser zu fernen Gefilden aufgebrochen war. Und zwischenzeitlich die Existenz bedrohende Finanznöte, als die Post mit neuem Geld ausblieb.

Heinrich Barth setzte sich durch. Nicht nur Glück zeichnete ihn gegenüber vielen Afrika-Forschern vor und nach ihm aus. Es war wohl seine unfassbare Gefühlsstärke, die ihm das Überleben sicherte – und die ihm erst zu seinem Glück verhalf. Lesen wir die Tagebücher von Laing oder Caillié, so spricht aus ihnen eine erschütternde Gemütsverfassung, die Verzweiflung an der Fremde, an der Fremdartigkeit der Menschen, ihrer Mentalität, an dem hilflosen Ausgeliefertsein, den andersartigen Gerüchen, Klängen, an der unglaublichen, damals in vielen Monaten oder Jahren zu messenden Ferne der Heimat, der vielfältigen Ungewissheit und der so schwer einschätzbaren Fährnisse.

Anders Barth. Nüchtern und mit geradlinigem Forscherspürsinn ausgestattet, ließ er sich durch nichts erschüttern, auch nicht durch den kurz aufeinander folgenden Tod seiner beiden europäischen Begleiter, Richardson und Overweg. Unversehens war er allein, ohne seine bewährten Vertrauten. Doch wie niemand vor ihm und wenige nach ihm ging er in einem immensen Landstrich am Südrand der Sahara, von Ost nach West, von Bergspitze bis Wadi-Bachbett, ans Kartografieren, Erheben, Vermessen, Deuten. Er erforschte den Tschad-See samt Umgebung, damals noch Dschungel, er holte Unmengen von Stimmen ein, um zu ergründen, ob es weiter unten im Süden des heißen Kontinents schneebedeckte Gipfel gebe, zeichnete Stammbäume afrikanischer Dynastien über Jahrhunderte zurück, führte Buch über das damals schon nicht unerhebliche Aufkommen deutscher Exportware im Basar von Kano: Schwertklingen aus Solingen registrierte er, Kurzwaren aus Nürnberg, Rasiermesser aus der Steiermark. Nur einer Versuchung konnte er nicht mehr nachgeben: weiter nach Süden vorzustoßen, Richtung Nil-Quellen. Dafür war einfach kein Geld mehr da. Und er verfolgte seine Passion: unterwegs Sprachen zu lernen. Sieben afrikanische waren es bis zu seiner Rückkehr.

GEFÄHRLICHER AUFENTHALT IN TIMBUKTU

Seine Zielstrebigkeit, aber natürlich vor allem seine Gefühlsstärke, seine Fähigkeit, all die Verluste seiner Gefährten und die Einsamkeit einfach wegzustecken, waren es, die ihn schließlich zum Niger-Hafen Timbuktus vordringen ließen, die ihm die Stadttore von Timbuktu öffneten – und die besonders seine Überlebenschancen in der Stadt deutlich erhöhten. Nach seinem Parforce-Ritt bis zu den ersten Häusern konnte er es endlich etwas langsamer angehen lassen, denn die engen Gassen konnten kaum zwei Reiter nebeneinander passieren. Der lange

Tross von Städtern, der ihm folgte, konnte ihn da kaum bedrängen. »Großen Eindruck machte der gut bevölkerte und wohlhabende Charakter dieses Stadtviertels auf mich; manche Häuser erhoben sich zu einer Höhe von zwei Stockwerken«, schrieb Barth in sein Tagebuch. Eindruck wohl, aber war dies die gewaltige Metropole, von der in Europa immer die Rede war, wenn die Sprache auf Timbuktu kam?

Barth hatte wenig Muße, die Frage für sich zu beantworten. »So hatte ich also das Ziel meines schwierigen Unternehmens erreicht. Aber von der ersten Stunde meines Aufenthaltes in Timbuktu an war es mir einleuchtend, dass ich den Triumph, alle die mannigfaltigen Schwierigkeiten und Gefährlichkeiten des Weges überstanden zu haben, nicht in geistiger und körperlicher Ruhe genießen würde.«

Der Forscher musste sich seiner Sicherheit widmen, und die war erst gegeben, als er im Palast des Scheichs El Bakai angekommen war. Sidi Alaute, der Bruder des Scheichs, hatte ihn schon in der ersten Nacht, im Hafen von Timbuktu, in seine Obhut genommen, und nun stand er unter dem Schutz des Scheichs – auf Gedeih und Verderb. Denn der Scheich, auf den die Tuareg hörten, hatte einen Nebenbuhler um die Macht in der Stadt: El Hamadi, Wortführer der Fulbe, die seit Anfang 1826 in Timbuktu erschienen und den Tuareg das Leben schwer machten. El Hamadi war es, der seine Fulbe in der Stadt gegen Barth aufhetzte, der eine Art die Fatwa gegen den Christen ausrief: »Tötet ihn!« Der allerdings seinem religiösen Hass durchaus auch weltliche Linderungen zukommen ließ: Er erpresste ein Geschenk nach dem anderen von Barth. Doch alle Gaben des Abendländers ließen ihn das Todesurteil nur umwandeln in den Fluch: Barth habe sofort die Stadt zu verlassen. Was allerdings ebenso einem Todesurteil gleichgekommen wäre, denn ein Fremder außerhalb der Stadtmauern wäre eine sichere Beute für die räuberischen Stämme gewesen.

Es verwundert schon, wie Barth angesichts seiner Bedrängnis zu den präzisen Schilderungen der Stadt kam, die von späteren Reisenden trefflich bestätigt wurden. Schon bald nämlich war er gezwungen, aus Sicherheitsgründen seinen Wohnsitz ständig zwischen dem Palast des Scheichs und dessen militärischem Zeltlager außerhalb der Stadt zu wechseln. Und eines Tages fand sich eine Karawane von 20 Männern des Stammes Berabisch mit 1000 Kamelen in der Stadt ein, deren Führer unverhohlen erklärte: Er sei da, um den weißen Fremden, den »Christenhund«, zu töten. Keine Beruhigung war es für Barth, als er hörte, dass es sich bei dem Führer um den Sohn jenes Mannes handelte, der den früheren Timbuktu-Reisenden, Major Laing, umgebracht hatte. Doch ein Zufall half Barth: Ganz plötzlich verstarb der Mann, und dass nun der Verdacht aufkam,

Barth habe etwas mit diesem Tod zu tun, verschaffte ihm eher Respekt, als dass er darüber zur Rechenschaft gezogen worden wäre.

Barths Beschreibung von Timbuktu fiel, vergleicht man es mit dem Ruf, der der Stadt durch ihre spätmittelalterlichen Legenden zuteil geworden war, eher nüchtern aus: »Zeichnet sich die Stadt auch nicht durch ihre Größe aus, so unterscheidet sie sich doch durch ihre solide Bauart wesentlich von den hinfälligen Wohnstätten im ganzen übrigen Sudan (worunter zu jener Zeit die Zone südlich der Ṣahara insgesamt verstanden wurde, U. K.). Die Häuser sind alle in gutem Zustand, die Tongebäude zeigen einen mannigfaltigen, im ganzen aber den pompejanischen Wohnungen sich annähernden Stil; einige sind niedrig und unansehnlich, andere von größeren Dimensionen und mit einer Art zweiten Stockwerks versehen; ja, selbst Versuche architektonischer Verzierung weisen einzelne Häuser auf. Die Dächer sind flach; das erwähnte zweite Stockwerk besteht bei den Häusern in einem auf dem flachen Dach erbauten Zimmer. Dieses Dachzimmer ist der Lieblingsaufenthalt vieler Bewohner Timbuktus, da es luftig und infolgedessen kühl ist.«

Das Überwältigende, Metropolitane war nicht mehr vorhanden. »Die drei großen Moscheen bilden die einzigen öffentlichen Gebäude des heutigen Timbuktu; die Straßen sind meist wenig belebt und bieten nicht das rege Treiben einer großen Handelsstadt. Die Zahl der wirklich Angesiedelten und dauernd hier Wohnenden beträgt nur etwa 13.000 Seelen; dagegen mögen zur Zeit des lebendigsten Geschäftsverkehrs, besonders von November bis Januar, 5000, ja gelegentlich 10.000 Fremde die Stadt besuchen.«

Timbuktus große Zeit war Vergangenheit, großenteils ungeschriebene Geschichte, *oral history*, viel Schrifttum verschwunden im Wüstensand. Seit Jahrhunderten war es nicht mehr das Wissenschaftszentrum am Südrand der Sahara. Längst nämlich hatte der Niedergang Timbuktus eingesetzt, mit der gleichen Geschwindigkeit, mit der die Wüste von der Umgebung Besitz ergriff. Mit der auch der Dschungel rund um den damals noch erheblich größeren Tschad-See verschwand, schließlich fast austrocknete. Die Sahelzone schritt unaufhaltsam von Süden nach Norden voran.

EUROPA UND AFRIKA: ZWEI KONTINENTE – ZWEI WELTEN

Im April 1854 brach Barth wieder auf, zurück Richtung Tripolis. Vorher konnte ihn Scheich Bakai nicht aus der Stadt entlassen, nicht vor der Geburt seines Sohnes. Ein abermals langer Marsch lag vor ihm. Unterwegs traf er Eduard Vogel, der schon auf der Suche nach ihm war, weil man ihn in der Heimat bereits vermisst, ja tot geglaubt hatte. Erst im Mai des Folgejahres, fünfeinhalb Jahre

^
Dorf des Sonrhay-Stammes auf Barths Weg durch Zentralafrika. Lithografie von Eberhard Emminger (1808–1885).

nachdem er in der Hafenstadt am Mittelmeer afrikanischen Boden betreten hatte, kam er dort wieder an.

Der Anblick der See, die ihn nach Hause tragen sollte, ließ von Barth, so lange ganz der Wüstensohn, dann doch die gewohnte Nüchternheit abfallen. »Wie wir uns der Stadt näherten, die ich vor 5 ½ Jahren verlassen hatte und die mir nun als Eingangstor zur Ruhe und Sicherheit schien, wallte mein Herz vor Freude über und nach einer so langen Reise durch öde Wüsteneien war der Eindruck der die Stadt umgebenden Gärten außerordentlich; jedoch bei weitem größer war noch die Wirkung des Anblicks der unermesslichen Oberfläche des Meeres. Es war das prächtige Binnenmeer der alten Welt, die Wiege europäischer Bildung, das von früher Zeit an der Gegenstand meiner wärmsten Sehnsucht und meines eifrigsten Forschens gewesen war.«

Über Malta und Marseille gelangte Barth im September nach London. Im Oktober empfing ihn der preußische König Friedrich Wilhelm IV. und verlieh ihm den Roten-Adler-Orden III. Klasse. Im November ging er nach London. Ein Streit entbrannte zwischen England und Preußen, welchem Land die Verdienste Barths gebührten. Der Forscher selbst geriet zwischen die Mühlen, hatte Schwierigkeiten, in Europa wieder Fuß zu fassen.

Seinem Schwager gegenüber gestand er nun: »Wie sehne ich mich nach einem freien Nachtlager in der Wüste, wo, ohne Ehrgeiz, ich mich im Hochgenuss der Freiheit nach Beendigung des Tagesmarsches auf meine Matte zu strecken pflegte; um mich meine Habe, meine Kamele, mein Pferd. Fast bereue ich, dass ich mich selbst in diese Ketten gelegt habe.«

Heinrich Barth schrieb ein bedeutendes Kapitel in der Entdeckungsgeschichte Afrikas. Große weiße Flecken zwischen dem Tschad-See und dem Niger auf den europäischen Landkarten konnten erst aufgrund seiner Reise nach Timbuktu getilgt werden; Gebiete freilich, die Einheimische schon seit Jahrhunderten auf Karawanenstraßen durchkreuzt hatten. Barth war sicher Deutschlands bedeutendster Sahara-Forscher zu jener Zeit, auch wenn andere Länder, die schon länger koloniale Ambitionen in der Region hegten, mehr Forscher und Abenteurer in die Sahara entsandten. Allen voran die Franzosen, die gegen Ende des 19. Jahrhunderts ganz Westafrika beherrschten, aber auch die Briten.

Insgesamt blieb Afrika, obwohl Europas Nachbarkontinent, der Erdteil, dessen Inneres sich dem Abendland am längsten verschloss – obwohl der schwarze Kontinent schon um 600 v. Chr. von den Phöniziern im Auftrag des römischen Kaisers umrundet worden war. Dies gilt auch für seinen tropischen Teil. Zum Ruwenzori-Gebirge beispielsweise, im Innersten Afrikas, drang erst Henry Morton Stanley im Jahre 1888 vor.

Wer heute nach Timbuktu reist, um die großen Zeiten der Wüstenmetropole nachzuempfinden, wird noch enttäuschter sein als Barth. Gewiss, der Zauber einer Wüstenstadt, mit Straßenzügen von einstöckigen Häusern, fast durchgehend in Lehmbauweise errichtet, kann dem Besucher geboten werden. Doch das Weltläufige, das Metropolitane, das kulturelle Kraftzentrum, das in die halbe Welt ausstrahlte, ist Geschichte. Lediglich zwei, drei nennenswerte Hotels konkurrieren um Reisende, die kommen, um die alte Moschee zu besichtigen. Oder das Zentrum für Kunsthandwerk, das einige der wenigen Arbeitsplätze in der 15.000-Einwoher-Stadt bietet. Vielleicht eine Nacht gönnen sich die Touristen in der Stadt, um am nächsten Morgen schon mit »Air Mali« wieder fortzufliegen vom Flugplatz an der Straße zum Nigerhafen.

Meist berichten die Touristen dann daheim, dass der Wüstensand, der durch die Straßen weht, langsam aber sicher Besitz ergreift von Timbuktu. Und dessen große Geschichte endgültig begräbt.

Henry M. Stanley (1841–1904)

Im Herzen Afrikas

Der einsame Mann stand vor einem unglaublich großen Fluss. »Ein mächtiger Strom, 3000 Yards breit und überall tief«, schrieb David Livingstone in sein Tagebuch. Es war Frühjahr 1871, und er war der erste Europäer, der zu ihm vorgedrungen war, mitten in Afrika. Dschungel ringsum, aber auch Dörfer, dicht besiedelte Orte, wohlbestellte Äcker, und doch ein unbekanntes Land. Livingstone hatte Probleme mit den Menschen in der Gegend. Dabei stand er, der seit nunmehr fünf Jahren durch das Innere Afrikas geirrt war, kurz vorm Erreichen seines Zieles. Davon war er überzeugt. Die Wasser nämlich, die er vor sich in jenem Lualaba-Fluss nach Norden strömen sah, so meinte er, würden nach vielen Monaten – oder nach Jahren? – in die bekannte Welt hinausfließen, durch Kairo hindurch, durch das Delta ins Mittelmeer. Livingstone war sich sicher, am Quellfluss des Nils zu stehen – und so die große Frage beantwortet zu haben, die die Gelehrten seit der frühen Antike umtrieb, die nach dem Ursprung des Nils. Er müsste nur den großen Fluss hinabfahren, dann würde er es der Welt beweisen.

Livingstone aber war verzweifelt. Niemand wollte ihm ein Boot für seine Zwecke zur Verfügung stellen. Das war hart für den alten Mann. Doch es war nicht mal das Schlimmste. Für sein Fortkommen war er angewiesen auf die von ihm gehassten Dschungel-Karawanen der Araber. Sklavenjäger und Sklavenhändler allesamt, die ihre Menschenware einfach aus den Dörfern raubten; etwas, was ihm, dem Missionar die Seele, ja das christliche Wertesystem zerstörte. »Den Arabern war nicht entgangen, dass ich sie am liebsten getötet hätte«, schrieb der Kirchenmann in sein Tagebuch. Und er hatte kaum noch Aussicht, je wieder in die Zivilisation zurückkehren zu können. Zu schwach, zu krank, zu mittellos, zu einsam. Und behindert, einen Arm konnte er seit dem Angriff eines Löwen vor einem Vierteljahrhundert nicht mehr recht bewegen. Nicht mal Nachrichten vermochte Livingstone auf die monatelange Reise zur Küste im Osten abzuschicken, keine Hilferufe, die dann über das Meer per Schiff und Kabel ihren Weg in seine britische Heimat finden könnten. Die Araber nahmen sie zwar entgegen, doch sie warfen sie bei ihrem ersten Halt ins Lagerfeuer. An der Atlantik-Küste hatten die Europäer bereits den Menschenhandel bekämpft, nun sollten ihnen nicht noch alarmierende Berichte über die Sklavenfängerei im Osten das nächste Jagdgebiet in Afrika zerstören. Livingstone ahnte, dass seine

Briefe keine Chance hatten. Und so blieb ihm nur, auf dem Markplatz Njangwes, einem quirligen großen Ortes am Lualaba-Fluss, von dem sich in London niemand etwas träumen ließ, das Treiben zu beobachten und zu warten.

SEIT JAHREN VERSCHOLLEN, FÜR TOT GEHALTEN

Fünf Jahre Wanderschaft durch das Innere Afrikas. In London galt der Reisende bei der »Royal Geographical Society« und der Regierung – in deren Auftrag er unterwegs war – schon wenige Monate nach Beginn seines Marsches im Jahre 1866 als tot. Angeblich sei er von Eingeborenen erschlagen worden, lautete die hartnäckige Mär. Auch drei Jahre danach lief keine Botschaft von oder über ihn ein am britischen Vorposten auf der Insel Sansibar. Doch an dem Tag, als Livingstone vom Lualaba-Fluss aufgehalten wurde, da war der Glaube an Livingstone

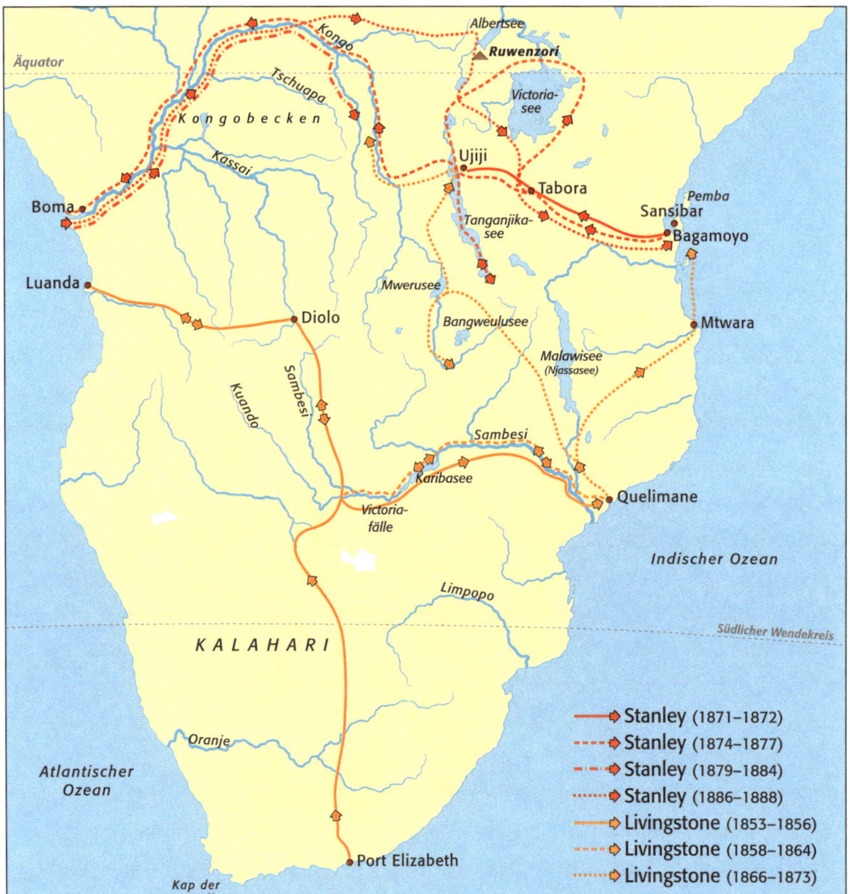

Erforscher des Schwarzen Kontinents

Der Entdecker Henry Morton Stanley wurde am 28. Januar 1841 als John Rowlands im walisischen Denbigh geboren. Seine Mutter, Betsy Parry, heißt es, sei ein Hausmädchen oder eine Hure gewesen. Sein Vater ist unbekannt. Nach dem Tod seines Großvaters, John war fünf Jahre alt, kam er in eine Pflegefamilie, danach in ein Arbeitshaus, wurde von Erwachsenen missbraucht und von anderen Jugendlichen gequält. Immerhin erhielt er dort eine gewisse Schulbildung.

Mit 15 Jahren verdingte sich John Rowlands als Tagelöhner und heuerte mit 17 auf einem Schiff nach New Orleans an. Dort wurde er von einem Baumwollhändler und seiner Familie aufgenommen und nahm deren Namen, Stanley, an. Drei Jahre später ließ er sich im amerikanischen Bürgerkrieg von der Südstaaten-Armee und später von der Kriegsmarine der Nordstaaten anwerben. Stanley wurde Schiffsschreiber, desertierte 1865 und stürzte sich in eine journalistische Laufbahn. Zunächst als Reporter für ein Lokalblatt in St. Louis, 1867 erhielt er eine Stellung beim renommierten *New York Herald*.

Er sollte vor der afrikanischen Küste nach dem verschollenen Forscher David Livingstone Ausschau halten. Anschließend berichtete er aus Bürgerkriegen in Abessinien und Spanien, über den Sues-Kanal, aus Jerusalem, Konstantinopel und Bombay. 1871 drang er von Bagamoyo aus durch oft unbekanntes Terrain zum Tanganjika-See nach Ujiji vor, wo er Livingstone fand, der auf der Suche nach den Quellen des Nils war. Diese Reise wurde die erste in großem Maßstab medial vermarktete Abenteuerexpedition. 1872 ging er nach London.

In einer zweiten Afrika-Expedition untersuchte Stanley von 1874 bis 1877 den Victoria-See und fuhr den Lualaba und den Kongo hinunter bis zu dessen Mündung in den Atlantik. Daraufhin beauftragte ihn der König von Belgien, 1878 bis 1883 das riesige Kongo-Gebiet für sein Land zu erschließen.

1886 startete er zu seiner letzten großen Afrika-Tour, diesmal im Auftrag der britischen Regierung. Er sollte den im Süden des Sudan von feindlichen Mächten eingeschlossenen Gouverneur Emin Pascha – hinter dem sich der Deutsche Eduard Schnitzer verbarg – befreien. Stanley schaffte es und entdeckte ganz nebenbei das Ruwenzori-Gebirge an der heutigen Grenze von Ruanda zur Republik Kongo, wo einige der lange gesuchten Quellflüsse des Nils entspringen.

Später kamen Greueltaten der Belgier im Kongo an die Öffentlichkeit. Auch Stanley wurde dafür verantwortlich gemacht. Als er am 4. Mai 1904 in London starb, wurde ihm deswegen ein Begräbnis in der Westminster Abbey verweigert.

wieder entflammt. Über mehrere tausend Kilometer aus dem tiefen Dschungel heraus bis zur Küste war das Gerücht gedrungen, ein Weißer halte sich auf in jenem Herzen der Finsternis. Und so hatten sich schon Jahre zuvor mehrere Menschen, Abenteurer und Forscher in einem, auf seine Spur gesetzt. Ohne zu wissen, wo er sich aufhielt in den Weiten der Savanne, des Dschungels oder der Hochgebirge, alles war ja noch weitgehend unerforscht.

Ein regelrechter Wettlauf hatte eingesetzt von mächtigen Expeditionen; eine Marschkolonne in Bataillonsstärke unter amerikanischer Fahne, die sich den Weg über viele Monate freizuschlagen anschickte, gegen eine britische Flotte von vielen Schiffen, die sich den Nil aufwärts kämpfte, unter anderem auch um den Verbleib Livingstones zu ergründen. Denn nur eines war den Beteiligten klar: Livingstone war auf der Suche nach den Quellen des Nils, des längsten Flusses der Welt. Amerika gegen England, und die allgegenwärtigen arabischen Sklavenkarawanen als unberechenbare Dritte. Samuel White Baker, 50-jähriger Edelmann, Globetrotter und Afrika-Forscher aus Devonshire, war inzwischen gemeinsam mit seiner Frau Florence, 59 Schiffen und 1100 Mann den Nil aufwärts bis nach Gondokoro gelangt. Henry Morton Stanley aber, ein 30-jähriger Reporter des *New York Herald*, führte die amerikanische Karawane mit 190 Trägern und Helfern an. Er machte die aufwändige Suche nach Livingstone zur ersten Abenteuerexpedition als Medienereignis, zum Kampf zwischen dem sensationsheischenden *New York Herald* und der altehrwürdigen *London Times*.

England, das alte Mutterland, gegen Amerika, die abtrünnige Nation der Vereinigten Staaten. Entdeckerehre gegen Business. Es entwickelte sich zu einem jahrelangen Rennen mit einem Ziel, das nicht nur unscharf, sondern Mitte der 60er Jahre des 19. Jahrhunderts für das Abendland ähnlich unerreichbar war wie einhundert Jahre später der Mond, als Amerikaner und Sowjets zu ihm wetteiferten. Wohl deshalb ist es auch kein Zufall, dass der Satz, der schließlich am Zieleinlauf inmitten Afrikas fiel, eine ebensolche Bekanntheit erlangte wie jenes »Ein kleiner Schritt für einen Menschen, ein großer Sprung für die Menschheit« von Neil Armstrong am 19. Juli 1969 auf dem Mond.

Ungefähr in jenen Wochen, da Livingstone am Ufer des Lualaba verzweifelte, stand Stanley, der Reporter, auch noch im Krieg. Knapp 1000 Kilometer von David Livingstone, bei Tabora im Süden des Victoria-Sees. Er war jetzt Heerführer, seine Träger waren die Truppen. Sie kämpften gegen Warlords, die der Karawane erdrückenden Zoll abpressen wollten, wie sie es auch bei den durchziehenden Sklavenzügen handhabten. Nur verlangten sie diesmal ein Vielfaches. Stanley stand öfter im Krieg. Hier und da, wenn es sein Fortkommen erforderte, hielt er seine bewaffneten Träger an zur Unterstützung von Afrikanern, die sich

›
Henry Morton Stanley im Jahre 1885, kurz vor seiner letzten großen Afrika-Tour.

gerade gegen ihre Nachbarn oder auch die Araber zur Wehr setzten. Er fand sich in Scharmützeln an unbekannten Fronten in unbekannter Welt, aus der er bisweilen keinen Ausweg mehr sah. »Meine Lage ist höchst bedenklich«, schrieb er, »und ich hätte gute Gründe, zur Küste zurückzukehren«.

Dabei waren Stanley und seine Männer kurz zuvor erst den unendlichen Makata-Sümpfen entkommen. Ein Fluss war es, eher ein Rinnsal, das aber zu Zeiten des Monsuns wie in jenen Tagen zum unüberwindlichen Morast anschwoll. Eine ganze Tiefebene, von Horizont zu Horizont, ein Meer aus Matsch. Wochenlanges Waten, für Mensch und Lastesel bis zum Bauch im Wasser, die wertvolle Habe auf dem Kopf oder Rücken. Und jedes Mal ab Mittag die bange Frage, ob bis zum Abend ein trockener Hügel gefunden war, eine wenigstens leicht erhöhte Stelle für all die 190 Männer. Auf diesen Inseln aber warteten schon die Hyänen, hungrig, angriffslustig. Und Schlangen.

Stanley hatte Malaria, Fieberschübe warfen ihn nieder. Malaria, Ruhr, Pocken und andere Krankheiten plagten die eine Hälfte seiner Mannschaft; Abscheu, widerwillige, erzwungene Teilhabe die andere. »Der Sumpf hatte mit seinen furchtbaren Greueln einen bleibenden Eindruck in unserem Gemüt hinterlassen, so dass wir die Strapazen und den Ekel nicht so schnell vergaßen«, schrieb Stanley. Jagd: aussichtslos; Schlaf: nicht daran zu denken. Ein Wunder war es schon, wie der junge Amerikaner solche für ihn völlig neue Erfahrungen

‹
»Dr. Livingstone, I presume.« Stanley trifft auf den großen britischen Afrika-Forscher. Holzstich von 1872.

meisterte, als General, als Karawanenführer, Arzt, Richter, Einpeitscher und Chronist. Alles im Dienste seiner Zeitung, dem *New York Herald*, im Dienste der aufkommenden Abenteuervermarktung, der amerikanischen Idee. Und, ganz nebenbei, auch im Dienste von Livingstone.

KONTINENT DER MYTHEN UND MYSTERIEN

Das letzte Drittel des 19. Jahrhunderts war angebrochen. Europa kannte Amerika seit vier Jahrhunderten, das ferne Australien seit drei. Und selbst im großen Meer auf der anderen Seite des Globus, dem Pazifik, waren mittlerweile fast alle Archipele vermessen. Die Ära der großen Entdeckungen neigte sich dem Ende zu. Nur wenige weiße Flecken auf der Weltkarte boten der Sehnsucht von Abenteurern noch Chancen; jene Stellen etwa, die auf den Karten auch später weiß blieben, die Polar-Regionen. Vor allem aber der Schwarze Kontinent, der Urwald im Süden der großen Wüste. Afrika. Das »Herz der Finsternis«, wie es der Schriftsteller Joseph Conrad etwas später nannte, hatte da noch kein Europäer durchdrungen. Afrika, der dem Abendland nächste Kontinent, war der große Raum für Mythen, Mysterien, Märchen und Menschenfresser. Umrundet hatten ihn Schiffe bereits 2500 Jahre zuvor, wie der griechische Schriftsteller und Geo-graf Herodot glaubhaft berichtete. Angehörige der Phönizier, eines Handelsvolkes aus dem Mittelmeer, waren im Roten Meer losgesegelt und Jahre später durch die Säulen des Herakles, die Meerenge von Gibraltar, in ihre Welt wieder zurückgekehrt.

Verschlossen aber war die Welt noch im Innern von Afrika. Nur eine Sendung, eine stete Gabe pumpte das heiße Herz der Finsternis in die bekannten

Sphären hinaus. Das, was die nachhaltigste Hochkultur der Menschheitsgeschichte zum Leben erweckte – die Wasser des Nils. Und so regten die ungeheuren Massen, die da aus dem unbekannten Süden herbeiströmten, seit die Menschen denken konnten, ihre Phantasien an. Woher mochten sie kommen, aus welch ungeheurem Quell, jenseits aller Sümpfe und Stromschnellen, aller Herrschaft von Krokodilen und Kriegern, wo war ihr Ursprung? Heute wiederum regt all dies unsere Phantasien an: Woher und wie viel die Menschen in unserer Vorzeit schon über die Nil-Quellen wissen konnten.

Bereits in einer Karte des griechischen Erzählers Homer aus der Zeit um 800 v. Chr. ist da ein Gebirge eingezeichnet, aus dem der Nil herabströmt nach Norden. Und wenige Generationen später schon hatte der Höhenzug einen Namen: Mondgebirge. Auf den Karten des Ptolemäus war es klar zu erkennen. Die Rede von den Mondbergen beherrschte seither und bis ins 19. Jahrhundert hinein alle gelehrten Gespräche über das Innere Afrikas. Mondberge, damit konnten sehr hohe, bis zum Mond gewachsene Berge gemeint sein. Oder solche, die oben mit Schnee, mit dem Weiß des Mondes eben, überzuckert waren. Oder, wie ein unbekannter Chronist aus dem Jahr 1686 ihm angeblich vorliegende Reiseberichte interpretierte: Die Reisenden hätten, »als sie dort gewesen, weder Sonne noch Mond gesehen, sondern das einzige Licht sei der Abglanz des allgültigen Gottes gewesen, so hell wie das Sonnenlicht«. Woher aber hatten die Menschen damals ihre Informationen?

Wo auch immer sie liegen mochten, sie mussten mächtig sein, die Berggebiete, die das Wasser für den immensen Strom nach Norden sammelten. Immer wieder hatten Menschen versucht, ins Innere des Kontinents vorzustoßen, um seine Rätsel zu lösen. Ab Mitte des 19. Jahrhunderts schließlich stand die Frage ganz oben auf der Agenda der Geografen. In der »Royal Geographic Society« und ihrem hochwohlgeborenen Umfeld gab es kein wichtigeres Thema. Es waren die Jahre, da die europäischen Kolonialmächte mit ihren Handelsstützpunkten auf den Flussläufen immer tiefer ins Land vordrangen. Livingstone selbst hatte 1858 den Sambesi bereist. Zur selben Zeit waren John Hanning Speke und Richard Francis Burton im Busch gemeinsam unterwegs. Bis sich ihre Wege trennten, weil Burton den Tanganjika-See, Speke aber den Victoria-See als die Nil-Quellen ansahen. Nach und nach bekamen so einige der großen Landmarken des Erdteils auf den europäischen Afrika-Karten ihren festen Platz.

Der Disput zwischen Burton und Speke hielt die Clubs und Societies Englands noch einige Jahre im Bann. Noch ein weiteres Thema aber war dort Anfang der 1860er Jahre präsent: Der Bürgerkrieg zwischen den Nord- und den Südstaaten in der einstigen Kolonie Amerika. Industriell aufstrebende Moderne gegen die Latifundien- und Sklavenhalterwirtschaft im Süden. Mit dabei, zunächst an der Front der Sklavenhalter, war Henry Morton Stanley.

ALLES FÜR HÖHERE ZEITUNGSAUFLAGEN

Stanley war Engländer von Geburt. Mit Kindheit und Jugend, die ähnlich finstere Etappen hatten wie seine späteren Pfade »durch den dunklen Welttheil«, so auch der Titel seines Hauptwerks. Die ihn allerdings auch stählten, ihm die nötige Skrupellosigkeit verliehen, um später alle aussichtslosen Herausforderungen zu bestehen. Von einem Hausmädchen oder einer Hure geboren, mit unbekanntem Vater, als »John Rowlands, Bastard« im Geburtsregister verzeichnet. Die ersten Jahre beim Großvater, nach dessen Tod in einer Pflegefamilie. Nächste Station: Armenhaus, dort sexuell missbraucht, verprügelt, verstoßen; bald dann Tagelöhner. Auffällig immerhin war schon früh sein ständig wachsendes Interesse an erdkundlichen Büchern. Mit 17 heuerte Rowlands auf einem Segler an, der ihn nach New Orleans brachte. Dort nahm er den Namen seines Arbeitgebers an, des Baumwollhändlers Henry Hope Stanley. Nachdem er sich mit ihm zerstritten hatte, trat er zunächst in die Südstaaten-Armee, kam in Gefangenschaft, stand anschließend bei der Nordarmee im Sold. Irgendein Vorgesetzter entdeckte dort seine treffliche Handschrift, machte ihn zum Schreiber. Stanley, wie Rowlands ja nun hieß, desertierte und begann seine journalistische Laufbahn. In einem Lokalblättchen aus dem mittleren Westen, als der noch wild war, schrieb er Reportagen über den Bürgerkrieg. Und dann holte er zu dem einen Schlag aus, der sein ganzes weiteres Leben bestimmen sollte, es war im Mai des Jahres 1866.

Stanley fuhr nach New York, ging in das Haus des *New York Herald*, mogelte sich an allen Sekretärinnen und Zerberussen vorbei bis ins Zimmer des Herausgebers James Gordon Bennet Jr., vor dessen Schreibtisch. Stanley drängte sich geradezu auf bei ihm. Und er bekam seine Chance. Zunächst sollte sich die Nachwuchskraft im arabischen Aden auf die Lauer legen, falls entweder in Kairo oder auf der Insel Sansibar Nachrichten über den verschollenen Livingstone aus dem Innern Afrikas dringen sollten. Einige Monate hielt Stanley aus, doch schließlich verloren Bennet und er das Vertrauen in den Sinn der Aktion. Im Dschungel nichts Neues. Der nächste Auftrag: Bennet schickte seinen Reporter, 25 Jahre war der da alt, in eines der heißesten Krisengebiete der Welt, nach Abessinien, die Region der ewigen Nachbarschaftskriege am Horn von Afrika. Und Bennet und Stanley demonstrierten in ihrem gelungenen Zusammenspiel, dass erfolgreicher Journalismus in den USA fortan mehr sein würde als schöne Geschichten und interessante Nachrichten. Zeit ist Geld, *time is money*, war nun

›
Stanley und Livingstone erforschen gemeinsam den Tanganjika-See. Holzstich, 1891.

die immer wichtigere Devise. Schneller sein als die anderen, die anderen ausstechen, ins Leere laufen lassen. Stanley erwies sich als Meister dieser Konkurrenz. Auf dem Hinweg schon schmierte er die Bediensteten in den ägyptischen Telegrafenämtern, damit sie nur seine Depeschen weiterleiteten. Und dann brach, auf wundersame Weise, ausgerechnet am Tag der entscheidenden Schlacht im abessinischen Bürgerkrieg das Telegrafenkabel – nachdem Stanley seine Reportage abgesetzt hatte.

Der *New York Herald* hatte die Nase vorn, bei der *Times* in London aber verstand man die Welt nicht mehr. Es war die erste Feuertaufe Stanleys in Bennets Imperium. Auch im Innern des Verlagshauses zeichnete sich das neue Amerika ab, die Härte des Kapitalismus: *hire and fire* war Bennets Devise, heute noch gefeierter Starreporter, morgen schon gefeuert im Nichts. Ständig hatte Stanley davor Angst. Aber er wurde nach Spanien entsandt, um von dort über einen Bürgerkrieg zu berichten. Bennet seinerseits musste wegen eines Skandals, von dem seine Zeitung gehörig erschüttert wurde, für einige Monate in die Alte Welt flüchten, quartierte sich in einem Pariser Hotel ein. Dort grübelte der Herausgeber, mit welchen Manövern er den Skandal von seinem Blatt abschütteln könne. Eine alles andere vergessen machende Story musste her. Es war das Jahr 1869, im Herbst. Da wehten aus London die neuesten Gerüchte über den Kanal in die französische Hauptstadt: Livingstone lebt. Buschtrommeln, Reisende aus Sansibar, Briefe und Kabeldepeschen schließlich hätten dies angedeutet, wenn auch nur vage. Vorsichtiges Aufatmen in der Londoner »Royal Society«, ein Leuchten aber in den Augen Bennets.

Ein Telegramm ging ab nach Spanien: »Sofort nach Paris kommen.« Stanley, der die Nachricht erst drei Wochen später erhielt, befürchtete – mal wieder – seinen Rausschmiss. Die Ansage war dann aber eine ganz andere, wenn auch nicht weniger schockierend für Stanley. Als er nach Paris geeilt war und vor Bennet in dessen Suite stand, beschied der ihm nur knapp: »Finden Sie Livingstone«.

Bennet hatte einen Generalstabsplan entwickelt, und ausnahmsweise wollte er sich deshalb ein wenig Zeit lassen. Auch wenn Livingstone und sein Schicksal die Herzen in Europa aufwühlten, Amerika war damals weit entfernt, und der Afrika-Forscher war noch nicht sehr bekannt zwischen New York und St. Louis. Bennet pokerte deshalb hoch. Ein Jahr lang sollten zunächst seine Leser – und auch Stanley selbst – auf das Thema Livingstone und Afrika vorbereitet werden. Mit kleinen und großen Geschichten über den Schwarzen Erdteil wollte er Neugier wecken. Stanley sollte eine Reportage über die Eröffnung des Suez-Kanals schreiben, auch hatte er die Anweisung, der Expedition Bakers den Nil aufwärts nachzuspionieren, zu ergründen, was die Briten vorhatten, um Livingstone zu finden. Ein Jahr später erst, so lautete seine Anweisung, würde er auf Sansibar mit seinen unmittelbaren Vorbereitungen beginnen, die Karawane zusammenstellen. Auch wenn in Amerika inzwischen alles schneller, höher, weiter getrieben wurde – Bennet, der Businessman aus den USA verließ sich offenbar darauf, dass in Afrika die Uhren immer noch langsam gingen, und dass, wer von einem der schwarzen Löcher im Kosmos Afrika gefangen war, so schnell nicht wieder freigegeben würde. Ein kalkuliertes Risiko, doch die lange Reise in den Urwald würde ein Vermögen kosten, und der Ertrag sollte dies noch übertreffen.

Wie geplant also fand sich Stanley erst ein Jahr später in Sansibar ein. Noch immer gab es keine direkten Nachrichten von Livingstone. Diplomatisches Geschick war zunächst gefragt in Stonetown, der Hauptstadt der Insel. Ein Spiel im Dreieck. Da war der Sultan, der völlig zu Unrecht annahm, er sei der Herrscher bis zum Mittelpunkt von Afrika. Da war der britische Konsul, der nichts mitbekommen durfte und der von der »Royal Geographic Society« den Auftrag hatte, eine Expedition zu Livingstone zu organisieren – und dabei jämmerlich versagte. Und da war der Konsul der USA, der nach anfänglichen Skrupeln die Unsummen für Stanley im blinden Vertrauen vorschoss, weil Bennet einfach vergessen hatte, das Geld zu überweisen. Stanley befleißigte sich größter Geheimhaltung, um die Briten nicht doch noch zu einer eiligen Expedition anzutreiben. Wie ein kluger Feldherr gab er deshalb vor, weiter im Süden des Kontinents den Ruwuma-Fluss erkunden zu wollen. Ein uninteressantes Gewässer, und ein Katzensprung, für den gewiss keine 190 Mann mit Vorräten und Tauschgütern für mehrere Jahre nötig gewesen wären, wie sie Stanley organisierte. Doch niemand schöpfte Verdacht. Er selbst dagegen war stets bestens informiert über den Stand der Vorbereitungen bei den Briten, plauderte wiederholt mit dem Vertreter Londons über die Chancen, dass Livingstone tatsächlich noch lebe, darüber, wo er sich wohl am ehesten aufhalte.

Am 21. März 1871 dann der Aufbruch. Nur drei Weiße begleiteten Stanley, die er erst kurz zuvor auf einem Schiff kennen gelernt hatte, neben ihnen 190 Afrikaner. Und 27 Lasttiere. Tausende Stoffballen hatten sie vor allem zu tragen, die Währung, mit denen die Träger bezahlt und nach der ersten Etappe neue Träger angeheuert werden sollten. Auch vielerlei Tand war im Gepäck wie Spiegel, Halsketten, Glasperlen; Kupferdraht ebenfalls, um unterwegs Lebensmittel einkaufen zu können; Hunderte Flinten, Revolver, Kampf- und Buschmesser. Die Vorräte waren für eine Expedition von zwei Jahren bemessen. Sogar ein zerlegtes Boot für 15 bis 20 Mann Besatzung war im Gepäck, um mit Livingstone gemeinsam von dessen Fundort in triumphaler Fahrt den Nil hinabfahren zu können, an den Pyramiden vorbei, von der neu entdeckten Quelle bis zur Mündung. Wenn alles nach Plan verliefe.

Sein Täuschungsmanöver mit dem Ruwuma-Fluss hatte er nicht weiter betrieben. Er war, nachdem er sah, dass die Briten keine eigene Expedition auf die Beine stellen würden, einfach von Bagamojo, südwestlich von Sansibar auf dem Festland, aufgebrochen in den Dschungel. Auf dem Pfad, den die Sklavenkarawanen seit gut 40 Jahren ausgetreten hatten. In Richtung Ujiji am Tanganjika-See, wo er sich die größten Wahrscheinlichkeiten ausrechnete, auf Livingstone zu treffen. Es war ein Ort, von dem die Jahre zuvor Nachrichten über Livingstone nach außen gedrungen waren und den der Forscher früher schon erreicht hatte. Und nach dem er auch seine Nachschublieferungen geordert hatte.

Überfälle durch Räuberbanden und durch Heerscharen von Stammeshäuptlingen zwangen die Männer, sich weiter südlich einen Weg zu suchen. Sobald die landwirtschaftliche Küstenregion verlassen, die Steppe durchstreift und der Urwald endlich erreicht war, fingen weitere Probleme an. Insekten machten der Karawane zu schaffen, die Tsetse-Fliege, die die tödliche Schlafkrankheit brachte, die Anopheles-Mücke, die die Malaria übertrug. Mindestens 1500 Kilometer lagen vor ihnen, mehr als zehn schafften sie kaum pro Tag. Immer wieder lagen sie mehrere Tage, manchmal mehrere Wochen fest. Mit örtlichen Herrschern mussten der Preis und andere Bedingungen für den Durchmarsch ausgehandelt, Reis und Gemüse eingekauft werden. Wucherpreise hielten sie auf. Feilschen, manchmal auch der glatte Durchbruch in der Nacht brachte die Expedition voran. Probleme aber kamen auch von innen heraus. Deserteure erzwangen längere Aufenthalte. Die Männer waren mit Stoffballen als Vorschuss bedacht worden. Stanley konnte es sich nicht leisten, die Ausreißer einfach abzuschreiben. Er ließ sie suchen, jagen und mit Prügelstrafen belegen.

Das einstige Waisenkind, das sich selbst durchgeschlagen hatte, im Grunde der Prototyp der amerikanischen Karriere vom Tellerwäscher zum Millionär, er hatte keine Skrupel, hart zu sein – auch gegenüber seinen Männern. Auch zu seinen beiden britischen Landsleuten. Einen von ihnen, Shaw, streckte er während einer persönlichen Diskussion mit einem Faustschlag nieder. »Er lag lang auf den Boden gestreckt«, schrieb Stanley später. »Ist es nötig, dass ich noch weiter gehen muß, um Sie zu lehren?«, zitierte er sich selbst an dieser Stelle. Im Unterschied zu Livingstone, den er nun zu suchen aufgebrochen war, hegte der Amerikaner, der auf Seiten der Südstaaten im Bürgerkrieg der USA gekämpft hatte, auch keine Aversionen gegen die Sklavenhändler. Er tauschte sich, wo es opportun war, mit ihnen aus und bekämpfte sie, wo es seiner Sache diente, im Waffengang. Auch Stanleys Persönlichkeit aber hatte ihre Brüche. Mehrfach trug er sich offenbar mit Selbstmordgedanken, besonders dann, wenn er, von Malaria oder Ruhr geschwächt, getragen werden musste, nicht mehr Herr seiner Lebenskräfte war.

Eine unvorstellbare Logistik galt es, Tag für Tag zu bewältigen. Schlafhütten und Zelte bauen, Palisaden gegen die Tiere um das Lager errichten, auf die Jagd gehen. Und mit den örtlichen Machthabern verhandeln. Denn, wenn auch die Landschaft unbekannt war für einen Amerikaner, besiedelt war sie, überaus fruchtbar und bewirtschaftet.

Die Karawane verlor Männer. Deserteure, die nicht wieder eingefangen werden konnten, aber auch Todesfälle waren zu beklagen. Krankheiten, Unfälle, Angriffe durch wilde Tiere, kriegerische Auseinandersetzungen mit den Eingeborenen. Die Fährnisse des Urwalds, wie sie heute nur noch als Legende erscheinen – für Stanley waren sie Realität. Und das Dickicht des Urwalds war nicht die einzige Herausforderung der widrigen Geografie. Das Rubeho-Gebirge stand wie eine Wand, auf halber Strecke zwischen der Küste und dem Tanganjika-See. Ein gewaltiger Auswurf der Plattentektonik östlich des ostafrikanischen Grabens, für jeden unüberwindbar, der sich von anderen Gedanken als dem seines Vorwärtskommens ablenken ließ. Stanley gehörte nicht zu ihnen.

In Tabora, ein Ort nach zwei Dritteln der Strecke, eine blühende Stadt, musste Stanley länger verweilen. »Es ist die arabische Hauptniederlassung in Zentralafrika«, schrieb der amerikanische Reporter. »Es besteht aus mehr als tausend Hütten, und man kann die aus Arabern, Wangwana und Eingeborenen zusammengesetzte Bevölkerung sicher auf 5000 Köpfe schätzen.« Für viele Träger war dort vertragsgemäß Schluss. Neue mussten angeworben werden, wochenlang lag wieder alles still. Nicht nur das. Mirambo, ein mächtiger Warlord aus der Gegend von Tabora, der die Abwesenheit des örtlichen Scheichs ausnutzte und wild entschlossen war, die Macht im Busch zu übernehmen, zwang Stanley zu einem Umweg nach Süden über mehrere hundert Kilometer.

EIN NATIONALHELD MUSS IM URWALDDORF BETTELN

David Livingstone hatte in der Zwischenzeit nach einigen Wegwindungen, nach Überfällen im Wald, nach widerwillig eingegangenen Pakten mit den Arabern, tatsächlich Ujiji erreicht. Endlich, doch die Ankunft brachte ihm zunächst eine ungeahnte Enttäuschung. Er war davon ausgegangen, in Ujiji Dinge vorzufinden, die er früher schon dorthin bestellt hatte, die mit den Karawanen von der Küste hätten herbeitransportiert werden sollen, neue Lebensmittel, Medizin, vor allem aber Gegenstände zum Tausch, zum Einkauf. Nichts davon war da. Nicht angekommen, oder, wie er von den Menschen dort erfahren musste, an andere Durchreisende verkauft, verschwunden in jedem Fall. Livingstone, in Europa geehrter, vermisster Nationalheld, berühmtester Urwaldforscher, war nun in einem afrikanischen Dorf aufs Betteln angewiesen. Ein alter, kranker, armer Mann inmitten einer doch so umtriebigen, aber fremden Welt. Meist lag er in seiner kargen Hütte auf dem Nachtlager. Allein auf Chuma, seinen treuen Diener, konnte Livingstone zählen. Die Aussicht: verzweifelt.

Chuma war es dann aber auch, nach noch nicht einmal zweieinhalb Wochen Aufenthalt in Ujiji, der dem Sahib die unglaubliche Nachricht ans Bett brachte, dass ein anderer Weißer, mit einem mehr als hundertköpfigen Gefolge und vielen beladenen Lasttieren, gerade in die Stadt einmarschiere. Ein Wunder. Es war der 10. November 1871. Das, was über die Jahre noch am wenigsten zerschlissen war, streifte sich Livingstone schnell über und ging dem Geschrei entgegen, das schon durch die Gassen schallte. Nach zwei Straßenbiegungen trat ihm schließlich ein noch junger Mann, vor dem Träger einer US-Flagge marschierend, entgegen. »Dr. Livingstone, I presume«, lauteten dessen Worte, »Dr. Livingstone, wenn ich nicht irre«. Der Satz Stanleys, dessen Berühmtheit in der Entdeckungsgeschichte sicher erst von jenem Zitat des Mondfahrers Armstrong über den »kleinen Schritt« und den »großen Sprung« erreicht wurde. Zwar noch nicht im Fernsehen direkt übertragen, aber doch schon ein Medienereignis, in Benetts *New York Herald*. Stanley hatte sich die Worte nicht zurechtgelegt, sie entsprachen einfach seiner Ehrfurcht vor dem großen Mann, von dem er so viel gehört und gelesen hatte, der ihn seit nunmehr vier Jahren beschäftigt hatte. Und dessentwegen er 235 Tage lang mit knapp 200 Mann über 1500 Kilometer durch Afrikas Steppe, Urwald und feindliche Territorien marschiert war, und Todesfälle, Meutereien, Desertionen oder andere Ausfälle zu erleiden, Kriege zu bestreiten hatte.

Es begann eine Zeit gegenseitigen Respekts zunächst, bald schon einer Freundschaft. Stanley bewunderte die langjährige Erfahrung, die Zähigkeit des 58-Jährigen, Livingstone das jugendliche Draufgängertum des 30-Jährigen. Wochen tauschten sie sich aus, ventilierten über Afrika und die Afrikaner, und die Nil-Quellen. Immer wieder die Nil-Quellen. Weitsichtig bat Livingstone damals schon Stanley, »dereinst meine Arbeit fortzuführen«. Hatte er die Hoffnung schon verloren? Ein Projekt allerdings starteten sie noch gemeinsam. In einem Boot befuhren sie die Nordküste des Tanganjika-Sees, um festzustellen, ob dort ein Abfluss einer der Quellflüsse des Nils sein könnte. Doch sie fanden nur Zuflüsse. Burtons Theorie, dass dieser See den Nil speise, war widerlegt. Auf keinen Fall aber konnten sie von dort den großen Strom hinab nach Kairo fahren.

Stanley wollte den kranken Livingstone mitnehmen auf dem Landweg zur Küste, dann heim, doch Livingstone wollte sein Ziel, die Suche nach den Quellen, nicht aufgeben. Noch ein paar Wochen begleitete er Stanley in Richtung Küste, bis nach Tabora. Stanley versprach, ihm Nachschub schicken zu lassen, dann trennten sich ihre Wege. Livingstone irrte noch in Richtung Süden, zum Bangweulu-See, um dort nach den Mondbergen und den Quellen zu suchen. Sein letztes großes Vorhaben aber, den Lualaba-Fluss hinabzufahren in den Nil und weiter nach Kairo, fasste er nicht mehr an. Er wäre gescheitert. Der Lualaba fließt in den Kongo, der seine Wasser in den Südatlantik mitnimmt. Zwei Jahre später starb Livingstone in dem Ort Chitambo am Bangweulu-See.

Als Stanley in England ankam, druckte sein Blatt, der *New York Herald*, seine Geschichte, stach ein weiteres Mal die vergleichsweise behäbige Konkurrenz in *good old England* aus. Großer Triumph in Amerika. Doch in England musste Stanley noch lange auf die Anerkennung seiner »Entdeckung« Livingstones warten. Die Regierung und die »Royal Geografic Society« bemühten sich nach Kräften, Zweifel zu streuen an der Darstellung des Amerikaners – der ja eigentlich ein Brite war. Auch Queen Victoria beteiligte sich an seiner Entwürdigung. Nachdem sie ihn empfangen hatte, ließ sie ihre Untertanen wissen, Stanley sei »ein gräßlich kleiner Mann«. Einzig Tom Livingstone, der Sohn, war wirklich überzeugt von Stanley, als der ihm die Tagebücher seines Vaters vorlegte, die er mitgebracht hatte. Und nach einiger Zeit waren die Vorwürfe, der Reporter habe gelogen, vom Tisch, sie waren unhaltbar, der Sieg der schnelleren Konkurrenz in New York erhielt schließlich allseitige Anerkennung. Zumal später noch die endlich auf den Weg geschickte britische Expedition keinen Erfolg mehr hatte. Mittlerweile war der Leichnam Livingstones von Afrikanern an die Küste getragen und von dort mit einem Schiff nach London transportiert worden zur Bestattung in der Westminster-Abtei.

EIN WEITERER VERMISSTER IM DSCHUNGEL

Stanley aber durchlebte noch weitere, erdkundlich obendrein weit bedeutendere Abenteuer in Afrika, entwickelte sich zu einem der großen Erforscher des Kontinents. 1874 schon marschierte er erneut von Bagamoyo in sein »dunkles Afrika«, mit erklecklichen Ergebnissen: Er fand den Ausfluss aus dem Victoria-See, von dem sich später herausstellte, dass er tatsächlich in den Nil münden würde, und er ließ sich den Lualaba hinabtreiben, landete in der Kongo-Mündung. Eine Expedition, die Hunderten seiner Männer das Leben kostete. Von feindseligen Stämmen ermordet, ihren Krankheiten erlegen, von Stanley nach Streitereien in den Sumpf getrieben. Seine Härte den Männern gegenüber hatte nämlich noch zugenommen. Er konnte sie durch andere ersetzen.

Der Kongo war zu jener Zeit noch nicht kolonisiert, in den Augen der Europäer war das riesige Gebiet ein freier Platz an der Sonne. Die Regierung in London jedoch, erste Anlaufstelle Stanleys nach seiner Rückkehr, zeigte kein Interesse. Dafür umso mehr der Herrscher Belgiens. König Leopold II. beauftragte Stanley, in seinem Namen das riesige westafrikanische Gebiet so weit es ging zu erschließen, und Stanley nahm bereitwillig an. Hierbei schlüpfte der Journalist und Forscher allerdings in die Rolle eines skrupellosen Taschenspielers, der die Afrikaner mit trickreichen Verträgen zu Leibeigenen machte. 1884 nahm er als Vertreter Belgiens an der Kongo-Konferenz in Berlin teil, auf der die Europäer ihre Terrains in Afrika absteckten.

Blieb noch die große Frage nach den Nil-Quellen, das Erbe Livingstones an Stanley. Einer Antwort sollte sich Stanley bei seiner letzten Expedition nähern. Im Auftrag der britischen Regierung hatte er den deutschen Eduard Schnitzer zu befreien, der die südlichste Provinz des Sudans, Äquatorialafrika, im Auftrag der Londoner Königin verwaltete, aber nach Erhebungen etwas weiter nördlich von allen europäischen Sphären abgeschnitten war und nun als ähnlich verloren galt wie einst Livingstone. Schnitzer hieß inzwischen Emin Pascha, er war zum Islam übergetreten.

Am 18. März 1887 startete Stanley von der Kongomündung aus, kämpfte sich durch die wohl – bis zum heutigen Tage – schwierigste Urwaldregion Afrikas bis zum Albert-See durch, wo er neun Monate später auf Emin Pascha traf. Auch der zögerte zunächst, ganz ähnlich wie Livingstone, »sein« Land zu verlassen und Stanley zu folgen. Das so schwarze Afrika, zu dem Stanley stets ein gespaltenes Verhältnis hegte und dessen »Dunkelheit« er immer wieder betonte, konnte offenbar gefangen nehmen, auch Europäer in ihren schwierigsten Lebenssituationen. Schließlich, im Jahr darauf, gelang es dem Amerikaner trotzdem, ihn mit zur Ostküste zu nehmen, zu Europas Brückenkopf.

Zuvor aber war Stanley noch einmal nach Südosten aufgebrochen, den Weg zurück, um seine überfällige Nachhut aufzuspüren. Und dabei sollte ihm ein Ausblick beschieden sein, der große Bedeutung erlangte für die Erkundung Afrikas, auch für die Antwort auf die Nil-Frage. Am 24. Mai 1888 war es, da »lenkte ein Junge meinen Blick auf einen Berg, von dem es hieß, er sei mit Salz bedeckt«, notierte Stanley. »Ich sah eine wunderschöne silberfarbene Wolke von eigenartiger Gestalt. Mir wurde bewußt, daß es nicht das Bild oder die Erscheinung eines gewaltigen Berges war, sondern die eindeutige Masse eines wirklichen Massivs, dessen Gipfel mit Schnee bedeckt war.« Der Ruwenzori, das letzte Hochgebirge der Welt, war entdeckt, von Europa aus betrachtet. Auf 5100 Meter über dem Meeresspiegel ragt er empor. Der Mount Erebus in der Antarktis war da bereits fast ein halbes Jahrhundert lang bekannt. Und nun der Ruwenzori. Aus ihm kommen die Wasser des Nils, soviel steht fest. Es sind die Mondberge. Davon war Stanley überzeugt.

Dabei hatten an genau dieser Stelle schon zuvor Europäer gestanden, Baker zum Beispiel, wunderte sich Stanley. Warum hatten sie nicht von ihm berichtet? Heute wissen wir: Nur wenige Tage im Jahr geben die dort so dichten Wolken den Ruwenzori frei. Am nächsten Tag und allen folgenden war er auch für Stanley wieder unsichtbar. Als er ihn aber noch sah, da schwärmte er, »dass in einem der dunkelsten Winkel der Erde, eingehüllt in beständigen Nebel, brütend hinter ewigen Gewitterwolken und umgeben von Dunkelheit und Geheimnis, bis auf den heutigen Tag ein Riese unter den Bergen verborgen gelegen hat, dessen von den Gipfeln herabfließender Schnee schon seit mehr als 50 Jahrhunderten für die Bevölkerung von Ägypten von allergrößter Wichtigkeit ist«. Der Amerikaner in britischen Diensten dachte in dem Moment an Kairo, »wo man zahlreiche Schwärme von Völkern sieht, Araber, Kopten, Fellahs, Neger, Türken, Griechen, Italiener, Franzosen, Engländer, Deutsche und Amerikaner«.

Ein Schönheitsfehler in der Entdeckungsgeschichte ist es zwar, dass die Nilquellen heute, im Zeitalter der Satellitenkartografie, qua Erklärung der Geografen in ein Nachbargebiet verlegt wurden. Aus dem Mondgebirge, dem Ruwenzori, aber, und dass ohne Zweifel, fließt das Wasser nach Kairo. Und dies war nun für Europa entdeckt. Von Stanley, dem Erben Livingstones.

Literatur

ALLGEMEINE LITERATUR

Dietmar Henze: Enzyklopädie der Entdecker und Erforscher der Erde. 5 Bde. Graz: Akademische Druck- und Verlagsanstalt, 1978–2004.

Heinrich Pleticha / Hermann Schreiber: Lexikon der Entdeckungsreisen. 2 Bde. Stuttgart [u. a.]: Edition Erdmann / Thienemanns, 1999.

LEIF ERIKSSON

Angus Konstam: Atlas der Wikinger. Geschichte, Eroberungen und Kultur der Wikinger. Wien: Tosa, 2002.

Hans-Jürgen Krüger: Erik der Rote und Leif der Glückliche. Eine Biografie der Eriks-Familie. Hamburg: Bockel, 1990.

Tilman Röhrig. Erik der Rote oder die Suche nach dem Glück. Bergisch Gladbach: Bastei-Lübbe, 2006.

Manfred Schelzel: Wikingerzüge. Rostock: Ingo Koch, 2001.

Jane Smiley: Die Grönlandsaga. Frankfurt a. M.: S. Fischer, 1992.

WILHELM VON RUBRUK

Hans D. Leicht (Hrsg.): Wilhelm von Rubruk. Beim Großkahn der Mongolen 1253–1255. Lenningen: Edition Erdmann, 2003.

Franz Max Schmidt: Über Rubruk's Reise von 1253 bis 1255. Berlin 1885. (Sonderdruck aus: Zeitschrift der Gesellschaft für Erdkunde zu Berlin. 20.)

IBN BATTUTA

Hans D. Leicht (Hrsg.): Ibn Battuta. Reisen ans Ende der Welt 1325–1353. Tübingen [u. a.]: Edition Erdmann, 1975.

Lucile McDonald: The Arab Marco Polo. Ibn Battuta. Nashville [u. a.]: Thomas Nelson Publishers, 1975.

ZHENG HE

Louise Levathes: When China Ruled the Seas. New York [u. a.]: Simon & Schuster, 1994.

Geoffrey J. Martin / Preston E. James: All Possible Worlds. A History of Geographical Ideas. Indianapolis: Odyssey Press, 1972.

Gavin Menzies: 1421. Als China die Welt entdeckte. München: Droemer, 2003.

Leo Philip: Die Armada des Kaisers. In: Geo Epoche (2000). H. 8.

CHRISTOPH KOLUMBUS

Jens-Peter Behrend / Eike Schmitz: Die Geheimen Entdecker. Transatlantikfahrten vor Kolumbus. In: Terra X. Und dann kam Kolumbus. Als die Welt sich veränderte. Hrsg. von Ingo Hermann. München [u. a.]: Bertelsmann, 1992.

John Dyson / Peter Christopher: Columbus. Die Entdeckung seiner geheimen Route in die neue Welt. München: Droemer Knaur, 1991.

Constance Irwin: Kolumbus kam 2000 Jahre zu spät. Amerika vor 1492. München: Deutscher Taschenbuch-Verlag, 1968.

René Oth: Bevor Kolumbus kam. Die frühen Entdecker Amerikas. Stuttgart: Theiss, 2006.

Wolfgang Schlüter (Hrsg.): Brendans Inseln. Navigatio Sancti Brendani Abbatis. Übertragung aus der Urfassung des Reiseberichtes des St. Brendan. Wien [u. a.]: Edition per Procura, 1997.

FRANCISCO PIZARRO

Volker Ebersbach: Francisco Pizarro. Glanz und Elend eines Conquistadors. Berlin: Verlag Neues Leben, 1986.

Evamaria Grün (Hrsg.): Die Entdeckung von Peru 1526–1712. Die Eroberung des Inkareiches durch Pizarro und andere Konquistadoren. Augenzeugenberichte unter anderem von Celso Gargia. Stuttgart [u. a.]: Edition Erdmann / Thienemanns-Verlag, 1996.

Cecil Howard: Pizarro und die Eroberung von Peru. Reutlingen: Ensslin & Laiblin, 1970.

Siegfried Huber: Pizarro. Gold, Blut und Visionen. Bergisch Gladbach: Lübbe, 1981.

FRANCISCO SERRAO

Laurence Bergreen: Over the Edge of the World. Magellan's Terrifying Circumnavigation of the Globe. New York: Harper Collins, 2003.

Willard A. Hanna. Indonesian Banda. Colonialism and its Aftermath in the Nutmeg Islands. Banda Neira: Rumah Budaya, 1991.

Willard A. Hanna / Des Alwi: Turbulent Times Past in Ternate and Tidore. Banda Neira: Rumah Budaya, 1990.

JAMES COOK

Captain James Cook. Entdeckungsfahrten im Pacific. Die Logbücher der Reisen 1768–1779. Nördlingen: Greno, 1987.

Dr. Johann Reinhold Forster und sein Sohn Georg Forster. Reise um die Welt. Brünn: Traßler, 1786.

John Hooker: Wind und Sterne. Captain James Cook. Stuttgart [u. a.]: Edition Erdmann/Thienemanns, 1988.

Tony Horwitz: Cook. Die Entdeckung eines Entdeckers. Hamburg: Marebuchverlag, 2004.

Alois Prinz: Das Paradies ist nirgendwo. Die Lebensgeschichte des Georg Forster. Weinheim: Beltz, 1997.

ALEXANDER VON HUMBOLDT

Douglas Botting: Alexander von Humboldt. Biographie eines großen Forschungsreisenden. München: Prestel, 2001.

Margot Faak (Hrsg.): Alexander von Humboldt. Reise auf dem Río Magdalena, durch die Anden und Mexico. Aus seinen Reisetagebüchern. Berlin: Akademie-Verlag,1986.

Alexander von Humboldt: Kosmos. Entwurf einer physischen Weltbeschreibung. Frankfurt a. M.: Eichborn, 2004. (Nachdruck in der Reihe *Die andere Bibliothek.*)

Alexander von Humboldt: Die Reise nach Südamerika. Vom Orinoko zum Amazonas. Göttingen: Lamuv, 1990.

Daniel Kehlmann: Die Vermessung der Welt. Reinbek: Rowohlt, 2005.

MERIWETHER LEWIS UND WILLIAM CLARK

Reymer Klüver: Bis an den Rand der Neuen Welt. In: Geo Epoche (2003). H. 11.

Hans-Otto Meissner / Werner J. Egli: Spähtrupp durch die Rocky Mountains. Die Abenteuer der Lewis- und Clark-Expedition 1803–1806. Stuttgart: Mundus, 1979.

Meriwether Lewis: Tagebuch der ersten Expedition zu den Quellen des Missouri. Vollbracht in den Jahren 1804–1806. Frankfurt a. M.: Zweitausendeins, 2003.

HEINRICH BARTH

Heinrich Schiffers (Hrsg.): Heinrich Barth. Ein Forscher in Afrika. Wiesbaden: Franz Steiner, 1967.

Heinrich Schiffers (Hrsg.): Heinrich Barth. Im Sattel durch Nord- und Zentralafrika 1849–1855. Stuttgart [u. a.]: Albert-Verlag / Edition Erdmann, 2000.

HENRY MORTON STANLEY

Martin Dugard: Auf nach Afrika! Stanley, Livingstone und die Suche nach den Quellen des Nils. München: Piper, 2004.

Heinrich Pleticha (Hrsg.): Henry Morton Stanley. Wie ich Livingstone fand. Stuttgart [u. a.]: Edition Erdmann / Thienemanns, 1986.

Henry M. Stanley: Im dunkelsten Afrika. Aufsuchung, Rettung und Rückzug Emin Paschas, Gouverneurs der Äquatorialprovinz. Aus dem Engl. von H. v. Wobeser. 2 Bde. Leipzig: Brockhaus, 1890.

Bildnachweis

akg-images: 82 – Heinz Altwegg, Basel: 97 – bpk: 41, 100, 167, 169, 173 – Gunsen Enkhbayar, Ulaanbaatar: 33 – F. Minelli/Arco Digital Image: 113 – picture-alliance: 17, 53, 65, 85, 96, 103, 121, 125, 129, 136, 157, 179 – picture-alliance/akg-images: 16, 21, 49, 50, 57, 64, 69, 73, 77, 81, 93, 109, 124, 137, 141, 145, 180, 183 – Egmont Strigl/alimdi.net: 20 – The Bridgeman Art Library: 153, 158, 161 – The Master and Fellows of Corpus Christi College Cambridge: 37 – Württembergische Landesbibliothek/Joachim Siener: 30

Verlag und Autor danken allen Leihgebern für die Bereitschaft, Bildmaterial für diese Publikation zur Verfügung zu stellen. Leider war es nicht in allen Fällen möglich, die Inhaber der Urheberrechte zu ermitteln. Etwaige Ansprüche kann der Verlag bei Nachweis entgelten.